从声音到文字，分享人类智慧

大战场

敌后抗战田野调查笔记

余戈 等 著

天地出版社 TIANDI PRESS

目 录

前言　触摸抗战最真实的模样 ……………………………………… 001

平型关：板垣"钢军"的绝望深谷 ……………………………… 005

　　人们容易从"平型关大捷"这个概念，想当然地认为当年八路军的这一仗发生在古老的内长城关口上，其实，关口一线是由阎锡山指挥的国民党晋绥军把守的。林彪指挥的八路军第115师，悄悄前出到平型关右前方几公里处的乔沟深谷设伏——这种有别于国民党军的战法，是从红军反"围剿"时期起就熟练掌握的运动战和山地游击战。

齐会：冀中平原上的经典歼灭战 ………………………………… 027

　　1939年初，日军慑于敌后游击战争的严重威胁，从正面战场回师，进攻冀中根据地，冀中大部分县城为日军占领，形势日趋严峻。1月，贺龙率领第120师驰援冀中。4月中旬，在河间县齐会村、找子营村、南留路村等地，与前来"扫荡"的日军第27师团第3联队第2大队激战三天两夜，创造了八路军在平原地区全歼日军的光辉战例。

梁山：一一五师好汉们的饕餮盛宴 ……………………………… 049

　　梁山战斗不是一次孤立的战斗。它是中国人民反奴役反侵略作战中的一环，无数这样的战斗环环相扣，成为打击侵略者的天罗地网，也成为重塑中国人精神的铁血骨骼。

黄土岭：“名将之花”是这样凋谢的 **071**

　　黄土岭战斗，以歼灭日军900多人、打死指挥官阿部规秀中将和缴获大量军用物资而胜利结束。尤其是所谓"名将之花"的凋零，让日本"华北方面军"终于认识到：太行山的气候，是不适于东洋的什么花绽放的。

雁宿崖：激战之后此处无雁宿 **087**

　　在战争时期，夸大战果、虚报己方牺牲和损失是各国惯常的做法。因此，对于"尘埃落定"的伤亡人数，后人研究起来却难免"尘土飞扬"。但无论日军伤亡人数到底是多少，都无法抹杀八路军在雁宿崖战斗中取得的辉煌胜利。

东团堡："玉碎"倭寇此处遗长恨 **109**

　　东团堡之战发生在1940年9月，属于八路军百团大战第二阶段作战涞（源）灵（丘）战役中的一次战斗。那次战斗全歼日军独立混成第2旅团独立步兵第4大队第4中队，是日本公刊战史《华北治安战》一书承认的"玉碎"作战。

关家垴：小山头上的血性与担当 **127**

　　彭德怀态度坚决，认为一旦放走冈崎支队，很难再寻将其歼灭的战机，"必须在此将其消灭！""就是拼光了，也要拿下关家垴！""不能打硬仗的部队，以后也没有前途！"

沁源：给侵略者一个"没有人民的世界" **159**

　　太岳军区司令员陈赓在日记中记下了沁源围困斗争的意义，他特别提到，围困沁源是敌我双方顽强斗争的比赛，"谁是最后的顽强者，谁就是最后的胜利者"，"只要我们善于领导，群众是不会离开我们的"。

迁安：驱散冀东阴霾的霹雳伏击 185

冀东军分区第12团团长曾克林曾回忆说："彭家洼、大贤庄两次战斗，打的都是鬼子的王牌军。为此，我军威震滦东，敌人闻风丧胆，大大振奋了民心，鼓舞了斗志，为开辟滦东根据地、扩大抗日力量起到了积极的推动作用。"

冀东：他们是靠打歼灭战"发家"的 209

14年抗战，在敌后战场的19个抗日根据地，哪个根据地最艰苦，哪支部队最能打？我个人认为都是冀东。冀东的反"扫荡"不是一般所谓的"跑反"，而是逮住机会就打仗，硬碰硬地打，打歼灭战。冀东部队是靠打仗"发家"的。

阜平和海阳："铁西瓜"货源充足 239

这一切现象值得人注意之处，不在这些原始武器的品质优良，而在它们所反映出来的人民的战斗精神。一个人须有莫大的勇气，才能对敌人的可怕的近代武器想出这些简单原始的抵抗方法来。

车桥：雷霆万钧之"围点打援" 263

这次战役不仅是抗战以来新四军在华中地区歼灭日军最多的一次战役，而且打通了苏中与苏北、淮南、淮北抗日根据地的联系，使华中抗日根据地连成一片，从此揭开了华中地区战略反攻的序幕，是华中敌后战场由相持转入局部反攻的重要标志。

水道：反攻收复胶东的序幕之战 287

  水道战斗的规模不算大，但它却是胶东地区自抗战以来我军首次在敌人拥有坚固防御体系的条件下，成建制地全歼日军一个加强小队的攻坚战。此战极大地震撼了胶东地区的日伪军，使敌人认识到其"推行数年之久的碉堡政策已不适用于目前战略战术的要求"。

冉庄：陷敌于灭顶之灾 307

  （冀中）素有中共平原根据地模范区之称，交通壕、地道建筑非常普遍，几乎所有的村庄都有地下设施，甚至有相距七八公里的三个村庄用地道连接起来，而且农村的老百姓抗日意识很强，形成了半农半兵状态，就连老幼妇女也组织了抗日团体。

后记 铭记与传承 319

前　言

触摸抗战最真实的模样

　　中国人民抗日战争胜利是全民族众志成城、奋勇抗战的伟大胜利。在抗日战争时期，中国共产党领导的敌后抗战具有决定性战略地位与重大历史功绩：创造性确立游击战战略地位，通过建立广泛的抗日民族统一战线，凝聚起人民战争的磅礴力量；创新实施地道战、地雷战等独特战法；在战略相持阶段有效牵制侵华日军主力，为抗战最终胜利作出不可磨灭的历史贡献。习总书记指出："中国共产党人勇敢战斗在抗日战争最前线，支撑起中华民族救亡图存的希望，成为全民族抗战的中流砥柱！"

　　值此中国人民抗日战争暨世界反法西斯战争胜利80周年之际，重温历史、缅怀先烈、汲取力量，更显意义重大。近期，习总书记在参观百团大战纪念馆时强调，百团大战的历史壮举，充分展现了我们党在全民族抗战中的中流砥柱作用，充分展现了党领导的人民战争的磅礴力量。要讲好抗战故事，把伟大抗战精神一代代传下去。这不仅是崇高的敬意，更是对历史研究者和所有后人的殷切嘱托，为我们深刻理解和研究敌后抗战指明了方向。总书记对百团大战这一敌后战场重大战役典范的肯定，正是对敌后战场艰苦卓绝斗争和巨大牺牲贡献的有力印证，为我们坚持正确历史观、批驳历史虚无主义提供了根本遵循。

近年来，一些有识之士关于抗战史"重建"（或曰"重写抗战史"）的呼吁，在学界和公众中引起广泛共鸣。作为这一问题在社会上的"镜像"反映，是公众对于"抗日神剧"和"横店抗战"现象的强烈批评。但若刨根问底，有相当重要的原因是以往对于抗战史研究不够深入和普及性不够；若有扎实细致的战史文本及大众传播，怎么会给胡编乱造者提供空间？而受到公众好评的影视剧，其成功点几无例外地首先是在史实发掘方面有所发现和突破。

问题的另一面，则是某些居心叵测者旧调重弹，诋毁八路军、新四军"游而不击"，颇有混淆视听之势。前几年，一则关于敌后抗日战场仅消灭日军851人的荒唐段子，曾在网络平台上大肆传播。当时，笔者列举由被俘日军、后经我方改造成为反战同盟战士所著的《八路军中的日本兵》一书中的数字——1937年至1944年4月，仅八路军俘虏的日军即达2407人；并以在滇西战场著名的松山战役中，远征军毙敌1288人却仅俘虏9人的案例，为估算八路军的战果提供了一个数字参照，也对某些恶意诋毁者给予了有力回应。习总书记强调要加强革命文物保护利用，要引导人民树立正确的历史观、民族观、国家观、文化观，这就要求我们用无可辩驳的史实和深入扎实的研究，回击一切歪曲、否定敌后战场历史地位和伟大功绩的错误言论，让历史的真相在红色资源的守护与阐释中熠熠生辉。

在多年研究中我深切感到，抗战史上即便是妇孺皆知的事件，仍有无数基础性的细节尚未搞清，"宜粗不宜细"的修史传统在一定程度上束缚了专业研究的手脚；而轻视、忽视以敌方史料做"互参"研究，也让我们在诠释历史时失去了大量"佐证"材料。从这点来看，探掘历史真相的工作未有穷期；在这个技术发展、人才辈出的时代，甚至人人有责。要深入开展红色教育，从抗战历史中汲取精神力量，就必须对史实的精准挖掘、历史的生动呈现有更高要求。我们的田野调查，正是对"用心用情用力保护好、管理好、运用好红色资源"的实践，是让凝固的土地"说话"，将蕴藏其中的精神密码传递给今人和后代。

仅从字面含义理解，"敌后战场"即是兵法所谓"四战之地"，在四面受敌的情况下，谋求生存原已是极难、极高的目标，而实现这一目标的终极手段却是要"能打"，本书的聚焦点正是一个个关于"打"的具体案例。从这个意义上说，"游而不击"却基本上能以战斗缴获武装自己，在"铁壁合围"下发展出上百万武装力量，被敌人称为"治安之癌"，这在逻辑上就是一个荒诞的悖论。本书定名为《大战场》，正是基于对敌后战场的重新审视。这里所说的"大"，并非仅仅是指敌后战场山河之雄阔、地域之广大，更是对其深厚伟力与内蕴之感叹。我比较熟悉滇西战场的游击作战，滇西沦陷区曾先后建立过腾北游击区和龙潞游击支队等游击武装，但存续时间仅仅一年半，即被迫解散或退过怒江，深究其内因与外因，唯有与敌后战场做比较研究才能找到答案。

我曾在一本书的后记中感喟："军队与其他社会组织或团体最大的不同就是，它是靠荣誉而存在的，舍此则生不如死。"若进一步而论，一支军队的荣誉很大程度上是以其战史为支撑的，部队的"荣誉室"亦即其战史陈列室。从军队自身来看，维护军史、战史荣誉，与履行保卫疆土的职责使命同样重要。维护军史、战史，须用史实和数字说话，这在任何情况下都是最有力量的。如果说在过去相当长的时间里，我们对此认识不够充分、所做不尽到位，那么现在应当尽快补上所欠缺的功课。古人讲治学立身，有"知行合一"之论，谓之"纸上得来终觉浅，绝知此事要躬行"。经过多年的实践体会，我感到这一方法论对于战史的重建或修复，具有特殊意义。

战争，尤其是中华民族反抗侵略和压迫、实现民族独立自由的抗日战争,是写在大地上的壮美诗篇。当时光飞逝、硝烟散去,我们欲重温史实并从中汲取精神力量,最好的方式就是重回历史现场。我们要从抗战历史中汲取不畏强暴、血战到底的英雄气概,汲取万众一心、勠力同心的团结伟力,汲取舍生忘死、向死而生的血性胆魄。那么,就请读者诸君翻开本书,和我们一起奔赴这个大战场吧!循着先辈的足迹,触摸抗战最真实的模样,感受这片浸透热血的土地所承载的"钢铁意志",让敌后抗战那波澜壮阔、可歌可泣的历史画卷,成为我们奋进新征程中永不枯竭的力量源泉。

余戈

2025 年 7 月

平型关：板垣"钢军"的绝望深谷

2005年去平型关战场之前，笔者就有一个强烈的念头：一定要下到日军遭伏击的深沟底下，从日军的视角感受一下1937年9月25日。

这条沟就是乔沟，沟底下的这条路，是当年从灵丘县城通往平型关的必经之路。现在的新公路已经改道从沟上面走了，闲置了的沟底乱草丛生。当地人在修新公路的时候填土埋了老爷庙以西的沟口，大概是为了方便参观者，又在对面开了一条下沟的陡峭土路。我们的"猎豹"越野车稳稳地滑了下去。

下到沟底，哪怕是没有一点军事常识的人都会感慨：这真是打伏击的好地方！天该侵略者在这里遭一次灭顶之灾。站在三四十米深的沟底，仰望头顶的一线天空，想象1937年初秋那个雨后的拂晓，笔者心里最强烈的感受是两个字：绝望。

平型关：八路军占尽风光

人们容易从"平型关大捷"这个概念，想当然地认为当年八路军的这一仗发生在古老的内长城关口上，其实，关口一线是由阎锡山指挥的国民党晋绥军把守的。林彪指挥的八路军第115师，悄悄前出到平型关右前方几公里处的乔沟深谷设伏——这种有别于国民党军的战法，是从红军反

平型关战役最激烈的地点——乔沟

"围剿"时期起就熟练掌握的运动战和山地游击战。为抵抗日本侵略，国共实现第二次合作，1937年红军改编为八路军，纳入第二战区的序列，与国民党军配合作战，共同打了这次平型关战役。晋绥军在关前的正面防御战绩平平，八路军则打了一个举世震惊的大胜仗，占尽了"平型关"的风光。

那场战役的简单背景是：日军从山西北面一路将阎锡山的晋绥军打退到了平型关，站住脚的晋绥军想凭借古老的内长城抗击日军。从1937年9月21日开始，日军第5师团第21旅团的先头部队（以3个大队编成三浦支队，由第21旅团旅团长三浦敏事少将指挥），就开始在平型关前跟第6集团军总司令杨爱源指挥的晋绥军交火。刚改编为八路军的第115师乘火车星夜从晋南赶来迎敌。第115师的这些老红军，一路上看到溃败下来的晋绥军的狼狈相，越发想会会那些在传说中号称"精锐"的日本兵了——这是八路军的首战。

按第二战区制定的战役方案，阎锡山希望刚抵达平型关的八路军第115师伺机从侧后攻击日军，并约定9月25日两军共同夹击，把日军消灭在平型关前。24日，林彪带着营长以上干部仔细察看了地形后，发现了乔沟这个绝佳的伏击地。当晚，第115师的三个团约6000人就冒雨潜伏在了乔沟的沟沿上。此时，他们并不知道即将与之浴血死拼的就是在日本号称"钢军"的第5师团，师团长是板垣征四郎中将。1936年，时任关东军参谋长的板垣征四郎曾以"旅游"为借口，从北平出发，走平绥线出关，又沿蔚县、灵丘、平型关、代县至忻口。一路上板垣都是骑着马行进，旨在熟悉入晋地形。此时，第5师团进攻晋北的路线，即板垣此前的"旅游"路线，可谓轻车熟路。

晋北山区初秋雨后的清晨，天气已非常寒冷，在沟沿上趴了大半夜的八路军官兵都冷得直打哆嗦。林彪将他的师指挥所设在了部队后方约2公里处的一个小山头的侧面。以往很多记载，都说此处可以用望远镜看到沟

第 115 师师长林彪（前）、副师长聂荣臻（第二人）率部向敌后挺进

底的日军打着旗帜行进的情景，笔者带着 8 倍望远镜，却只能看到一带模糊的沟沿。笔者相信，当时林彪是通过部队的电话汇报来了解日军进入乔沟的情形的。终于，当满沟的鬼子兵、汽车、大车和马匹全部浑然不觉地进了"口袋"时，趴在沟沿上的八路军战士都兴奋得没了一点寒意。随着林彪一声命令，三发信号弹升空，战斗打响了。

突然之间，手榴弹、迫击炮弹如冰雹从天而降，接着数十挺机枪和数千支步枪同时向沟底射出密集的弹雨。当时代理第 343 旅参谋长的孙毅将军在回忆录中写道，遭此打击，"日军汽车撞汽车，人挤人，马狂奔，指挥系统一下子就被打乱了"。

按师长林彪的排兵布阵，第 343 旅（旅长陈光）第 685 团团长杨得志"掐头"，第 686 团团长李天佑"拦腰"，第 344 旅旅长徐海东直接指

685团团长杨得志

挥所辖第687团（团长张绍东）"断尾"。最南端沟口的几辆日军汽车被第685团击毁，马上堵死了整个狭窄的山谷。该团从关沟、辛庄之间的高地截击，封闭日军南窜之路，同时阻击东跑池日军回援。第687团则将后尾日军部队分割包围在蔡家峪和西沟村，并抢占了韩家湾北侧高地，切断日军的退路。杨成武的独立团和刘云彪的骑兵营，则向更远的灵丘方向活动，阻敌增援，保障主力侧翼安全。担任主攻的第686团则集中火力，消灭老爷庙至小寨村这段最深沟壑里的日军。

在一份日本方面的资料中，后来突围逃生的日军士兵描述"红军"（即八路军）在此次作战中的特点时说："他们子弹不多，似乎有一个不成文的原则：打出三枪就冲锋。"很快地，八路军就冲下了深沟，与日军展开白刃战！

老爷庙梁子：一处惊险疏漏

据记载，首先冲下乔沟的是第 686 团第 3 营。因为，"聂荣臻发现日军正利用汽车作掩护，进行顽抗，并组织兵力抢占有利地形时，连忙跟林彪研究，决定把敌军切成几段，分段吃掉它。随即命令部队出击，杀入敌阵地，并命令第 686 团团长李天佑派出一个营，冲过公路，抢占在设伏前因怕暴露目标而来不及占领的老爷庙制高点，以便两面夹击敌人"（《孙毅将军往事录》）。

后来，军史专家普遍认为，战前第 115 师的 3 个团都埋伏在沟道一侧（东侧），没有在对面的沟沿设伏兵，这个疏漏使得我军付出了很大代价，也让一场占尽天时地利的伏击战变得格外惨烈。

笔者在现地观察发现，整个乔沟平均深度为三四十米，两侧坡度超过 70 度，正常情况下是爬不上去的。但是，偏偏在西岸老爷庙梁子前有一段山体滑坡形成的缓坡，30 多米宽，坡度约为 40 度，是可以爬上去的。初遭打击，很多日军士兵没来得及下车就被手榴弹炸死在车上；侥幸跳车的日军发现，十来米宽的沟底下几乎没有任何遮挡，只能钻到车下，或缩在沟底一侧我军的射击死角里（假如我军事先占领西岸沟沿，就不会有此问题）。很快，惊魂甫定的日军发现了这段缓坡，立刻组织残余兵力向上冲击。倘若冲上去占领了老爷庙梁子制高点，就可以用火力压制东岸我军，掩护沟底日军从这个缺口突围！这急迫的险情被我军指挥员发现，立刻命令全线冲下沟去与鬼子肉搏，并命令第 686 团第 3 营全力抢先占领老爷庙梁子。

此刻，谁占领了老爷庙梁子，谁就掌握了战场的主动权。

第 686 团团长李天佑直接指挥，副团长杨勇率领第 3 营冲下沟底时，

余戈手指处即为老爷庙东侧那个惊险疏漏

遭到日军集中射击,伤亡很大,其中第9连最后只剩下10余人;杨勇本人也中弹负伤。第3营将士又与日军扭杀在一起,经过惨烈的刺刀战才将日军制服。经此耽搁,一小股日军抢先占领了老爷庙。万幸的是,这股日军没有多少重火力武器。乘此良机,第686团组织第3营和第2营分为两路,向老爷庙上的日军发起冲击。

据当时第3营排长田世恩回忆:"占领老爷庙的一小股敌人见我们开始往上爬,就机关枪扫个不停,沟里的鬼子也从后面拥上来。这时2营从侧面冲过来,消灭了拥上来的敌人。我们没了后顾之忧,继续前进。我带着两个班的战士冒着弹雨,匍匐前进,在离山顶不远处向敌人投弹。敌人的机枪哑了,他们就端着刺刀冲下来。有经验的人都清楚,这种依托阵地的反冲锋是很厉害的,但我们的人多,三五个战士对付一个鬼子,一个鬼子最少也要挨上两三刺刀。我们占领老爷庙后，居高临下进行攻击，打得沟里的鬼子无处藏身。"

谁能想到，在这段令人心惊的决定性战斗中，居然还有鞋子的功劳。林彪战后在《平型关战斗的经验》一文中特别提到："一到山地战，敌人的战斗力与特长均要大大降低，甚至于没有。步兵穿着皮鞋爬山，简直不行，虽然他们已爬到半山，我们还在山脚，但结果我们还是先抢上去，给他一阵猛烈的手榴弹，他们只好像滚萝卜一样地滚下去了……"

在乔沟，穿皮鞋的没有穿布鞋的爬坡快，笔者验证后深有同感。

老红军 PK 鬼子兵

一方是从未遭遇过败仗，狂傲宣称对中国军队作战如"赶鸭子"的日军常设师团精锐；一方是经历过长征，拥有丰富战斗经验和高昂斗志的老红军。平型关战役是一次可以考量八路军与日军战斗精神与战术素养的典型战例。因为战斗刚打响，八路军就迅速接近了日军，双方投入了肉搏，这使得日军的炮兵和飞机全然发挥不了作用，给双方提供了一个相对公平的较量"平台"。

肉搏战，是这场战役的最大"看点"，可以说这是一场以刺刀见分晓的战役。据不少参加过战斗的老同志回忆，在失去指挥的情况下，日军自觉形成战斗小组，三个人一组，背靠背，与我军十几个战士拼杀。我方刺倒三名日军，差不多也要付出相当的代价。日军一贯将步兵的"白刃突击"视为解决战斗的最后手段，刺杀是基本的单兵战术训练科目。而我军从红军时期起大部分步枪连刺刀都没有，刺杀训练并不普遍。据日方资料记载，"八路军使用的白刃战武器除了刺刀，还有青龙刀等冷兵器"。笔者在乔沟附近的平型关战役纪念馆里，就看到了一把从当地出土的日军常说的"青

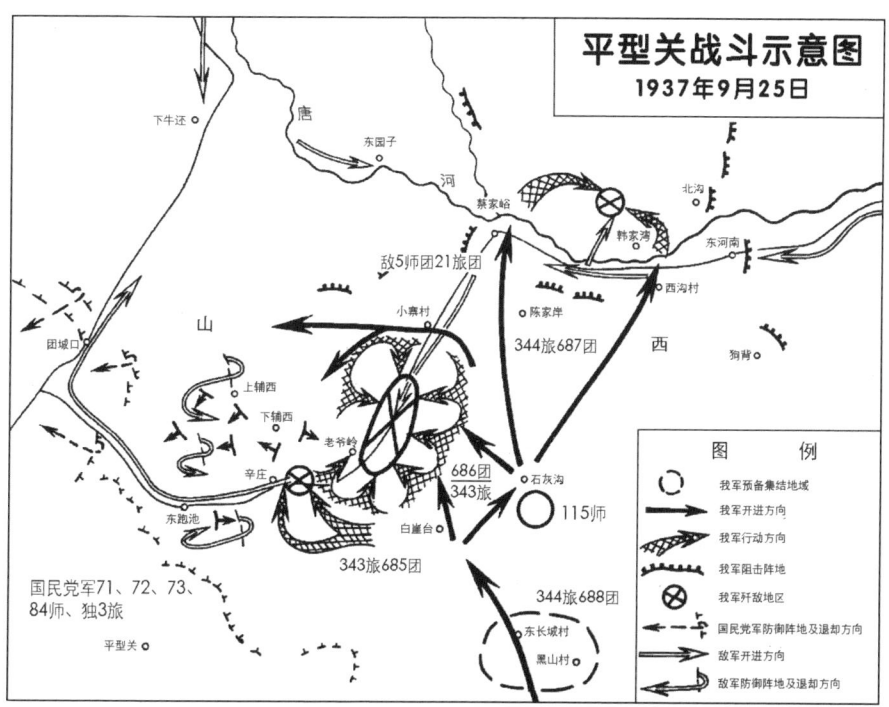

平型关战斗示意图（1937年9月25日，据《中国人民解放军历史资料图集》）

龙刀"，其实就是我们熟悉的可双手持握的大片刀，这种铁匠铺就可以打造的大刀能弥补刺刀的不足。

担负"掐头"任务的第685团伏击地段沟不太深，鬼子反扑更加凶猛。该团也有一次惊险经历：突遭打击的日军，很有战术意识地寻找我军薄弱环节，主动寻找有利战机。其中一股日军利用地形、地物的掩护悄悄接近我第685团第1营的机枪阵地，突然发起进攻，竟然把我军的一个机枪排的阵地夺了过去。

说到当时的细节，时任第685团团长的杨得志回忆："他们从懵懂中一清醒过来，其骄横、凶狠、毒辣、残忍的本性就发作了，指挥官举着军刀拼命地嗥叫着，钻在汽车底下的士兵爬出来拼命往山上爬。敌人想占领

平型关战役中的第 115 师指挥所

制高点。我立即命令各营占领公路两侧的山头。这时 1 营已在刘营长（刘德明）的带领下冲上了公路，他接到命令后，马上指挥 1、3 连，向公路边的两个山头冲击。山沟里的鬼子也在往山上爬，可是不等他们爬上去，迅速登上山头的 1、3 连紧接着又反冲下去，一顿猛砸猛打，把这群鬼子报销了。这个营的 4 连，行动稍慢一步，被鬼子先占了山头。连长在冲锋中负了伤，1 排长就主动代替指挥，他用两面夹击的办法，很快把山头夺了回来，将鬼子逼回沟底全部消灭。"

纠缠在一起的八路军与日军肉搏战之惨烈，非冷静的笔墨所能形容。"老红军"传统和"武士道"精神，在血肉飞溅中见高下！"八路军官兵前仆后继，以更加猛烈的攻势对付顽固到极点的敌人，只见枪托飞舞，马刀闪光，连伤员也与敌军官兵扭打在一起，互相用牙齿咬，用拳头打。"（《孙毅将军往事录》）此战中最著名的战斗英雄是第 685 团第 5 连连长曾贤生，外号"猛子"，他带着20多个手持大片刀的战士突入敌群，杀得日军血肉横飞，大片刀砍卷了，他又从日军手中夺了一支上着刺刀的"三八大盖"，在接连捅翻了几个日军后，他也被日军的刺刀刺入腹部，当几个日军围上来时，他毅然拉响手榴弹与敌人同归于尽！

然而，"敌人确是有战斗力的，也可以说，我们过去从北伐到苏维埃战争中还不曾碰过这样强的敌人。我所说的强，是说他们步兵也有战斗力，能各自为战，虽打败负伤了亦有不肯缴枪的。战后只见战场上敌人尸骸遍野，却捉不着活的"（据林彪《平型关战斗的经验》）。据第686团团长李天佑回忆，当时第686团第1营的一名电话员，正沿着公路查线，发现汽车旁躺着一个半死的日本兵，他跑上去对那个敌兵说："缴枪不杀，优待俘虏！"还没等他说完，那家伙扬起手就是一刺刀，刺进了电话员的胸部。有一个副营长想把负伤的敌人背回来，结果耳朵却被负伤的日军士兵咬掉了，我士兵气愤地挥刀砍死那个鬼子。不少负伤的日军士兵绝望之际，倒转枪口顶在嘴里用大脚趾扣扳机自戕。据战后统计，在第115师的伤亡中，被负伤的敌人打死打伤这一项占了相当大的比例。

由于日军凶猛的抵抗，这场血战到下午4时才结束。十里乔沟尸横遍地，连空气中都弥漫着血腥气息。在打扫战场时，发现敌尸体1000多具。而第115师各团报上来的伤亡数字是600多人。据说，看到这个结果，很多八路军高级将领震惊而痛惜，要知道这600多人都是经历过长征的老红军；即便是一个普通战士，都能当干部使用，可以带一个连的人马！

血腥乔沟：十里伏尸俱为谁？

在战争中，基于当时的宣传需要，交战两军都难免有夸大歼敌数字、缩小自己伤亡的倾向。平型关伏击战到底歼灭了多少日军？所公布的数字从最初的一万、三千，渐渐回归接近于真实——"此役115师共击毙日军精锐第5师团第21旅团1000余人，击毁汽车100余辆，马车200余辆，缴获步枪1000余支，机枪20余挺，火炮1门，以及大批军用物资。"（军事科学院军事历史研究部：《中国抗日战争史》中卷，解放军出版社1994年版）

近年，有些人对这个数字仍持怀疑态度，并根据一些东鳞西爪的资料进行考据，说此战仅歼灭日军百余人的运输队，所谓"平型关大捷"是一个吹嘘出来的"神话"。因为事关共产党、八路军的荣誉，身为晚辈军人的笔者对此自然格外用心，想亲自做一番考证。

战争时期，狂傲的日军自然羞于承认在平型关前遭到惨败。直到20世纪60年代在日本防卫厅战史室编写的公刊战史《华北治安战》一书中，才承认"共军的一部，伏击第5师团非战斗部队的补给部队，使该部队受极大损失"。该书强调八路军打的是"非战斗部队"，仍然是在贬低八路军的战斗力。此战中跟八路军交手的果真都是后勤辎重兵吗？笔者找到的几份日方资料对此做了回答。

日本1973年出版的《浜田联队史》记载：

（9月25日）上午11时[*]，支队副官板垣大尉飞奔前来告知："汽车队在后边遭到袭击。"该汽车队即新庄中佐的兵站汽车队，车队为三浦支队后送伤病员及补充弹药和粮秣，正在返回灵丘途中。卫生队也在关沟村，情况相当危险。支队命令平岩大队长立即用汽车运送身边的龙泽中队（欠第2小队）、吉川中队（欠山崎小队）、内藤中队（欠

---

[*] 本书引用日方史料中的时间均为东京时间，北京时间比其晚1小时。

平型关战役中第 115 师某部的机枪阵地

第 2、第 3 小队）以及橘机枪中队急速出发。

汽车一过关沟村即与敌遭遇，当即火速下车，令吉川中队向北边高地，内藤中队向南边高地，橘机枪中队协助龙泽中队从中间平地进行攻击。然后敌人以迫击炮、重机枪猛烈射击，兵力看来也比我方多十几倍（夸张，实际仅第 685 团）。尤其吉川中队正面之敌举起军旗、吹起军号，士兵各自扔出手榴弹，反扑过来。我方寡不敌众而毫无办法。现在的地方虽然勉强保住，但关沟村里还有卫生队。拼死作战，绝对不能再让敌人靠近。为此，与敌人一直对峙到夜晚，还不知道遭袭击的兵站汽车队情况如何。

下午 7 时 30 分，三浦支队长传来命令：平岩大队留下 1 个小队，

平型关战役中歼敌板垣师团 1000 余人，毁汽车百余辆，缴获大批武器、战马。这是战士们高兴地背着缴获的战利品胜利归来

其余回到山坳。但卫生队无战斗力，护卫兵力只有 1 个小队，不能坐视卫生队危险而不顾。大队长向支队长报告情况，决定确保现在的地方。

浜田联队，即日军第 5 师团第 21 旅团第 21 联队，文中提到的 4 个中队，属第 21 联队所辖步兵第 3 大队（平岩大队），是结结实实的战斗部队。按日军编制，第 5 师团是四单位制（辖 4 个步兵联队）的甲种常设师团，其 1 个步兵中队兵力为 194 人，1 个步兵大队的兵力为 1091 人。这股日军，是我伏击战打响后，从平型关关口方向赶来救援的。第 685 团对该路日军的打援战，与乔沟的伏击战是一个整体。这支日军步兵大队的救援不但毫无进展，支队长三浦少将甚至想令其撤回平型关关口的山坳，而不顾在关沟村的卫生队的安危。

那么，被包围在乔沟的日军又是哪些部队呢？几份日方资料披露了详情。在日本《每日新闻》原随军记者益川所著《大陆舞台上的中日死战》（在《丸》杂志连载）一书，及臼井胜美著《中日战争》（1967年5月25日，由中央公论社印行）一书中，披露当天被八路军包围于乔沟的日军是两支部队：

一部，为日军第6兵站自动车队（即汽车队），共81辆卡车。队长新庄淳中佐与兵站要员共7人、特务兵（日军旧称"输卒"）15人，乘1辆雪佛兰卡车走在队伍最前头；矢岛俊彦大尉率领第2中队176人，乘卡车50辆居中；中西次八少佐率第3中队约110人，乘卡车30辆殿后。据此，这路日军应超过300人。据载，车上还搭载有数目不详的后送伤兵，如《浜田联队史》所记："车队为三浦支队后送伤病员及补充弹药和粮秣，正在返回灵丘途中。"

另一部，为携带衣物、粮食、弹药等物资支援前线的步兵第21联队辎重部队，包括联队大行李队及第2、第3大队的大小行李队（第21联队主力当时在浑源抢风岭方向进攻长城线，为轻装行动而将行李队留在灵丘）。携带日军日常补给，如弹药、粮秣等，有辎重兵15人，特务兵70人，辎重车77辆。为了加强自卫能力，派遣高桥小队（平岩第3大队第12中队第3小队）约30人护送。此外，第5师团情报参谋桥本顺正中佐赴前线传达命令，乘一辆小型木炭汽车与该部同行，随员约7人。以此计算，这支部队的日军总兵力为120余人。

此外，据日本史料称：遭到伏击的除日军外，第21联队及第2、第3大队的各行李队中还有300多名赶马车的朝鲜籍夫役。据朱德、彭德怀次日发给蒋介石的电报称,"计以(已)缴获汽车六十辆、摩托车三辆、山炮一门、炮弹二千余发,俘虏敌官兵三百余人,另有一部约四五百人、马数十匹均被我完全包围,死不缴枪,故全部打死"(《朱彭关于平型关战役大捷致南京大元帅蒋电》,1937年9月26日),指的应该就是该路日军含夫役的总数。

据作家萨苏介绍:八路军把这些朝鲜"夫役"记入战果并非错误。由于"日韩合并"和多年殖民教育,"二战"时日军中被裹胁的朝鲜人不少。而且在对华战争中,他们也在战斗紧张时拿枪投入战斗,后来还有不少朝鲜人补充进日军成为日军正规官兵。实际上,如美军在吉尔伯特群岛的作战中计算日军死亡人数,就包括大批担任设营的朝鲜籍后勤人员。而日军计算损失时,一向是不计算朝鲜人的。

那么,在乔沟内被伏击的敌方人员,即超过千人,还不含第685团在关沟附近所阻击的浜田联队第3大队兵力(据《浜田联队史》记,该部9月25日即伤亡98人)。据日方史料载,第6兵站汽车队方面,矢岛及中西两个中队长率一部逃脱,其余全部被歼,战死者约200人(不含伤者)。其中新庄、桥本两个中佐军官,都在死亡之列!

基于上述分析,平型关大捷中日军各部伤亡千人应该是可信的数字。

新发现:日军是从两头钻进"口袋"的

特别令人惊奇的是,《大陆舞台上的中日死战》中提到:这两路日军是从两端分别进入乔沟的!其中,前者由关沟村方向进入乔沟南端,这是从平型关前线后撤的部队;后者是从灵丘开来,从蔡家峪方向进入乔沟北端,是给前线部队补充给养的辎重队。就在两支部队即将在沟内相遇时,第115师先后发起了攻击,先是在乔沟北端小寨村附近伏击辎重队,稍后在乔沟南端伏击汽车队。这也许是我方长期以来误将这些日军看成一支的原因。日本随军记者益川在其文章一开始就特别写道:"昭和十二年九月二十五日午前,雨中,两件大惨事在这里(乔沟)发生了。"对一场战斗而称"两件大惨事",是因为倒霉的是两支互不关联的部队。

这一日方资料,也印证了我方的很多记载。比如,为什么在关沟村、老爷庙的日军反扑极其凶猛,我"掐头"的第685团、"拦腰"的第686团战斗相对激烈?因为遭遇到的是兵力较多的日军自动车队,及随后赶来救援的第21联队步兵第3大队。而小寨村以东"断尾"的第687团,则将战斗力薄弱的日军行李队和护卫小队全歼(日方称这支部队"全员战死")。

据日本《中国事变陆战史》中关于第5师团行动的记载:1937年9月22日,在平型关前进攻国民党军的日军以3个步兵大队为基干部队。在郭汝瑰、黄玉章主编的《中国抗日战争正面战场作战记》中,提到这3个

今日残存的平型关关门

步兵大队的番号分别是日军第 5 师团第 21 旅团旅团长三浦敏事少将率领的第 21 联队第 3 大队、第 42 联队第 2 大队和配属该旅团的第 11 联队（属第 5 师团第 9 旅团）第 1 大队。但该书又说，25 日第 21 旅团后续部队第 21 联队第 3 大队和辎重部队一部从灵丘沿公路向平型关前进而遭我第 115 师伏击。这显然是自相矛盾的。第 21 联队第 3 大队 25 日前确实在平型关前线，而不在灵丘后方。这意味着它只能是从平型关关口经关沟村向乔沟来援，而不是相反。大约是因为这一困惑，2005 年《三联生活周刊》杂志在纪念抗战的专题报道中，说遭伏击的日军为第 42 联队的一个大队。但据《华北治安战》记载，当时在灵丘的第 42 联队主力第 1、3 大队都是听到三浦支队在平型关被包围后于 26 日才赶来增援的；第 11 联队主力也曾赶至灵丘东侧之腰站，但均被我军各部队阻击在战场外围，未能接近。

总之，以上史料证明：与第 115 师交战的并非仅是少量"非作战部队"，而是在汽车队、行李队之外，还包括 1 个步兵大队、1 个护卫小队在内的联合单位。在日本，除了其随军记者的个人撰述及遭打击的日军第 21 联队的内部史料，官方修订的战史都对此战的人员损失讳莫如深，一再辩解，因为此战确实令"不可战胜"的"皇军"无地自容。长期以来，我方沿用日方宣传所谓八路军只伏击了其"辎重部队"的说法也可以休矣。

实际上，从日军第 6 兵站汽车队的战斗详报看，这支汽车队也有一定战斗力：

> 车队以矢岛中队在前，中西中队在后的顺序前进，队长的位置在接近矢岛中队前列的地方。当矢岛中队的全部、中西中队的一半进入凹道（9 时 30 分），忽然听到前方的喊声，我方同时受到来自两侧悬崖约一个旅敌人的攻击，战斗即刻开始，敌人向我射击、扔手榴弹。由于先头的自卫队受敌压迫，中队长即命第 1 小队长一并指挥自

卫队向敌发起进攻，同时向队长报告了进攻决心。随即遭到右侧高地上的重机枪、迫击炮的射击。为此，先命第2小队继命第3小队向右侧展开攻击该敌；并命一部兵力占领左侧悬崖上的阵地（即老爷庙梁子）警戒背后；又以修理班、行李队为预备队，匆忙逐次采取了措施。

此时，汽车队本部陷入敌重重包围之中，队长派出传令兵，向旅团告急。

另外，中队长接到敌有力之一部逼近背后之报告，即命预备队增援左侧高地，射击敌人，同时向中西中队派去了传令兵。

此时，后续的中西中队已在远方左侧高地上开始散开射击。另外，前面的自卫队不断出现战死者，敌向第2小队背后逼来，中队完全陷入敌之重围。

上午10时30分，旅团派来1个步兵小队（第21联队第3大队第12中队神代小队），乃命其在中西、矢岛中队之间投入战斗。在此以前，曾派准尉去向队长报告情况，在弹雨纷飞中完成了任务。

11时30分，传令兵带来队长战死的消息，大家愤慨万分（此系误传，从第1小队长处获悉，队长被手榴弹炸伤）。

但其后接到队长遭左侧高地重机枪扫射而战死的可靠消息，中队长命令边烧掉汽车边后撤。时间为12时40分。

关沟村的卫生队收容了所有的伤员，下午3时集结完毕。

抗战时期，日军计算战斗力，都是以一个步兵大队对中国军队一个师。此次战斗，八路军以不足一个整师（第688团因洪水阻隔未参战），不但歼灭了日军第6兵站汽车队和第21联队大行李队及第1、第2大队的大、小行李队，击毙两名中佐军官，缴获大量汽车、大车、马匹、被服、弹药等军用物资，还对前来增援的一支精锐步兵大队实施阻击，硬是整整三天未让该大队接近乔沟，使我军充分地打扫了战场。这无论如何也是一次响当当的"大捷"！

也可以与"友军"的战况对比来进行分析。从9月22日开始，日军第21旅团旅团长三浦敏事少将率领的3个步兵大队，加上随后从抢风岭赶来增援的粟饭原秀大佐率领的第21联队主力第1、第2大队，共5000多人，在平型关、东西跑池、鹞子涧、团城口正面与晋绥军第33军、第17军、第2军所辖独立第3旅、独立第8旅、第73师、第71师、第84师、第21师等数万人相持。我第115师伏击成功、切断日军后方联络线后，按与国民党军事先约定，立刻向平型关方向出击，使日军第21旅团陷入被包围困境。据朱德、彭德怀所发战报电，"115师有日（25日）八时进入战斗，至廿四时止尚在激战中，平型关以北东跑池、辛庄、关沟及1886.4标高高地完全攻占"，我军确已包抄至三浦支队后路。然而，由于第84师擅自放弃了团城口后撤，致使占领该地和鹞子涧、西跑池的日军居高临下以炮火袭击，将欲出击的第71师压迫于涧头、迷回一侧，被包围的日军得以从国民党军阵地突围而逃。一场唾手可得的大歼灭战战机，从眼前转瞬即逝。（据郭汝瑰、黄玉章主编《中国抗日战争正面战场作战记》，江苏人民出版社2005年版）

最后，让我们再从日方资料感受一下乔沟伏击战后日军的惨象。据《浜田联队史》载：

9月28日（25、26、27日三天，日军未能突破我阻援），龙泽中队得到友军的支援后，勇气百倍再次继续前进，此时遇到意外情景，刹那间所有人员吓得停步不前。冷静下来看时，才知道行进中的汽车队已遭到突袭全部被歼灭，100余辆汽车惨遭烧毁，每隔约20米，就倒着一辆汽车残骸。公路上有新庄中佐等无数阵亡者，及被烧焦躺在驾驶室里的尸体，一片惨状，目不忍睹。

想到平岩大队（第3大队）25日按支队命令前来救援，半路上却受到比我方多十几倍敌人的包围，最终未能到达目的地。为此，竟造成了如此悲惨景象，痛切心情，难以言表。

用了长达3个小时，才把一辆辆烧焦的汽车拖到公路一边，处理好阵亡者的尸体，公路勉强可以通行。龙泽中队开始前进，到达岭上。从岭上向峡谷一看，辎重车辆队不是也全部覆灭了？公路不是被辎重车辆、层层叠叠的人马尸体堵塞着了吗？！

这里正是粟饭原秀部队的大行李队及山口、中岛两个大队的大、小行李队遭到覆灭的地方，宛如地狱图画的悲惨情景。

齐会：冀中平原上的经典歼灭战

1939年初，日军慑于敌后游击战争的严重威胁，从正面战场回师，进攻冀中根据地，冀中大部分县城为日军占领，形势日趋严峻。1月，贺龙率领第120师驰援冀中。4月中旬，在河间县齐会村、找子营村、南留路村等地附近，与前来"扫荡"的日军第27师团第3联队第2大队激战三天两夜，创造了八路军在平原地区全歼日军的光辉战例。

此战能以"微观战史"笔法予以精确、细腻呈现，实现高"清晰度"的史实重建，是因为中日双方均留下了丰富的史料。笔者谨就所搜集到的资料为主要素材，对这场战事做一个完整"复盘"：以《第一二〇师暨陕甘宁晋绥联防军抗日战争史》为代表的中方官史，河间党史办研究文章《详解齐会战斗》，及独立第1旅副旅长王尚荣、第716团团长黄新廷、第715团政委李建良、第716团参谋长王绍南、第716团3营12连通信员刘增福的口述资料；日方公刊战史《华北治安战》及《中国驻屯步兵第3联队战志》的记录，及日军第2大队第8中队指挥班上等兵内匠俊三、山炮兵第27联队第4中队中队长菅沼荣的口述资料。

战斗前的敌我动态

日军"华北方面军"拟定1939年度第一期"肃正作战"计划，给第

27师团下达任务："以主力肃清津浦路西侧地区之敌。"第27师团决心，先以大规模扫荡作战，进行占领区及毗邻地区的"治安肃正"工作，巩固分散配置的基础，同时力求扩大"治安圈"，宣称"此次行动脱离原来确保点和线的概念，而转移到对面的确保"。4月20日，师团所属各步兵联队按新编制进行改编（步兵大队由3个中队增加为4个中队），而后驻河间日军第3联队开始在冀中地区实施"扫荡"。

22日午夜，第3联队大队长吉田胜少佐率第2大队，辖第7、第8中队及机枪中队、大队炮小队各一部（重机枪4挺、步兵炮1门），及配属山炮兵第4中队（山炮2门），自三十里铺向齐会、大超市一带开进。据日军第8中队指挥班上等兵内匠俊三记述，此时日军已从此前几次交战情况，获悉我军为"从延安进入冀中战区的八路军著名人物贺龙的主力及延安来的最精锐部队，兵力2000人左右"。预料将有一场激战，为此决定尽可能带足预备弹药，出发时马车装满山炮炮弹约420发，重机枪弹药1.5万发，以及其他掷弹筒、步枪子弹、手榴弹等。"这在讨伐作战中是很少见的。"

在此期间，第120师师部率独立第2旅（辖第716、第4、第5团）于4月18日从河西村东移，进至河间东北的齐会地区，与在该地区活动的独立第1旅（辖第715、第1、第2、第3团）会合。4月22日，获悉河间日军第27师团第3联队吉田大队约800人，附山炮2门，北犯三十里铺。我师判断该敌有配合任丘、大城、吕公堡之敌向我进攻的可能。但是这些据点的敌伪军数量不多，而我师已集中了2个旅共7个团的兵力，并有冀中军区三分区的部队配合，有把握消灭敌人的一路。因此，我师决心集中主力消灭吉田大队，当即决定战斗计划和部署，并在师召开的联欢大会上作了紧急的战斗动员。全体指战员斗志昂扬，决心以战斗的胜利，庆祝第120师在冀中的主力部队大会合。

齐会战斗八路军战斗序列

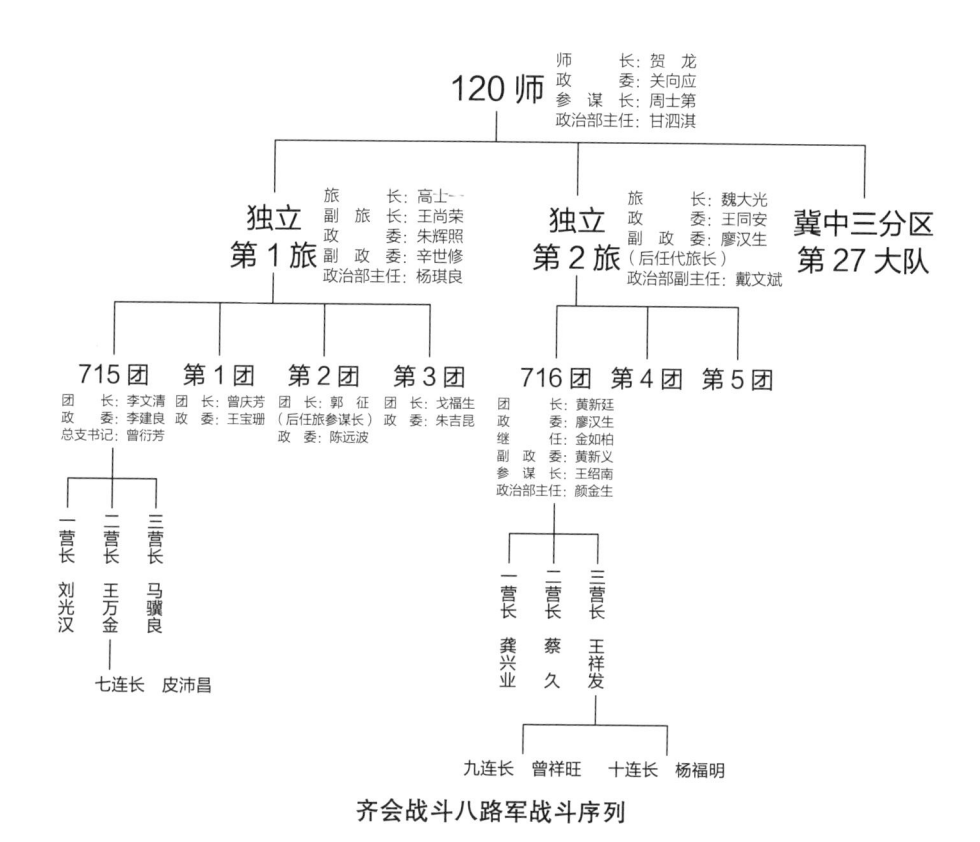

```
                            120师
                            师    长：贺  龙
                            政    委：关向应
                            参 谋 长：周士第
                            政治部主任：甘泗淇
         ┌──────────────────┼──────────────────┐
       独立              独立              冀中三分区
      第1旅              第2旅              第27大队
   旅  长：高士一      旅  长：魏大光
   副旅长：王尚荣      副政委：王同安（后任代旅长）
   政  委：朱辉照              廖汉生
   副政委：辛世修      政治部副主任：戴文斌
   政治部主任：杨琪良
   ┌────┬────┬────┐        ┌────┬────┐
 715团  第1团 第2团 第3团    716团  第4团 第5团
 团长：李文清   团长：曾庆芳   团长：郭征（后任旅参谋长） 团长：戈福生   团长：黄新廷
 政委：李建良   政委：王宝珊   政委：陈远波          政委：朱吉昆   政委：廖汉生
 总支书记：曾衍芳                                           继任：金如柏
                                                            副政委：黄新义
                                                            参谋长：王绍南
                                                            政治部主任：颜金生
  ┌──┬──┬──┐                                    ┌──┬──┬──┐
 一  二  三                                     一  二  三
 营  营  营                                     营  营  营
 长  长  长                                     长  长  长
 刘  王  马                                     龚  蔡  王
 光  万  骥                                     兴  久  祥
 汉  金  良                                     业      发
        七连长 皮沛昌                          九连长 曾祥旺  十连长 杨福明
```

齐会战斗八路军战斗序列

第716团参谋长王绍南回忆：晚上大约9时，联欢大会正在进行中，几个侦察员满头大汗地跑到贺龙师长和周士第参谋长跟前，向他们报告了什么。一会儿，贺师长提高嗓门说道："同志们，乡亲们，敌人出动了，给我们送礼来了。我们要军民一心，团结起来，动员起来，再次粉碎敌人的进攻，打个胜仗来庆祝合编团结大会！"第716团3营12连通信员刘增福记得：师长话音一落，各连司号员一齐吹号，真是号声震天，很有军威，接着文工团继续演节目。因我们第3营是受命驻守齐会村的主力，顾不上看节目，连长带领队伍就进入齐会村，疏散群众，连夜修起了工事。

齐会村有400多户人家，是一个比较大的村庄。村内有一条南北大街

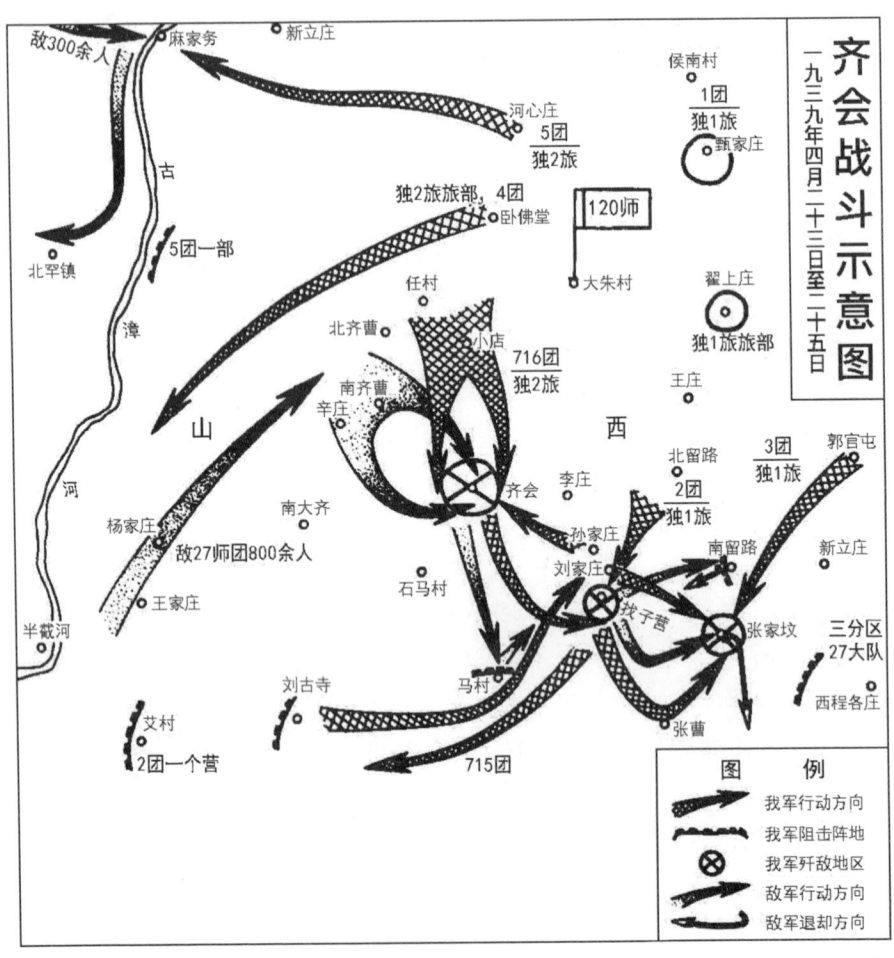

齐会战斗示意图（1939年4月23日至25日，据《中国人民解放军历史资料图集》）

和一条东西大街，两旁是小巷和房屋，有一定纵深，利我布兵同敌战斗。村东南有大水塘，与南北石槽两条河流相连，水比较深，上有一座石桥为进出通道，利我阻敌。村沿有些零星房屋可作为前哨阵地，利我防守。刘增福所在的第 12 连负责村西口，把临街房子的门窗都堵上，在墙上凿口做枪眼，房顶垒上掩体。通信班负责修村西口路边的工事。

4 月 23 日战斗

4 月 23 日拂晓，日军从半截河村渡过古洋河，9 时占领了南大齐、北石槽一线，而后摆开了战斗队形，从右起：右侧方尖兵为第 8 中队第 3 小队，其后为第 7 中队；中央为机枪中队；左侧方尖兵按第 8 中队、第 7 中队的顺序展开，向齐会村前进。9 时许，接近村庄 800 米左右时，后面山炮第一发炮弹打进村庄。与此同时，敌我双方枪声大作，战斗开始了。

据守村庄的是我第 716 团第 3 营，防御重点在日军第 7 中队正面。战士们不慌不忙，连续打垮了日军的三次冲击。此时，根据师预定作战计划，第 716 团急调第 1、第 2 营向日军背后运动，以配合第 3 营夹击敌人。此时，在二三里方圆的齐会村，形成了日军包围我 716 团第 3 营，第 716 团 1 营、2 营又包围日军的犬牙交错的形势。

第 3 营第 12 连据守村西口防线，通信员刘增福跟指导员在村西口路北。据其撰述：

> 枪声、炮声响成一片，双方伤亡都很重。忽然听见我们的战友喊："报告，一排长挂花了！"指导员立即大声说："三班长，代理一排长！"我一边掩护着指导员，一边高声重复："三班长，代理一排长！"这就

是火线任命，在那个特殊情况下，提拔干部特别快。可是，刚过了一会儿，就又听见喊："三班长也挂花了！""三班副，代理一排长！"来自山西的武二希挂花了，我们班长侯银栋，也是山西人，是武二希的亲舅，他看见一个战士倒下去了，赶紧过去补他的位置，结果也被敌人打中了。眼看战友们死的死伤的伤，指导员命令我到路南找连长请示，是不是暂时撤退？十几米的一条街，在平时不算宽，可那会儿，没有房屋的遮掩，就成了一条生死线。子弹像冰雹一样，打得路面上噗噗直冒烟。当时顾不上多想，我趴在地上，打着滚，冲了过去，还好，没伤。

找到连长，传达了指导员的意见。就见连长眼珠子都红了，他说："打！剩下一个也要打！"然后高喊："同志们，瞄准了再打，节省子弹啊！"当时，我们的子弹已经不多了。连长身边，有我同村的王贵申，他喊着我的小名："小石头，子弹没长眼，你要小心啊！"我只喊了声："没事！"就又打着滚回到指导员身边。当时我想，我已经打死了四五个鬼子，早够本了，死了也不冤。

我们伤亡不轻，敌人伤亡更重。就这样，战斗从天亮一直打到天黑，连长命令，剩下的人全撤到村里那条南北街上，让我站在街边，负责传达他的命令：凡是十二连的人都到街边一个院子里休整。

下午5时，日军运来大桶的汽油放火烧房，实施火攻，并向齐会村及第120师司令部所在地大朱村发射毒气弹。正在大朱村村沿指挥作战的贺龙师长和司令部20余人中毒。齐会村战场，战士们看见一团团白烟在头上散开，便喊起来："鬼子放毒气了，快防毒啊！"大家用水浸湿毛巾捂住口鼻。这时，有人举着水壶喊："共产党员们，把水让给机枪班，保证机枪打响！"这一喊，战士们纷纷把水壶送给机枪射手，自己打喷嚏，流眼泪，呕吐，仍咬牙坚持。敌人估计毒气已经奏效，就端着刺刀"呀呀"地叫着冲上来。哪知道我们的机枪比以前叫得更欢，战士们跃出战壕，完全不像中毒的样子，和敌人拼起了刺刀。第9连连长曾祥旺从敌人军官手里夺过一把战刀，一口气砍死三个敌兵。半小时以后，敌人再次猛烈攻击。由于第3营伤亡较大，弹药也不足了，敌人冲进了齐会村北我军阵地。

趁隙突入村北的是日军第8中队。第8中队指挥班上等兵内匠俊三观察发现，村北我兵力薄弱，遂引领该中队及机枪中队突入村内。日军大部登上房顶，开始沿房顶前进。在其右后方，第7中队遭遇我第3营激烈抵抗后，此时也接近村前，两三个人一组爬上屋顶。突然，我第3营火力再度集中猛射，房顶日军不断受伤。日军第8中队竹中曹长命令上等兵内匠俊三清除我火力点。内匠沿房顶迂回接近，发现约50米远处一栋高大房屋上，周围堆满被褥、家具等物，三四十名我军士兵正在猛烈射击第7中队，也有十来支枪正对第8中队方向。此时，恰好有一股突然刮起的暴风，在我军房屋阵地一带卷起灰尘。趁此机会，内匠蹿上屋顶，以火炕的小烟囱作依托向我狙击，击中我军士兵，并引爆胸前的手榴弹。不久，内匠奉命再去看日军机枪中队的战况，发现机枪中队已将一门九二式步兵炮抬到房顶上，直接向五六十米外的我军轰击。返回时，发现第8中队主力已全部增援村庄右侧的尖兵第3小队，据负伤逃出的士兵报告，该小队已伤亡殆尽，仅少数未死者以手榴弹与我军作最后顽抗。第8中队长岩崎命令全队15人分两路突击救援，旋即被我火力压制，竹中曹长以下多人负伤。

此时，我第3营战士们转移到房子里、屋顶上，与日军展开逐屋争夺战。日军每占领一堵墙、一间房子，都要付出很大的代价。日军实施火攻后，我军营长王祥发站在一间房顶上，眼看滚滚的黑烟冲天而起，振臂高喊："同志们，一、二营就在村边，敌人快完蛋了，我们要沉住气。

东南角隔着一条街,火烧不过去,我们往那里撤!"第12连几个战士站在燃烧着的房子上掩护部队撤退,子弹打光了,就把小炮弹的保险卸掉,当手榴弹用。有一个班被敌人围在房子里,一边迎击敌人,一边同火搏斗。敌人边攻边喊:"捉活的!"后来这个班只有四个人了,班长的左臂又挂了彩,但他连伤也不包,瞪起大眼睛对大家说:"敌人有枪,我们也有,敌人的刺刀是捅我们的,我们的刺刀也饶不了敌人,准备拼!"这时敌人见屋里没有动静,以为我们的人全牺牲了,便冲进门来。班长大喊一声:"捅!"四把刺刀一起刺进敌人的胸膛。他们趁势冲出了房子。撤到村东南后,第3营的阵地只剩下几座大套院了。营党委召开紧急扩大会议,向全营的同志提出了"战胜火攻,战胜毒气,坚持到底,保障胜利"的口号,各连队支部也都在工事里开了会,表示决心打到底。会后,全营调集了仅有的弹药,伤员拿起了武器,干部和共产党员守在最危险的地方。

据第715团政委李建良回忆,该团奉命以第2营7连(连长皮沛昌)先行突入村内,与第716团3营会合,共同固守村庄。见此情景,716团第9连连长曾祥旺立即派排长张化林带战士前出接应。张化林指挥战士们一顿猛打,吸引了敌人的火力,第7连乘势一个猛冲,打开了缺口,冲进村内与第3营会合。增加了生力军,第3营士气更加高涨。营长王祥发决心突过日军的火网,夺回村南大水塘上的石桥,以求打破敌人的包围,相机恢复与团的交通联络。被称为"猛虎班"的第6班自告奋勇担当了这一艰巨任务。他们在重机枪的掩护下匍匐前进,迅速接近桥头,猛扑上去与敌人扭打起来,以刺刀、枪托将敌消灭,夺回了石桥阵地。敌随即以绵密火网封锁了桥面。

当日,第716团团长黄新廷、政委金如柏和参谋长王绍南,站在齐会村东方麦地里用望远镜观战。那里机枪一阵紧似一阵,一团团烟雾腾上高空。下午5时，师部周士第参谋长打来电话：任丘、大城、吕公堡增援齐会的敌人，已被我第1团、第5团和冀中三分区部队拦阻，齐会敌人成了无援的孤军，贺龙师长已令第715团和新合编的第3团加入围歼这股敌人的战斗。眼前最重要的问题仍是第3营能否守住阵地把敌人拖住，坚持到主力运动上来，所以必须设法迅速把师长的意图传达给第3营。但因第3营通团部的电话线被敌人切断，参谋长王绍南遂带两名通信员，在第4连火力掩护下，趁夜色摸进村内与第3营取得联系。王绍南指示营长王祥发："你们营这一仗打得很硬，师团首长都很满意。当前的问题是守住阵地，为了实现首长的计划，我们必须狠狠地把敌人拖住，不让它跑掉。"而后派一名通信员返回团部报告，并接通了电话线。此时，大火吞没了大半个村子，200多间房子被烧掉了，村内烟气呛人，到处是瓦砾废墟。王绍南在王祥发陪同下视察阵地，穿行在残垣断壁之间，看到战士们的脸被烟熏得漆黑，满身都是尘土，有的裤腿被烧破，有的胳膊被烧伤，但个个精神饱满，人人斗志昂扬，仍然趴在隐蔽处，不断向敌人射击。

入夜后，日军第8中队连夜忙碌，将伤员和战死者尸体装上马车，离开齐会村向东南方撤退。此时，被日军焚烧的齐会村烈火升腾，在燃烧中发出可怕的声响。黎明时分，王绍南和王祥发想坐下来打个盹，突然村北远处传来激烈的枪声。第9连派人来报告说：敌人打了两颗信号弹，几十辆大车向东移动了（日军山炮兵第4中队中队长营沼荣记述此时为日本时间凌晨4时）。这时电话铃又急促地响了起来，王绍南拿起话筒，黄新廷团长说："齐会敌人困战一天，发现孤立无援，现正企图向马村方向撤退。贺师长已下达总攻的命令，我们要咬住敌人猛追、猛打！"

4月24日战斗

4月23日，第120师判断齐会日军已经孤立，有乘夜突围的可能，遂命令第716团继续攻击敌人，并令第715团和第2团1营进至齐会村南之东西宝车和留古寺、第4团进至齐会以西的四公村和杨庄、第5团进至张家庄分别设伏，决心乘敌向河间撤退时于运动中将其歼灭。

4月24日拂晓，第716团令第2营尾追日军，歼其一部。与此同时，第715团也派出2名骑兵通信员到齐会村侦察，旋即返回报告称：齐会到处都是我们的部队，他们正在打扫战场，没有发现敌人。此时，师部电令第715团，立即寻找逃窜之敌，务必全歼。第715团左路第4连向东南急追4公里左右，在马村附近堵住了逃敌。这时，日军正在交通沟潜行。交

贺龙（右一）、关向应（右三）、周士第（右二）、甘泗淇指挥战斗

通沟是我冀中军民挖好的，有一人深，而宽度仅能过大车。第4连发现日军后，立即猛冲猛打杀向交通沟。日军大队的行军队伍中因有很多马车，五六百米长的一列纵队被困在交通沟中不能动弹。见我第4连冲过来，急忙扔下大车辎重，边打边退地向找子营方向逃去，个别日军来不及逃跑，就躲在大车下面负隅顽抗。我们的战士早就想大显身手抓几个鬼子给乡亲们看看，于是不顾一切危险地向前冲。有武士道精神的日军很难被活捉，他们即使受伤被俘也会和我们的战士拼个死活，许多战士就这样牺牲了。第715团政委李建良在道沟上观察敌情，看到这种情况，命令通信员传令，要战士们"保护自己，消灭敌人，不要作无谓的牺牲"。即使这样，我们的战士还是想活捉鬼子。一个排长就非常机智地绕到躲在大车下打冷枪的鬼子身后，赤手空拳地和这个鬼子搏斗，终于把这个鬼子活捉了。这是此战抓到的第一个鬼子。第4连紧紧咬住敌人后，第715团主力从右路赶到。日军见势，赶忙向东北逃进找子营村，占据了找子营南半村，我方进入找子营的北半村，敌我双方形成对峙局面。第715团分析，日军企图在找子营阻挡我军的追击，然后找机会夺路向南留路逃窜。该团向师部汇报了情况，师部命令冀中三分区第27大队迅速赶到找子营外围堵截，独1旅第2、第3两团坚守在南留路阻截敌人，防止日军从南留路外逃。

独1旅第3团第3营先敌约10分钟进驻南留路村西的十字街口。日军此时仅存约230人，欲乘我立足未稳，以山炮、重机枪猛烈射击，掩护步兵冲锋突入，第3营战士凭借村西十字街口的两挺重机枪等轻重武器，1个小时内打退了敌人的2次猛攻，稳住了阵脚。第3团政委朱吉昆却因腹部中弹，英勇牺牲；第715团第3营营长马骥良负伤。其后，独1旅副政委辛世修急至南留路村，指挥部队坚守阵地，也不幸负伤。当日，第3团连续打退敌人的9次冲锋。驻北留路村的第2团也协力自北向南侧击日军，南留路村稳稳地守住了。

贺龙在齐会战斗中

在此期间，在找子营的第715团奉命派第2营支援北留路村第2团。此后，第715团仅剩在村内的第4连和村外的第3连。接着，师部来电话，命令第715团晚上对据守找子营顽抗之敌发起总攻。该团即令第3连连长张宝存准备火攻。第3连马上行动，分头找来大量的干柴及煤油，并把这些东西放在上风处，做好总攻的准备。

此时，整个战场已从找子营延伸至南留路一线。日军为数百人的大部队，且因携带数十辆给养大车，受乡村道路所限只能以纵长阵列行军，队首、队中、队尾不在一处，所见情况也不尽一致。由菅沼荣率领的山炮兵第4中队位于中段，其所撰阵中日志提供了一个较为清晰的脉络：

7时30分到达赵子营（为找子营之误。下同），在该村大休息约

2小时。

8时左右，从赵子营西北方出现约四五十名敌人前来攻击我后方。又发现在其后方，敌人三三两两往东北方向移动。

吉田部队（步兵第2大队）以一部兵力对其攻击，敌进入刘庄（找子营西北约1公里，今已与孙庄合并为孙刘庄）附近的隐蔽地区。因辎重队马车群在村西，山炮队立即命令第2分队在村西端占领阵地，在其射击掩护下使马车集结。

10时半，吉田部队仍按计划开始攻击前进。尖兵部队到达大超市村（实际仅进至南留路，距离大超市还有3公里。下同）时遭受猛烈射击，尖兵立即进入攻击态势。逐渐接近村庄，敌火力愈加猛烈。

山炮队前进至两村之间，虽处于不利的态势，但为支援正面步兵强攻，立即命令第2分队将排炮布置在暴露于敌前的旱地上，轰击大超市村之敌。

敌潜入大超市村的北留路、南留路、张曹对我进行包围。

为此，命令第1分队占领第2分队右边阵地，由增田曹长指挥，主要抵挡南留路中央以南之敌；我指挥第2分队，对抗村中央以北及西方之敌。

敌数骑兵（或为传令兵）频繁驰骋往来于北留路及其附近村庄之间。

敌夺得我背后赵子营村之角，在村东端已出现手持捷克造机枪之敌兵。我立即命令用距离400米射击消灭之。敌我战斗交错发展，敌虽也出现山炮、迫击炮，但对我方无损。

敌阵地似在北留路附近，但未判明其正确位置。我排炮暴露在外，遭敌阻击。我屡至步兵第一线联络，以促其攻击，但迄无进展。

20时，部队企图发起黄昏攻势，炮兵集中全部火力对村子西南角，下午以炮火轰击全正面，但无进展。与昨夜同样，我受命担任后方警备，煞费苦心将驮马安置于凹道上，车辆放置于凹道外面。

炮兵对赵子营实施援护射击，以便步兵第一线转移。

此时，日军以一部在找子营殿后，主力仍沿沟道向南留路东窜。日军在狭长沟道的中段挖出斜坡，吉田大队由此登上旱地，朝村庄之间的通道前进。约一小时后，担任后卫的日军第8中队也开始行动，当日军通过交通沟爬上地面时，我军从后面边开枪射击，边追赶上来。内匠上等兵奉命只身殿后掩护，在打完15发子弹后，待我军逼近约30米处，他站起身投出两颗手榴弹，而后掉头拼命追赶本队。追上中队后，内匠遭到竹中曹长叱责，认为其坚持时间太短。此时日军前队也已遭我军围攻，夜幕中我军吹着哨子联络，同时投出大量手榴弹，展开波次进攻。日军马车在黑暗的田间小路和凸凹不平的地方前进，车底盘和车轴等散了架，车上的伤员和尸体被抛下来，又被抬到其他马车上。有的马因手榴弹爆炸受惊狂跑；有的马因力气用尽，倒在田间小路上；也有的马陷入土中无法动弹。日军以一半兵力利用手榴弹爆炸后的间隙向我反击，另一半人协助推马车、收容伤员，战斗已经进入绝望的状态。

夜幕降临后，第715团按预定计划向殿后日军发起总攻。霎时间，火光冲天，第3、第4连战士先用手榴弹一阵猛轰，随即迅速冲进找子营南半村，找子营村就被我军全部占领。菅沼荣的记述是："第一线收容伤员及阵亡尸体花费很长时间，因此未能及时转移，遭受四周手榴弹攻击，凄惨异常。赵子营敌吹起军号实施逆袭。"日军陷在火海之中，被手榴弹和枪弹打得抬不起头来，伤亡迭出，支持不住，纷纷逃窜。因东侧南留路无法突破，深夜日军试图南下前往张曹村，但最终被迫麇集于南留路村南约一里的张家坟。据菅沼荣撰述：

为突破敌之包围，部队集结后，于 23 时开始向张曹村前进。23 时 50 分到达张曹村，突然遭到敌人射击。前卫部队企图突破该敌，但在行进中山炮队及小行李等后方部队走错路，已至大超市附近（实际仅进至南留路，距离大超市还有 3 公里。下同）。行军改变方向时，队伍稍有混乱。我先令增田曹长收容车辆，随后即带一名传令骑兵来到车辆部队，车辆落后约 100 米远。而且中国马夫害怕枪声，放开缰绳，翻倒大车，后卫部队也陷入混乱中。我听取山炮队队尾的内田军曹报告情况后，立即命令只将完整车辆中的重要车辆（运送伤员及弹药者）拉走。正在整理队伍时，约有 500 敌人来袭，我当即指挥车辆追赶前面的部队，但后方车辆终于发生混乱。

在追赶部队途中，原曹长报告山炮队已在路旁坟地（即张家坟）集中。于是立即到该处命 1 门火炮对北方、另 1 门对西方布置排炮，并拟收容可能收容的车辆。我再一次到达车辆部队处时，混乱相当严重，马夫均已逃散。

为此，命令再次核实人员、弹药集结情况。内田军曹右大腿部被子弹打穿。

重新检查步枪分队人员，未发现变化。我又回到坟地清理人员，在坟地只有炮兵而无步兵。

此时，敌人多次逆袭，并逐步逼近我阵地。山炮队无法与步兵部队联系。

山炮队考虑兵力集结已基本完毕，企图在此单独与敌决战。命各火炮手以"零距离"装炮弹，步枪分队负责警卫，空余时间挖壕沟，等待敌人接近，敌人要碰炮身时再开始射击。

正北、正西两方面决定由我与增田曹长分头指挥，弹药逐步集中。

不久，黑暗中传来中国人说话声，已可看到远处有人影。此时全体屏住呼吸,热血凝结,敌我一接触,炮弹将爆炸而冲向敌人。炮手分队长激动地说:"不,稍等!"此时同仇敌忾之心再难压抑。

"好,打!"

轰!轰!轰!恰如燃起镁光,使人炫目!在此关键时刻,我以"零距离"连续发射五六发炮弹。然为节约霰弹,我命令以后改用瞬间爆炸的榴弹。我代替二炮手将炮口与地面成斜角,再向敌人退却的方向发射,炮弹顺利爆炸而无跳弹现象。

此时增田曹长手摁左臂说:"有点痛,我包扎一下。"

我回答:"是吗?"继续指挥两个方向炮击(增田曹长左上臂被打入子弹)。四周枪声停止时,我原拟命令山炮队迅速脱离战场,与东南方的主力部队会合,撤除排炮前进。此时高丰军曹跑来传达大队命令:尖兵中队返回,攻击大超市村南方、西方地区。突然一颗子弹从右臂穿过他的胸部,他一言不发倒地而死,正值5时30分。我不禁含泪立即在坟地集结,占领阵地支援大队的攻击。

4月25日战斗

4月25日凌晨3时,日军逃向张曹村,遭第716团2营截击,天亮后又折返猛攻南留路村。接替第3团的第2团第2营,又打退日军3次冲击。"敌人可就慌了,活像野兔子,在麦田里乱跑乱跳。"我军各部协力猛攻,用机枪火力把几百名日军和一百多辆大车压在南留路至张曹村的交通沟里,日军被迫在南留路村南之张家坟构筑椭圆形防御阵地,我军随即将其团团围住。经连日激战,此时日军步枪子弹用尽,只剩重机枪子弹和炮兵队的最后30发炮弹。第7中队、第8中队弹药也已用尽。据内匠上等兵记述:"在以往多次战斗中,只要有人决心要干,大家齐心协力就能取胜。但是敌人太多，不论杀伤多少，仍然接连不断蜂拥而来。对此，我们真顶不住了。"日军麇集在张家坟没有吃的，也没有水喝，企图出来偷点东西吃，但刚一露头就被我军阻击，再也不敢出来。

下午，日军见我军势头有所减弱，揣测我军弹药亦将用尽。但此时日军已被围得水泄不通，既无弹药，又无友军来援迹象，有人绝望地说，怎么能冲出包围圈！内匠上等兵听到几个士兵绝望哀鸣："我先告辞了！"随后相继自杀。此时，第715团准备全面攻击。冀中平原的气候特点是，在春天每天下午两点就要刮风。正在调动部队时，团政委李建良站在高处观察，发现日军也在集结，对站在身旁的第2营营长王万金说："快出击，敌人要乘风逃跑了！"第2营刚吹冲锋号时，一股黄土风刮过来。据日军山炮第4中队中队长菅沼荣记述："20时，夕阳西下，突然刮起一阵北风，漫天尘土飞扬，1000米外的村庄不见踪影。神风！我等一齐欢呼……"日军趁大风黄尘遮掩逃窜，我军在黑暗中紧紧尾追，又歼敌一部。

4月26日战况

4月26日，第715团进入日军此前占据的张家坟阵地，只见尸横遍地。战士们发现日军在墓地里挖了一个大坑，判断是日军饥渴难挨，想挖井淘水喝。但冀中平原水位低，挖了一丈多深还没见到水，我军就攻上来了——后来得知，日军是为深埋难以带走的重武器，又在其上浅埋部分尸体做伪装，我军因经验不足未能起获，后来还引出此战歼敌数字与缴获不成比例的公案。打扫战场时，一个战士碰着一个日军的"死尸"，伸手一摸，发现心脏还在跳动，原来是个活的。俘虏是个日本军医，睁开眼睛的第一句话是"水"。这是我军俘虏的第二个日本鬼子。

此时，日军吉田大队残部正向沙河桥逃窜。据第8中队上等兵内匠记述：

　　我是指挥班的人，所以走在中队的前头。我前面的马车上装着六七具战死者的尸体。有的人死于手榴弹和步枪，很大的伤口张开着，鲜血染红了军装，有的人头部中弹。目睹这凄惨的场面，我难过地走了十几公里路。在我前面一连20多辆马车都装着战死者的躯体。仅在一次战斗中就出现如此之多的伤亡，这在中国事变发生以来，即使是南苑战斗，或武汉作战也不曾有过。若给农民们看到，也许会说我们的坏话：瞧这支残兵败将的队伍！一想到这些，真感到恼恨万分。当日中午前到达沙河桥，在此用午饭后补充弹药，又继续出发开往河间。我在中途患疟疾痊愈，回到班上，环视一下宿舍，感到房子空空荡荡，第3小队的伙伴一人未见，全部阵亡。一想到扫荡前这里人多房窄的热闹情景，悲痛又涌上心头。听竹中曹长说，此次讨伐中战死96名、伤14名，伤亡之惨重令人震惊。一般战斗，大概为亡1人伤3人的比例，而这次战死者居多数，战斗之激烈可想而知。

　　不久，由于此次讨伐的原因，决定第1大队和第2大队互相换防。原在大城的第1大队调来河间，第2大队移驻大城。身为第2大队的成员，真是悔恨交加。面对那么多敌人，大队全体将士四昼夜不眠坚持奋战，其结果却是命令换防，第2大队每个人都郁郁不乐。

　　在此，有必要借此估算一下八路军此战的战果。在日军《中国驻屯步兵第3联队战志》中，仅记录第7中队在齐会战死3人、第8中队在齐会战死4人。而据内匠上等兵在撰述中的零星记述，仅自己从第5中队带到第8中队作为补充兵员的8人，就有7人战死。而在逃亡之路上所见，"前面的马车上装着六七具战死者的尸体"，"一连20多辆马车都装着战死者的

齐会战斗后，清点缴获情况

躯体"，简单估算就超过了竹中曹长所说的战死96人这个数字，而且其所说的死伤人数未必包括山炮兵第4中队。关于八路军的伤亡数字，2018年9月26日"河北党史"微信号首次公布了齐会战斗中八路军烈士名单，共牺牲团政委朱吉昆、团总支书记曾衍芳以下163人。

卧佛堂的尾声

在河间日军吉田第2大队被围歼期间，驻任丘日军时崎第3大队并不知情，直到4月27日才获知八路军"精锐集团"在卧佛堂附近活动。卧佛堂位于齐会村北侧约4公里，时崎第3大队决定以大队主力前往"扫荡"。4月28日晨，该大队令正在阜草村修路的第11中队南下，令正在尹家佐村的第12中队东进，分两路向卧佛堂开进。第11中队行至卧佛堂东南郭官村与我一部遭遇，发生激烈战斗。第 12 中队进至卧佛堂附近 400 米时，遭到卧佛堂及西南方任村两方面交叉火力射击。第 12 中队队长町田此前已获知第 11 中队在郭官村战斗，而两地相距 12.7 公里，因此判断我军为"占据广阔地域的大部队"。町田决心以一部兵力（滑川小队）阻击卧佛堂我军，集中主力（服部小队、根桥小队及配属山炮兵渡边小队）先向任村攻击。据其撰述：

第一线小队向任村勇猛攻击前进。但我中队新成立不久，加以新兵过多，前进不能如意，队伍在敌人跟前停顿下来。在卧佛堂方向，只见敌人挥舞大刀冲锋，杀声大作。这对滑川小队也很危险。我决定，与其两面受敌，不如命机枪小队压住这方面，而命滑川小队迂回到右翼，攻击任村敌之左侧背。由一名勇敢伍长将此命令送到滑川少尉处。

我感到目前之敌为开始作战以来迄未遇到的大部队，装备有迫击炮、机枪等武器，而军装颜色均不同，在士气方面与以往敌人有显著差别。此情况必须上报大队长。乘通路尚未被敌切断，遂命一名归顺的敌匪兵骑马将报告急送大队部。时崎大队长接到报告后，得知此次战斗并不容易。

摧毁围墙的希望寄托在山炮小队身上，但因弹药不足，围墙尚未彻底摧毁，即不得不中断炮击。然而，任村之敌必须解决，否则中队侧背受敌，极为不妙。于是，利用滑川小队加强右翼的机会，我决心将根桥小队前面壕沟（直通村庄）之敌击溃，以推进攻击。为此，我自己前进至交通壕，打算先发射掷弹筒，随即实施冲锋。但当下令发射掷弹筒后，由于射手是新兵，未能命中目标。我命令西村分队长亲自射击，果然分队长第一发即命中敌交通壕。我军一齐拔出战刀发起

齐会战斗胜利后的庆功宴

突击。以此为号令，第一线分队的士兵蓦地跃起突击前进。冲在前头的粟尾上等兵被敌手榴弹炸倒，其他人一齐冲入敌阵。

我乘敌动摇之机扩大战果，与第一线分队一同跳出交通沟，向村北侧攻击前进，但遇到在此等待的捷克造机枪扫射，不得不退回原来的交通沟。在敌人机枪扫射中，中队遭受颇大损失，我自己也受轻伤。机枪小队（井板少尉指挥）也紧密配合第一线战斗，来到突击时的交通沟。我感到在交通沟里有被村里敌人侧射的危险，因而命令第一线分队攻击围墙的枪眼。岩井、清田二等兵各自单独用手榴弹进行攻击，压制了枪眼，确是一大快事。

如此坚持攻击，只能增加无谓的牺牲，因此决定等候黄昏。山炮炮弹已用尽，我想用机枪掩护突击。夜幕降临时，第一线小队开始在机枪掩护下匍匐前进，在微暗中一齐突击，冲进了任村，见到大和田二等兵冲到村口前倒下时，心中难过，不由得落下泪来。任村之敌虽被我击溃，但卧佛堂之敌依然坚守阵地。而入夜必须整理战场，并要为伤员包扎救护，因此停止攻击，彻夜严加警戒，准备拂晓攻击……当夜敌军始终未有发动袭击。半夜犬吠声逐渐由近而远，因此推测敌军主力正在撤离战场。

4月29日，日军第3大队时崎队长率大队其余兵力（第10中队、机枪中队、山炮中队的主力），乘汽车赶赴增援，在齐会村北侧与第11、第12中队会合，但此时我主力已经撤离。日军第3联队队长渡左近闻报后，也令第1大队、第2大队分别派部向卧佛堂增援，均失去战机而扑空。日军第3大队在此战中共伤亡40余人。冲进卧佛堂村后，只见村内墙壁上到处是八路军用油漆书写的大标语："血战三昼夜，我军大胜吉田大队。"看来，当时八路军已经熟练掌握对敌"认知战"。

据我方记载，在卧佛堂与日军交战的是独立第2旅部队，但在战史中却未见记述。由日军记录反观才知，这也是一场激烈的战斗。这样的遗漏，在抗战中并不算少，由此可知利用日方史料做"互参"研究，也是发掘历史"增量"的重要途径。

梁山：一一五师好汉们的饕餮盛宴

> 司令员，心喜欢，集合同志把话言：
> 你说鬼子来干啥？他是给咱送子弹。
> 机枪、大炮交给咱，怎么都不给咱要钱。
> 饼干咱要当点心，日本罐头咱也要尝尝鲜。
> 汽车砸烂咱没用，洋马先拣好的牵。
> 大家听罢齐鼓掌，便宜买卖咱干干。
> 司令马上下命令，胜利战果抢时间。
> 首先开动敢死队，后边紧跟挺进连。
> 大队人马齐出动，还有那自愿参加的游击队、模范班、妇救会、儿童团、青抗先……
>
> ——袁瑞章《打独山》（山东快书）

总司令的电报

海拔200米的梁山是鲁西平原上的一座小山。但山不在高，有仙则名。这座好手10分钟就可登顶的小山，就因为出过宋江、林冲等好汉，让中国人耳熟能详了几百年。梁山边上还有更小的龟山、凤凰山，它们中间的平地，就是今天的梁山县城。

1939年8月，第115师特务营等部在鲁西梁山南某高地伏击围歼日军300余人。这是我军阵地一角

梁山南面有一座独山，是一个孤立山头，只有30多米高，沿山脚绕一周，不过一刻钟。独山南侧峭岩壁立，被称为乱石岗。独山脚下是独山村，相较其他村，独山村的村民还有一个收入来源，即烧石灰。1939年8月2日，八路军第115师部队在独山乱石岗、石灰窑及车马大店打了日军一个伏击，战斗打得漂亮，将一座标高30多米的小山打进了历史。今天，无论翻看《中国抗日战争史》还是《民国军事史》，都能看到独山远远超过其自身海拔和体量的光辉。

独山战斗是那次梁山战斗的高潮，独山战斗结束，就是整个战斗的结束。之后，八路军总司令朱德、副总司令彭德怀于8月7日致电蒋介石汇报梁山战斗，这封题为《朱德、彭德怀报告八路军在鲁西歼敌战况战绩电谕委员长蒋嵩密（加表）》的电报，收入国民党政府军令部战史会档案

（二五），编号 5405。该电记录了此战的经过，原文如下（转引自《梁山县志》）：

> 据陈代师长辛江（8月3日）午电报称：敌人大举"扫荡"鲁西计划，截至上月中旬，基本上被我粉碎后，鲁西战局暂告稳定。我乘机分向津浦路及济宁至东阿公路不断破坏，迭获成绩，敌人防不胜防。敌为保障该路安全，驱逐我军计，于上月30日（应为31日，日俘的记载亦为31日）由济宁、汶上抽出沃池、长田两部共约步炮四百余，东（1）日由汶上西北进占靳家口（东平湖西岸），与我杨勇团一部接触。我为诱敌深入计，冬（2）日该敌继续西犯。10时，进抵梁山任庄村附近（独山村），我即以师直属特务营与敌正面保持接触。杨勇团一部绕敌后与特务营夹攻该敌，激战一昼夜，战况甚烈，直至凌晨始将敌大部歼灭，少数向汶上脱逃。毙敌三百余，俘日军官兵二十四人。是后，计缴获九二式步兵炮一门、七五小炮两门，轻机关枪十余挺，重机关枪五挺，步枪一百五十余支，掷弹筒三个，小型电发报机兼无线电话一装之电台一架，有线电话兼收发报机两架，战刀十余，并缴获炮弹五百余发，骡马五十余匹，军用品、文件甚多，等情。除饬速详讯俘敌口供、清查文件具报并分报外，谨闻。朱德、彭德怀叩。虞未（7日13时至15时）印。

之所以要将整个电报都转引过来，是笔者认为这封电报是这次战斗最权威的记录，虽然它很简单。

客观地说，梁山战斗规模不大。但值得注意的是，这次规模不大的战斗战果十分突出，大炮、骡马这些装备还在其次，甚至"毙敌三百余"也还在其次，笔者认为，最重要的战果是"俘日军官兵二十四人"。这24人是否后来都被八路军改造成了"反战士兵"？笔者没有找到相关资料，但其中二人却留下了较多踪迹：一为水野靖夫，一为佐藤猛夫。

两个战俘

1985年解放军出版社翻译出版了水野靖夫的回忆录《反战士兵手记》，在这本仅200页的小书中，水野回忆了自己从出征到回国的经过。更重要的是，他写清了自己思想变化的经过——从一个被军国主义思想绑架的好战学生，转变为一个反战人士的经过。在参加"日本人觉醒联盟"后，他感叹道："不论对日本这个国家，还是对每一个日本士兵的生命，我们这些觉醒了的日本人都是理所当然地负有责任。思想上建立了组织，反过来组织又强化了我们的思想……"水野靖夫不仅参加了战前喊话，还在抗日军政大学任教，教八路军干部日文，帮助他们更好地运用心理战等"软杀伤"战术。

《环球人物》杂志2006年还刊登了中日关系史学会理事殷占堂的文章，介绍其在日本期间所了解到的被日本媒体称作"小泉的最大敌人"的一些日本老人的情况。作者说："原来，'小泉的最大敌人'就是日本'八四会'的成员。'八四会'也称'椰子实会'，成立于1958年，会员都是抗日战争时期参加过八路军、新四军的日本人。如今，他们中的许多人已经去世，目前在世的只剩10余人，而且大都已年过八旬……他们不仅对日本，对中国也是一笔财富。因为他们是为数不多的亲历日本侵华暴行、能为反对参拜靖国神社提供最有力证据的日本人。"作者采访了当时已86岁高龄的水野靖夫："他对笔者说，一看到小泉纯一郎参拜靖国神社，他就有种'喊话'的冲动。"所谓"喊话"，就是水野当年追随八路军向碉堡炮楼里的日本兵进行的阵前喊话。水野在80多岁高龄时，仍然没有忘记自己阻止战

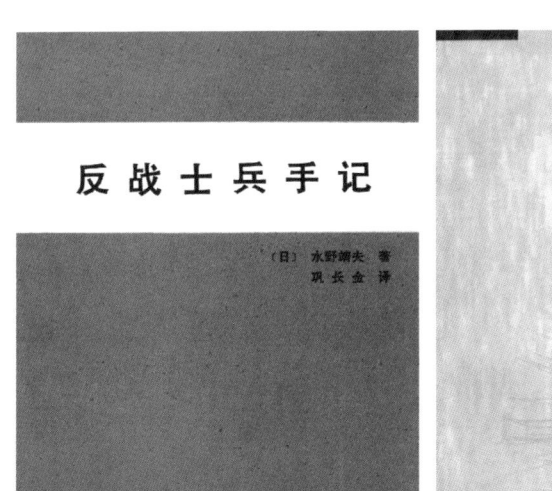

水野靖夫《反战士兵手记》　　　　　佐藤猛夫《幸运的人》

争的使命，向日本政客、日本社会"喊话"，呼吁和平。

　　佐藤猛夫1910年生，日本神奈川县横滨市人，1937年4月毕业于东京帝国大学医学部。1938年5月，在结婚仅十来天后，他换上卫生二等兵的制服进入日本军国主义军队。"9月开始了为培养军医的短期军医志愿兵的训练……每半个月晋升一次军衔，到12月晋升为中尉军医。"1939年5月他来到中国。梁山战斗中被俘后，他到八路军野战总预备医院当医生。他开始一度想要逃跑，后来发高烧昏迷三天三夜，经八路军医生精心治疗后康复，从此获得"新生"，以全部热情投入到八路军的医疗服务中，直到战后归国。当时，为了避免日本军国主义对俘虏士兵家属的迫害，八路军总部规定凡被俘日军士兵都要改一个新的名字，佐藤猛夫就改名为山田一郎。特别要提到的是，佐藤猛夫于 1942 年申请加入共产党，1943 年被批准为正式党员，1945 年曾列席中国共产党第七次全国代表大会。回到日本后，他创办了由日共直接领导的代代木总医院，并长期担任院长。

简单了解水野靖夫和佐藤猛夫的故事后，相信很多人已经认同了笔者的观点：他们这样的战俘才是梁山战斗最重要的战果。中国的古诗早就说过："苟能制侵陵，岂在多杀伤。"

然而，作战，总是要消灭敌人的，虽然八路军是为民族独立自由而战，是为和平而战，并不仅仅是要消灭敌人。但是战争就是战争，有其自身的特点和规律。

双方兵力

据日方战史资料，在独山被歼灭的日军长田大队，正式番号是第 32 师团步兵第 212 联队第 1 大队。第 32 师团，是随着中国抗日战争向长期化、持久化发展，日军以维持占领地的"治安"和"警备"为目的，于 1939 年 2 月 7 日新设立的师团（日方称"中国治安师团"）之一，驻山东兖州地区。

佐藤猛夫在其回忆录里记录的日军兵力是："第一大队（大队长长田少佐）的讨伐队率本部要员和步兵、机关枪、大队炮、野战炮各一小队约 200 人。"水野靖夫在其回忆录里称："7 月 31 日，我们的部队突然接到了护送野尻炮小队的出发命令……于是急急忙忙地从长田部队直属队的各中队中分别选出几十个人，编成了一个不足二百人的护送队。"

天涯社区有人发帖，称佐藤猛夫回忆录关于日军兵力的详细记载是：

一、步兵第 212 联队第 1 大队（大队长长田敏江步兵少佐，计 177 人，分别是：第 1 大队本部 30 人，第 2 中队第 1 小队 46 人，第 4 中队第 3 小队47人，第1机枪中队第3小队39人，第1大队大队炮分队15人）；

二、野尻炮小队（小队长野尻博炮兵少尉，计52人）；

三、汶上伪警备队（队长肖方代，计50余人）；

四、其他还有一些中国苦力等（约50人）；

以上共计约300多人，其中日军229人。

这一详细数字，笔者在社会科学文献出版社2001年出版的佐藤猛夫回忆录《幸运的人》中并未发现，只看到上述"约200人"的记录。

但对照水野靖夫的记录，应该可以确定：

日军方面，日本军人200左右，中国伪军及劳工100左右。这与朱德、彭德怀所报告的400余人（《中国抗日战争史》使用的亦是此数字）略有出入。考虑当时作战紧张，口供等方面难免有误，所以应该是可信的。有些资料，如《民国军事史》记当时日军方面有600多人，显然过于夸大了。

八路军方面，朱德、彭德怀的报告提到两个番号，即杨勇团一部和师直特务营。梁山抗日纪念馆将前者番号记为第686团第3营，《民国军事史》也记为第686团。但也有一些资料将其番号记为独立旅第3营。据《八路军第一一五师暨山东军区战史》记载，梁山作战的8月2日前一天，即8月1日，"八路军第一纵队致电第115师，要求把第686团调往鲁南，第686团根据师部命令，立即从鲁西出发，于9月初抵达鲁南抱犊崮山区"。

那么，究竟是哪支部队呢？

2015年笔者在梁山县人武部走访查阅史料时发现，由该部编写且即将出版的《梁山县军事志》记载："1939年7月1日，东进支队第686团第3营扩建成八路军第115师独立旅。"

第686团的团长当时就是杨勇。所以，朱总司令的报告没有错。8月1日第686团去鲁南的时候，是没有第3营的，这一点《八路军第一一五师暨山东军区战史》有明确记载，所以去鲁南的记载也没有错。由此我们可以确定，打仗的部队就是原第686团第3营，只不过当时已经成了独立旅（杨勇任旅长）的第3营。要补充说明的是，由于革命形势发展迅速，部队扩张过快，一些番号还未及向上报备，所以对上仍称原番号或部队首长名字是可以理解的。为简洁，本文在叙述此战斗中沿用原686团第3营的番号。

战斗经过

1937年11月，太原沦陷后，华北地区大部沦陷，以国民党军为主体的正面战争阶段基本结束，以八路军为主体的游击战争阶段逐渐展开。根据中共中央、毛泽东的指示及八路军总部命令，第115师转战于晋、察、冀、豫等地区，开展独立自主的山地游击战，创建抗日根据地。

1937年10月，日军集中3个师团的兵力大举进攻山东，山东省政府主席、第5战区副司令长官兼第3集团军总司令韩复榘望风而逃，日军如入无人之地，在齐鲁大地上侵城占地，致生灵涂炭。1939年第115师师部在代师长陈光、政治委员罗荣桓的率领下，穿越平汉铁路，横渡黄河，东进鲁西，开辟抗日根据地，发展抗日武装。第115师挺进鲁西南后，首战郓城樊坝，全歼伪军一个团，毙伤敌200余人，俘敌300余人，继之摧毁了潘庄鲁西汉奸总部，此后又不断拔除运河岸上的一些日伪据点。八路军的作战行动大大震动了山东日军。

1939年8月1日，驻军梁山的第115师师部及师直属队在位于虎头峰下的孟家林（梁山南侧）准备召开庆祝建军节大会时，得到敌情报告：有敌军步兵、炮兵及伪军各一部已西渡运河，正向梁山进犯。陈光、罗荣桓决定立即投入战斗，并将庆祝会改为战斗动员会。

八路军第 115 师独立旅旅长杨勇

在中方的资料记载中，日军的此次出动多被定义为"扫荡"，原因是：日军长田敏江大队长是日本天皇的亲戚（一说是皇叔，一说是天皇的外甥），长田在出发前曾受到日本天皇的接见和勉励，因而到中国后急欲立功，不断地带兵四处活动。但水野靖夫在回忆中记述，此次出动主要是护送野尻的炮兵小队增援友军。考虑到水野当时的身份较低，只是上等兵，所以他有可能并不完全知情，也许野尻炮兵小队是配属其行动也未可知。因为在佐藤猛夫的回忆里，说的就是长田"率"野战炮小队，还将此次出兵定义为"出动"，且明确表示是出去"剿匪"（讨伐八路军）。佐藤回忆，"在汶上县驻屯的两个半月中，总共出动三次，每次三四天……前两次都没有遭遇八路军"，"据不太准确的情报，在位于山东省西部、兖州东南的

梁山歼灭战中，我军缴获的两门日军野炮

梁山一带，有相当数量的八路军出没"。但是在二人的回忆中，都没有提到长田的皇亲身份。

长田大队出动"扫荡"是在7月31日，当天渡过黄河，宿营在梁山东部的馆驿村。8月1日继续西进，此时，他们并不知道已被八路军发现。虽然各处记载略有出入，但可信的行程为：日军1日拂晓启程，待早上8点多钟行至梁山东侧15公里处的王府集时，被第115师担负监视和袭扰任务的小分队在村西突袭。

小分队打完就撤，日军继续前进，上午9时进入梁山脚下（南侧）的马振扬村（即梁山战斗示意图中马家杨）。在马振扬村，日军进行了抢掠，然后就毫无戒备地休息。第115师师直特务营第2、第4连和骑兵连对其

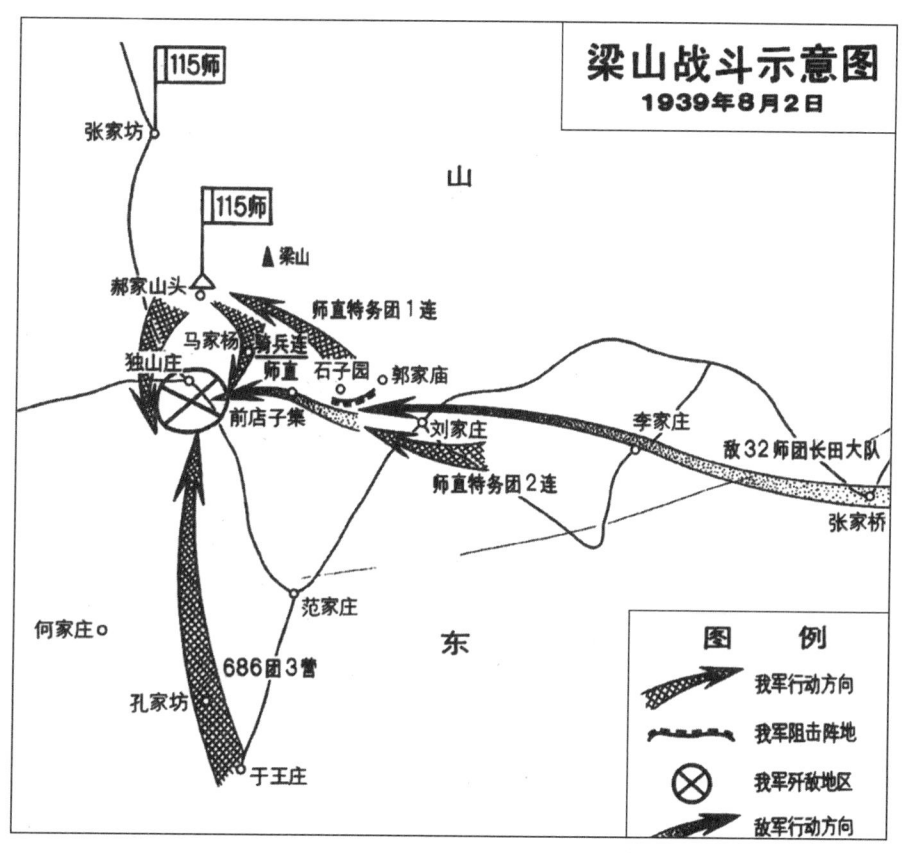

梁山战斗示意图（1939年8月2日，据《中国人民解放军历史资料图集》）

进行了第二次袭扰，毙敌40余人。

马振扬村北面是梁山，南面是独山，独山南面有几座石灰窑，窑附近有两处车马店大院。日军从马振扬村出来，不敢上山，躲进石灰窑、车马店及附近的几所房子里。入夜后，第115师686团及特务营向敌发动攻击。按梁山县政协文史科当年采访的记录，战斗情况具体为：特务营骑兵连从独山西北角冲进村子，第686团第3营第10连从山西南方向冲锋，并迅速占领乱石岗有利地形，第3营第12连则直冲石灰窑及日军驻扎的其他

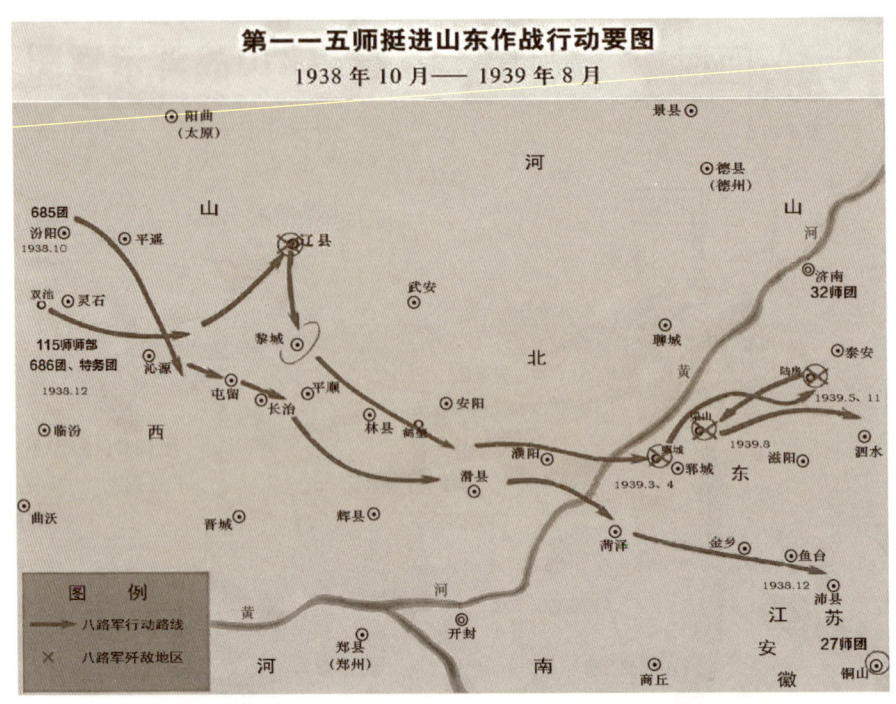

第 115 师挺进山东作战行动要图（1938 年 10 月至 1939 年 8 月）

院落。战斗激烈，于 8 月 2 日凌晨 2 时进入高潮，拂晓进入白热化，天亮时结束。

第二次袭扰

《梁山文史资料第一辑》收录有一篇题为《梁山抗日歼灭战前后》的回忆文章（口述者李风歧、刘清云，整理者刘炳礼）。文章记载，1939年农历六月十七日上午（据万年历，8 月 1 日应为农历六月十六日），当日军进至前集（马振扬村附近）东南约 3.5 公里时，正在操练的杨勇部才停止训练，开始隐蔽。"……大约吸袋烟的工夫，日军便来到了前集村的南场,把马拉炮车上的大炮支好,首先向正北、正东发炮。当时我八路军有一小分队隐蔽在前集东头戏楼附近,鬼子打炮时,伤我八路军战士一名,其余战士顺着海壕和山坡向西转移……这段路线,一直由前集村农民孟广坤担任向导。此刻,鬼子穷追紧逼,抓住前集村民刘海青为其带路。当行至马振扬村的王家大坑时,鬼子热得受不了,便跳进坑里洗起澡来……刘海青乘机逃脱。这时,已有周密部署的我八路军在独山山头故意鸣枪,目的在于把鬼子引向独山脚下……"

作者叙述到此,就戛然而止,急转直下开始讲述晚上的战斗,但主要是他们听到的枪声之类。可见,是由于见证人都脱离了现场的缘故。按梁山政协文史科的记载,这应该是对日军的第二次袭扰,而不是为把鬼子吸引到独山脚下。八路军方面出动的应是特务营,而非"杨勇部"——一般老百姓往往很难记住部队的番号,而习惯于把部队与人名挂钩,杨勇在此战之前已在山东多地作战,名声响亮,所以安在了他的名下。但不管怎么说,这次袭扰应该是确凿的,水野靖夫后来的记录是:

这时骄阳似火,田野间寂静无声,好像我方在唱独角戏,一点也没有实战的感觉。当散兵线快接近山麓二百米左右的地方,我才看到了有两个敌人在山腰一带活动……可是,不大工夫,就从山里哒哒地响起了机枪声。这是捷克式机枪的声音。毫无疑问,我们碰上了正规军。当时,我担任步兵炮的观测手,立即拼命寻找机枪的所在。先发射了两三发试射,可是捷克机枪的声音并没有停止,相反地,却向我方瞄射过来,在我附近的两三个战友一个个应声倒下……事到如今,大队长只好带着指挥小队先撤退了,接着就下达了全军退却的命令……有时被绊倒,定睛一看就会发现到处都躺着尸体……时间刚过六点,夜幕就笼罩了平原。经过清点人数,才知道部队已折兵过半,还有几个小队几乎被全歼。

梁山政协文史科的记载，第二次袭扰只毙敌40余人。一般来说，毙敌人数与伤敌人数相比，伤敌人数可能会更大，所以水野"折兵过半"的意思应该是说伤亡过半（佐藤猛夫的回忆录也表示伤亡很大，但没有具体数字）。总之，以日军为主体的日伪军300来人的队伍中大约有150人还有完整的战斗力，另外的伤员部分也应该有一些人具有战斗力——佐藤回忆，当晚"暮色降临，四周昏暗下来。救治伤员也告一段落……"应该可以推测，重伤员并不是很多。

那一夜

关于8月1日至8月2日那一夜的战斗，现有的史料多缺少细节。在梁山政协文史科的记录中，虽然也有日军大队长长田敏江负伤，我军班长曹大顺夺炮、三营长刘阳初攀梯上房等记录，但都是一笔带过。军事科学院军事历史研究所副所长魏碧海，在其所著《八路军一一五师征战纪实》中对一些细节进行了还原。按书中所述，夜幕降临之后，战斗就开始，这和佐藤猛夫等人的回忆都十分吻合。

书中记述第686团第3营第11连（梁山政协文史科的记录是第12连）首先冲进独山村。当时长田敏江正在石灰窑边指挥战斗，因为手榴弹炸起的石灰搞得他灰头灰脸的，他一下子蒙了，不知所措；士兵们转移到车马店，野尻的炮手们也跟着躲了，大炮就丢在车马店的院门外。之后野尻十分震怒，驱赶士兵推炮设立炮阵地。很快，长田敏江恢复了冷静，进入院子指挥士兵从院子里四处突围，并架起机枪疯狂扫射。双方僵持，且时有白刃战，4个小时后，八路军略略后撤，但仍将院子围得铁桶一样。午夜之后，长田敏江再次指挥部队猛攻，举手挥动军刀时，被八路军战士一枪打中胳膊，军刀落地。八路军很快与日军对大院展开争夺战。关于这些细节的真实性，笔者是倾向于认可的。水野靖夫在其回忆录里曾记录："转眼间，八路军已经来到跟前，可以清清楚楚地听到喊喊喳喳的声音就在二三十米左右。"同时，他还记录，"经过约四小时的近战，结果是我方的惨败"。

野尻在炮阵地上向独山发炮，待八路军占领大院后，他又命令将炮管摇低，平射被八路军占领的房子。三班长（上级部队番号不详）曹大顺率其他五人匍匐前进，先消灭敌石灰窑处一机枪手，然后进入敌炮阵地背后，先以大刀砍杀敌炮手，夺得大炮一门。之后，曹大顺发现还有一门炮只有一个人在控制，就跑过去猛地卡住那个人的脖子，那人下蹲逃脱，却被跟上来的战士用枪托击中太阳穴，后证实此人即野尻。同时，班里的战士李占山夺得第三门大炮。

从前面的记录中可以看到，白刃战似乎是那一夜的主要作战方式。但事实上，细心的人应该已经发现，八路军的火力相当猛，有机枪和手榴弹。在佐藤猛夫的记录里，这一夜的手榴弹就让他印象深刻：

> 手榴弹已经扔到了我的附近，滴溜转着滚到眼前。还有0.5秒或许1秒就要爆炸。冒死抓起来扔回对方。接着又滚过来一颗。正准备扑过去，身后的卫生兵抢先一步拾了起来，就在这一瞬间，爆炸了。卫生兵全身中满了弹片，倒下了。而我却奇迹般地没受一点伤。

战斗结束

一夜过后，枪声已完全停止。显然大队长已经战死（中方的多处记录里，长田敏江的尸体被发现时都是胳膊受伤剖腹而死。但佐藤猛夫的回忆里记载的是长田大腿受了贯通枪伤后，剖腹自杀。但佐藤是否有可能在乱哄哄的战场上，在最后关头见到长田实有疑问）。指挥系统已经完全丧失。士兵们这里两个人、那里三个人地躲在隐蔽处，等待着八路军的撤退……我和另外几个战友幸而没被打死，并得以藏到大队部占据的农户家放东西的小房里。

正因为是大队部占据的地方，同时就更意味着几乎不可能从这里逃脱出去。我们透过隙缝往外一看，院子是由五十米左右的四方土墙围起来的，里面横七竖八地躺着许多浑身是血的战友和一些军马尸体。还能听到已经气息奄奄的战友们要水喝的微弱呼声。有时还能听到零星的枪声。但接着就是一排集中射击声，这说明又有人倒下了。但是，到了上午时分，枪声已经完全停止。我们几个瓮中之鳖，简直是一筹莫展……快到中午的时候，听到墙外有人走路的声音。接着就像有几个人走进了大门，似乎在一起议论着什么。

过了一会儿，其中一个人就喊起话来。我们侧着耳朵悄悄地听着……他的喊话重复了五六次。过了一会儿，又重复起来。这次好像是换了人，他喊话的意思也渐渐弄明白了。

"喂，日本的士兵们！"

"我们不杀你们！"

"不要抵抗了！"

以上是水野靖夫对8月2日白天经历的回忆。不错，后来他也加入了喊话的队伍，告诉日军官兵："我们不杀你们。"

与水野困在屋里不同，佐藤逃出了房屋，他和一等兵小林逃出了村庄。"前面是刚收割后的麦田，一直延伸到地平线。远处是一块一块的还没有收割的玉米地。一眼望去，出现的却是我军士兵正在朝那里逃跑的身影——怎么搞的！大家不是都在逃跑吗？"他也要连夜外逃。

……正想再往前跑的时候，突然吊带裤的背带断了。裤子耷拉下来，这样就是想跑也跑不动了。

"快用刺刀给我割断！"

我拼命冲小林一等兵叫着。本想脱掉裤子，然而，刺刀是用来刺杀敌人的，在切割上却完全不起作用。小林在子弹横飞的田地里费了九牛二虎之力，还是割不断。过了几分钟，小林扔下我跑了。我绝望地坐了下来，心想管它去呢，中弹就中了，我先解下绑腿，再脱下系带皮鞋，只剩下肚兜和缠腰……

佐藤只系着一块遮羞布，又向汶上方向跑了二三公里，天空泛白的时候，他在路上碰到了一个农民，于是打算换了农民的衣服继续前行。

"正要擦肩而过，我用枪顶住了他的肚子，打着手势，让他脱衣服。他一脸惊恐，摇了摇头。看来是没弄懂。我一手用枪顶着，一手刚要去扒他的上衣，猛然间我的手腕被拧住了。两人翻滚着扭打到田里。

"难分难解之中，我把枪口对准了他的肩膀，扣动了扳机。'咔嚓'响了一声。接着又扣动了第二下、第三下。但子弹早已经打光了。"

这个农民抢了佐藤的枪但是没有去追他，他跑一阵歇一阵，结果前面出现了三个手持木棒的人。佐藤没有说明拦住他的是什么人，是八路军、当地民兵还是普通老百姓。从其所述来看，普通老百姓的可能性比较大。据梁山政协文史科的记载，"天发亮时……有的被参战的群众从青纱帐里扭出，交送部队"。《梁山文史资料第七辑》中署名李开元、李福华的文章《梁山战斗歼敌拾遗》中也记载，战斗结束后，村民在庄稼地里发现溃逃出来的日本兵并合力与之搏斗。

梁山抗日纪念馆的造型是上了刺刀的步枪

梁山战斗是八路军正规军的战斗，但共产党军队无论在哪儿作战，打的都是人民战争。共产党的敌人，最终总是要陷于人民战争的汪洋大海。更何况，水泊梁山本来就是个出好汉的地方。

战斗之后还是战斗

侵华日军的一大特点是：报复。如果失败，就一定要到战败的地方去"扫荡"报复。梁山战败之后也一样。

《梁山文史资料第四辑》刘炳礼的文章《梁山战斗后日本鬼子的多次报复》记载，战斗后第三天，即1939年农历六月二十（8月5日），日军就出动了100余辆汽车、装甲车，兵分多路，对梁山周围的村庄进行了灭绝人性的残酷"扫荡"。刘文详细记录了当时的情况：

> 备有马匹和炮车的一路日军，直朝我梁山东面的丁堂村（距独山八里）赶来。鬼子恐遭我军的埋伏，便远远地停在村南，支起炮架，向独山发炮。这时，石头园村王建成的母亲正从家中向东出走逃难，行至本村东头树林子里，鬼子的一发炮弹正击中老人，随着一声巨响，老人的身躯炸成肉丝飞向高空，悬挂在高大的杨树梢上，落在地面上的只是两条血淋淋的腿，惨状目不忍睹。鬼子兵在村庄四周围搜人时，发现丁堂西洼谷地里孟庄村逃难出来的徐振武（小名黑小）叔侄二人，将其围住，一个鬼子举起明晃晃腰刀将振武的头砍掉，另一个鬼子拔出刺刀插进振武侄儿的心脏。
>
> ……………
>
> 进入前集、孟庄村的一路日军更是坏事做绝……鬼子来到孟庄村孟昭泮的大门前，见门用石头镶着，便气急败坏地拿来了钢钎子别掉石块，露出了一副油漆发亮的新大门，用钢钎子撬不开，就用小钢炮炸开了。鬼子进院后听到堂屋里有人骂声连天，便一脚踹开屋门，这时孟昭泮六十多岁的老母亲正端坐在那里怒视敌人。鬼子兽性发作，将汽油泼在老人的银发上，燃着火柴扔到老人的头上……老人痛不欲生之时，爬向屋门，被鬼子一脚踢进屋中……
>
> 进入独山村的一部日军……他们疯狗般地四处搜人，将留在村内未能出走的群众王清安、王清常、王会干等人用刺刀挑开腹部致死，活活烧死王清门。他们还开枪打死了馍台村来独山住亲戚的张慎瑞，用刺刀杀死了张坊村（来独山）的张贯月、张和纹、张贯油、小贵等九人。独山村的房屋这次被日军烧掉90%……

刘文的记述还有很多，被害者都有名有姓，应该是当年经过走访调查后所得，言之不虚。《八路军第一一五师暨山东军区战史》也记载：8月4日（农历六月十九，与上面刘炳礼的记录差一天），日军调集5000人，汽车100余辆，坦克30多辆，自济南、滋阳分路对运西地区进行残酷的"扫荡"，寻找第115师部队决战。第115师部队利用青纱帐与之周旋。日伪军疲于奔走，被迫于月底分路撤回。"梁山战斗的胜利，使第115师在鲁西乃至整个山东的影响空前扩大，广大群众欢欣鼓舞，抗战热情更加高涨，仅梁山周围和东平湖畔就有3000多名群众报名参加八路军。"

《梁山文史资料第七辑》蒋先灵的《梁山抗日根据地的创建与巩固》也记录了日军的这次报复性"扫荡"，但详细说明："杨勇率独立旅坚持游击战争，并在8月8日设伏雪山，毙敌百余人。第二天又在茶庄消灭伪军一部。中旬在寿张集与敌激战，炸毁敌汽车7辆，毙敌100余人。之后，攻打斑鸠店伪军据点，俘敌40余人。"《梁山文史资料第五辑》马克顺的文章《梁山——小皇山战斗》也记载，8月23日，杨勇曾率部在梁山北面的馈台村、小皇山等地伏击敌人，"毙伤日寇250多人"。而在此之后，梁山当地的文史资料、县志等也都有很多关于打击日军的战斗记录。

总之，梁山战斗不是一次孤立的战斗。它是中国人民反奴役反侵略作战中的一环，无数这样的战斗环环相扣，成为打击侵略者的天罗地网，也成为重塑中国人精神的铁血骨骼。

补记

采访一场发生在76年前（本文写于2015年）的战斗，有很多困难，最大的困难在于物是人非。但是在梁山，你总会感觉到有那么一种气氛：不管是在出租车上，还是进入村里人家，人们都还知道那次战斗，虽然已经没有人能说得清楚具体细节，但每个人都为先辈的胜利而自豪。在闲聊似的采访中，没有人对泛指的日本人抱有仇恨，当然，他们仍对当年的侵华日军暴行耿耿于怀——显然，他们知道的那些暴行是靠家中或者村里的长辈口口相传而传下来的。

他们不相信历史会重演。笔者采访的都是普通村民，他们辛勤劳动，自足中又对前景抱有新的、更大的希望。

不忘历史，更要正视历史。正视历史上的每个人，正视他何以战斗。采访越深入，尤其是对史料的"采访"越深入，笔者越觉得重现一场战斗中的每一个人物是多么不可能——八路军方面，官兵们戎马倥偬，转战晋、察、冀、豫、鲁，甚至更广大的地方，梁山之战于他们也许并不特殊，留下的资料有限。虽然当地文史人员有抢救性记录，但时过境迁，大部队走了，按当年的通信交通能力，采访当事人应该相当困难（参战者有多少在别处牺牲）；而日军方面，大部分都战死了，俘虏数量虽多，但能记下当年战斗的又有几人？而且很多人都处在战场一隅，很难看清全局。

对史料的"采访"，让笔者发现：作战双方的大多数往往只能处在一隅甚至边缘、外围（我愿意称那些无辜卷入战争的普通中国百姓为作战者），但他们具有一个共同点，那就是：打心眼里，不愿意作战。两个日军战俘如此，他们大多数的战友亦应如此——他们是受蒙蔽的，也是受挟持的。中国人更不用说了。战争由几个野心家发动，却要由全世界来承受灾难。

梁山战斗的胜利者应该骄傲，但旁观者也应看到其悲怆之处；梁山战斗的失败方应该感到耻辱，可耻的不是战斗能力而是战斗缘由。

黄土岭:"名将之花"是这样凋谢的

1939年11月6日,日本"华北方面军"驻蒙军独立混成第2旅团旅团长阿部规秀中将率部到河北涞源县和易县交界处的黄土岭,准备对我八路军进行报复性攻击,但让他没有想到的是:他自己钻入了八路军的埋伏圈。7日16时,阿部规秀把指挥部转移到附近寨坨村一个叫教场的地方,在那里指挥突围。

从进屋到毙命不足半个小时

当年的教场住户很少,阿部规秀选了一个相当完整的四合院作为自己的指挥所。2005年6月初,笔者来到了这个小院落,当年相当体面的小院,如今已经破败了,五间正房有两间已经无人居住,两侧的偏房尽废,仅残存着屋墙,靠北的一面放着几个养兔的笼子。院内有几株树,但都只有二三十年的树龄,院子里住的只有陈汉文老汉和他的老伴赵玉亭大妈。赵大妈说,儿子已经在公路对面盖了新房,全家都搬过去了。陈汉文说,当年他们四世同堂,老家是黄土岭的,因为租种着地主的七八十亩地来回奔走麻烦,就在教场盖了这个房子。黄土岭在涞源县境内,而教场却是易县的地盘。所以阿部规秀是在易县挨的炮弹,而不是在涞源。

日本兵把陈汉文四世同堂的一家18口人赶进正屋,让他们都挤在左

我军迫击炮向进犯的日军独立混成第 2 旅团轰击，当场击毙旅团长阿部规秀中将

侧的一盘大炕上。不久，阿部规秀就带着三四个随行的参谋人员进了屋。他们把陈家的长条桌摆在屋内当间，阿部规秀就对着门坐在桌前。陈汉文说能听见外面院子里还有不少人，但炕上的人看不到。陈汉文记得阿部规秀还曾到炕边小坐了一下，腰上长长的战刀曾经触碰到了坐在祖母怀里的他。那时他是全家年龄最小的一个，只有 6 岁。两个通信兵摆弄好了一部电台，阿部规秀对着叽里呱啦地嚷嚷了一通。陈汉文说，就在这时，他突然听到外面一声巨响，就看见阿部规秀一仰身从凳子上倒了下去。反应过来的随行人员慌忙上前把他的大衣裹紧，背的背，抬的抬，走了出去。他们走了之后很久，陈汉文全家人才敢下炕，发现院子里一个人都没有了，只在影壁前有一个尺余深的弹坑。陈汉文说他没有看到血，只是看到墙上、糊窗户的羊毛毡上插着几块弹片，并且除了阿部规秀，屋里的其他人都没有受伤。很显然，阿部规秀正对着门坐着，他的正面无遮无挡，是院内爆

炸的弹片飞进来击中了他——这无论如何有点匪夷所思，老百姓讲话："该着。"笔者踏访这个小院的时候，那个弹坑已经基本看不出痕迹了，只略略比别的地方凹一些，而墙上也没有了弹片，连弹片留下的痕迹也都被岁月的流逝遮掩了。

阿部规秀从站着走进陈汉文家到躺着离开陈汉文家不足半个小时。11月23日，日本本土媒体报道了阿部规秀的死亡，《朝日新闻》报道说："……阿部中将右腹部及双腿数处受伤，但他未被重伤屈服，仍大声疾呼'我请求大家坚持'，然后俯首向东方遥拜，留下一句话：'这是武人的本分啊。'……"而日本公刊战史《华北治安战》却没有写得这么"感人"，只说"旅团长当即死亡，旅团参谋尽皆负伤"。而见证人陈汉文回忆说当时并没有听见阿部说过什么，只记得一帮人着急忙慌地抬着阿部规秀就走了。至于院子里的人，他不知道是不是有受伤或死亡，因为看不到。但不管怎么说，阿部规秀"遥拜"的可能性不会太大，即便是《朝日新闻》也说他是在受伤后三个小时死亡的，他的伤势不一定能给他遥拜的机会。再则，他当时仍处在八路军的包围之中。

阿部规秀之死，让日本朝野震动，约20天后他的骨灰运抵东京，东京降半旗以志哀。现在看来，东京的半旗也是在向一个叫黄土岭的太行山小山丘致敬——战争就是这样，当日本人恐慌的时候，不但中共中央、八路军总部和全国的抗日团体、著名人士都发了贺电，蒋介石也发了贺电，称"我官兵杀敌英勇，殊堪奖慰"。

阿部规秀为什么要来黄土岭？

阿部规秀，1886年生于日本青森县，毕业于日本陆军士官学校，青年时期曾在关东军服役。1937年8月，升任关东军第1师团步兵第1旅团旅团长，驻屯黑龙江省孙吴地区。同年12月，晋升为陆军少将。1939年6月，阿部规秀调任侵华日军"华北方面军"驻蒙军独立混成第2旅团旅团长，驻扎在张家口。同年10月，阿部规秀又晋升为陆军中将，且将调回国内任日本天皇的侍从武官长。

阿部规秀在日本军界很有名气，被称为"名将之花""山地战专家"，是擅长运用"新战术"的"俊才"。在上任两个月后，阿部规秀就把他的独立步兵第4大队移防涞源县，与日军第110师团在当地的警备部队进行了交接。涞源是一个多山的县，道路险恶，多悬崖峭壁。阿部规秀显然是急不可待地想让自己这朵东洋"名将之花"在太行山顶上绽开。推测他此时的心态是，任职时间短还没有什么建树，刚刚晋升中将总得有点作为，回到天皇身边不至于乏善可陈。

战后，日本公刊战史《华北治安战》在形容涞源当时态势时是这样说的："我县行政威令仅能及于驻扎地周围与主要道路附近。与此相反，中共势力则早已渗透全县。杨成武指挥的共军独立第一师（此时已改番号为晋察冀军区一分区）即在该县编成，居民和士兵间多有亲友关系，互相保有深厚感情。因此，我警备部队在其军、政、民一体的敌性地区中，仅能保持着点与线的状态。"但新官上任的阿部规秀似乎并不以为然，尽管他的前任常冈宽治少将就是一年前在"扫荡"时被我八路军第120师狙击手打死的（一说重伤未死），但他仍然相信"打仗的时候是最悠闲而且最有趣的"。所以1939年10月10日他下达的"肃正"计划里反复强调要以武力讨伐，扫荡"共匪巢穴"，"不给敌人以任何喘息机会"。

9月初，日军就开始从晋察冀根据地的南线"扫荡"，八路军第120师和四分区在陈庄地区消灭了他们800多人；南线失败后，晋察冀北线也遭到"扫荡"，日军从九宫口、麻田岭、曹庄子、上庄、中庄等地修筑汽车路（即飞狐陉古道），想与涞源的公路干线衔接，以增强部队的机动性。10月中旬，晋察冀军区一分区参谋长黄寿发率两个营夜袭麻田岭，又消灭了掩护筑路的日伪军几百人。但这些挫折都没有让阿部规秀对八路军有一个清醒的认识，他在赴涞源走向死亡之旅前曾给女儿写了一封信：

……爸爸从今天起去南方战斗！回来的日子是十一月十三四日，虽然不是什么大战斗，但也是一场相当的战斗。八时三十分乘汽车向涞源城出发了！我们打仗的时候是最悠闲而且最有趣的，支那已经逐渐衰弱下去了，再使一把劲就会投降……圣战还要继续，我们必须战斗。那么再见。

他过了头的自信也许就是他丧命的原因。笔者在实地踏访时看到，他选择陈汉文家作为指挥所是不具隐蔽性的，那个四合院处在两山之间的一个小高地上，对于一个农宅来说可能是块风水宝地，但对于八路军炮兵来说，则可以当作瞄准标定物。

阿部规秀是1939年10月底从张家口赶到涞源的，当时他率领的是独立步兵第1大队，大队长是辻村宪吉大佐；拟会同担任涞源县警备的独立步兵第4大队进行"讨伐"，第4大队的大队长是堤赳中佐。此时日军获得的情报是，在走马驿驻扎着杨成武一分区第3支队三四百人，吉河村、银坊镇驻扎着第3团。

10月31日，阿部规秀进行了作战部署："堤赳讨伐队从插箭岭，首先对走马驿镇之敌；辻村讨伐队从白石口，首先对银坊之敌，分别袭击。11月2日半夜以后，开始行动。"

雁宿崖伏击战只是开场锣鼓

阿部规秀要"剿灭"的是晋察冀军区第一军分区,他很可能不知道分区司令员叫杨成武;就算他知道,他也不会知道他部署作战的这一天,其实也是临近晋察冀军区成立两周年的纪念日。

10月30日晚上,杨成武得到报告,阿部规秀要分兵进山"扫荡"。杨成武把得到的情报详细地向军区司令员聂荣臻作了汇报。聂荣臻看过地图之后问:"情报可靠吗?"

杨成武表示,涞源的情报应该是没有任何问题的。涞源是八路军北上抗日最先解放的一个县城,虽然后来被敌人占领了,但县城四周的乡村仍在党组织的控制之中,无论是敌维持会还是宪兵队里,都有我们非常可靠的情报员。杨成武请示:"司令员,让我们打一仗吧?"

聂荣臻同意了杨成武的请战。当时,八路军第120师的贺龙师长、关向应政委也在军区准备参加军区成立两周年的庆祝活动,聂荣臻就让杨成武去请贺龙、关向应以及军区政委彭真来一起商量作战的事。贺龙听汇报后大声说:"送上门来的,打,打个大胜仗,庆祝军区成立两周年!"

11月1日凌晨,杨成武骑马离开军区驻地阜平,回到分区司令部驻地易县南管头村。途中,他特意绕经银坊镇、雁宿崖、三岔口、白石口、插箭岭、黄土岭,详细察看每一处的地形地貌。渴望胜利是所有军人共同的心愿,为庆典献礼也是军人性格决定的,但战争目的绝不仅仅是这些:涞源如果能控制在我们手里,那么八路军就可以前出涞源经察南挥兵北上,直捣阿部规秀的"老巢"张家口;而如果日本人巩固了对涞源的控制,他们同样可能把涞源变成一把插入晋察冀军区背后的尖刀,把平西、察南、雁北根据地分割开,阻止军区向察南、雁北的进一步活动。这些才是根本。

一分区司令员杨成武（右）、副司令员高鹏（中）、政委罗元发在黄土岭围歼战前线指挥作战

在一个成熟的指挥员那里，战争的原因不能是一次斗气，更不能是一次儿戏，只有这样，他才会做好最充分的准备。而成功往往就属于准备最充分的人。

一路上，杨成武一面察看地形，一面思考战斗部署，一面利用就近的电话站把作战命令下达各团，让部队准备行动。之后，他又到达驻扎在银坊镇的第3团，和团长纪亭榭、政委袁升平、副团长邱蔚进一步研究作战方案，成熟之后，遂即命令各团立即按计划开进伏击地域。

11月2日，杨成武召开作战会议，对作战方案再一次进行研究和确认。经聂荣臻司令员批准后，决定：以部分兵力和地方游击队去牵制、堵击插箭岭、灰堡之敌，不使那两路敌人接近战场；三分区的团长唐子安、政委黄文明率其第2团，纪亭榭（一说副团长邱蔚）、袁升平率第3团，分别埋伏于雁宿崖东西两面；团长陈正湘、政委王道邦率第1团插至白石口南，随时截击敌人的退路。待敌人进入雁宿崖地区后，全线发起进攻。

杨成武布下了一个天罗地网。

日军方面，辻村第 1 大队 11 月 1 日乘卡车出涞源县城，先到达下北头据点和西龙虎据点集结，分派征集来的骡马驮子。而后兵分两路，以一部约百人（冈垣第 1 中队）从白石口经鼻子岭、北道神辛庄、蛤蟆石塘至沙岭沟，而后准备奇袭吉河村；辻村宪吉本人自带三四百人为本队，从白石口向东南到达三岔口，然后向南经雁宿崖村、张家坟、枣儿沟攻击银坊。11 月 2 日一早，辻村第 1 大队主力从下北头出发，艰难地穿过白石口向三岔口进发。在临近三岔口的时候，听到上碾盘村方向传来几声零散的枪声——据晋察冀一分区后人杨言信先生的深入研究，这是当地民兵白石山游击队放的，该部隶属曾雍雅、梁正中的第 3 支队，后来被演绎为"狼诱子"。

11 月 3 日是个大晴天，早晨 7 时左右，辻村"讨伐"队大摇大摆进至雁宿崖，八路军各团主力早就在两侧的山上隐蔽展开。

雁宿崖的战斗打了整整一天，一直到傍晚才结束，辻村宪吉的独立步兵第 1 大队几乎全军覆灭，仅辻村宪吉带少数残敌借夜色躲在一个山沟里侥幸逃生。66 年之后，80 岁的刘如江老汉还能清楚地记得当时枪声的响脆。当年，他是一个十三四岁的少年，他说头一天晚上八路军的通信员就来招呼村里人躲避，说鬼子要来了，战场就要摆在家门口的吃饭桌上了。刘如江没有走远，只是赶着羊在三里外的山坡上放，天将黑枪声稀落时他才回去。那时候，部队已经开始打扫战场了。（关于雁宿崖战斗详情可参后文《雁宿崖：激战之后此处无雁宿》）

雁宿崖伏击点是一个宽约 200 米的河滩地，中间有涓涓细流如带。笔者去的时候，刘如江老汉正在他的责任田里打草，因为靠着山脚，那块地里没有种农作物，只栽了一些杨树。杨树长势很好，直直地往上蹿。他告诉我们，他的这块地就是当年埋葬鬼子兵的地方。战斗结束的当天，八路军把日军的尸体埋了。第二天，来了一伙日本兵，把日军的尸体扒出来架火烧了，许多骨灰都没有收拾干净。刘如江还介绍说，当年的村庄就在现在种树的一带，打完仗房子都毁了，现在村子迁到了公路那边。笔者放眼看过去，除了几截矮矮的残墙以外，几乎无法再想象村庄原来的模样了。

据日本公刊战史《华北治安战》记载，阿部规秀是11月3日也就是当日午后得到辻村"讨伐"队被伏击的消息的，但当派去增援的部队到达时，八路军已经撤走了，只剩遍布河滩、山头的数百具尸体和一个损兵折将后欲自杀谢罪的辻村大佐。

这个时候，阿部规秀肯定不会再觉得悠闲和有趣了。

阿部规秀之死是偶然还是必然？

爱报复是日军的一大特点，在战场上血腥地屠杀平民是这一特点的极致展示。"名将之花"阿部规秀也不例外，如果不是为了报复，他不会走进陈汉文家的小四合院，如果他没有走进那个他驻足不到半个小时的四合院，后来东京也不会为他降半旗。

据陈汉文说，阿部规秀死后，他的父亲就加入了当地的游击队。两年后的一天，鬼子一个小队到村里"扫荡"，为了行军方便，他们把自己的一个伤员放在路边，但回去的时候，发现伤员已被游击队捆走了，于是在村里大开杀戒，杀死了包括他父亲和三爷在内的108人，其中绝大多数是平民。

1939年11月4日凌晨，阿部规秀率领新调来的中熊正直中佐为大队长的独立步兵第2大队，以及其他各队人马共1500多人出涞源县城，经龙虎村、白石口向雁宿崖前进。午后，先是在三岔口至雁宿崖一线安排第1大队收尸事宜，而后给狼狈不堪的辻村大佐补充兵员，令其执行后续作战任务。这当然有点令其"戴罪立功"的意思。黄昏后继续开进途中，与八路军第1团等部队零星接火，但没有取得什么战果。此前的辻村第1大队一部，仍沿原定路线迂回吉河村，而后向东开进银坊镇，仍然一无所获。11月5日，从走马驿赶来的堤赳第4大队实施"三光"泄愤，把银坊烧得火光冲天，但因群众已提前疏散，他们仍然没有得到想要的结果。

11月6日下午，阿部规秀率部抵达黄土岭。日军的记载是："当面之敌并不与我正式交战，仅保持着接触而潜伏于四周的山中，估计敌主力已向乔家河方向退却。次晨（日方记录为7日11时稍前，即中国时间10时稍前）旅团长根据敌人的行动，作出以下判断：'敌以一部引诱我方，而主力向黄土岭附近集结，企图从我旅团背后进行攻击。'因此，旅团作了返回部署。"

阿部规秀的判断没有错，但已错过最佳时机。如果他决定在6日夜撤退，事情也不至于像后来那么糟。因为11月5日，八路军第1团团长陈正湘经抵近观察，估量日军兵力和企图后，于晚间向在易县南管头村的杨成武建议，在原地再打一仗，消灭或重创这股新来的日军。11月6日一整天，杨成武都在向唐县军粮城的聂荣臻请示，直到晚上才下定决心打这一仗。而后，杨成武令第1团、第25团在寨坨、煤斗店集结，卡住日军东进的道路；第3团从大安出动，占领黄土岭及上庄子以南高地；三分区的第2团绕至黄土岭西北尾随敌后前进。此时，杨成武在易县南管头的分区司令部掌控全局，第1团团长陈正湘在前线担负实际上的统一指挥之责，但当时各团之间无电话联络条件，因此战斗打响后只能按战前部署临场发挥，这对作战协同产生了不小的影响，否则战果可能更大。

黄土岭，其实是太行山山谷间的一个小山梁，山下有一条相当宽的河滩，当年有着莽莽林木，现在山脚处则是许多的梯田，一派新农村的气象。笔者去的时候，正是草木葱郁的初夏，山岭绿油油的，已经很难想象当初的炮火和硝烟了。

11月7日，天空下起小雨。大概是吸取了雁宿崖的教训，整个上午，日军的东进都十分警惕，总是由约30人组成的先头部队，携带轻重机枪数挺先行占领路边的小高地，然后大队再跟进。

上午10时许，日军的先头部队接近黄土岭东面的寨坨村，大队还逶迤在上庄子一线——这一距离，笔者实地勘察应为一公里或一公里半——这时，八路军第1团、第25团迎头杀出，第3团及三分区的第2团从西南北三面合击，把日军团团围住，压缩在上庄子附近一条长二三里、宽仅百米的山谷里。

日军依仗优良的火器，向八路军寨坨阵地猛冲，遭到反击后，就掉头向西，想从黄土岭突围，按来路逃回涞源。第3团紧紧扼守西、南阵地，第120师的特务团也及时赶来增援，从第3团的左侧加入战斗（在唐县参加晋察冀军区成立两周年大会的第120师师长贺龙派特务团前往黄土岭助战，嘱该团听第3团指挥）。一时之间，日军欲归无路，只能就地拼命抵抗。一直到下午5时许，中日双方一直在激烈地交火。

在此期间，阿部规秀先是到独立步兵第4大队的后方，听取了大队长堤赳中佐的汇报。鉴于有迫击炮弹在附近落下，阿部规秀把原设在上庄子的司令部后移至中熊第2大队的后方，就进入了寨坨村教场陈汉文家里，并召集各队传令军官部署突围。日军战史记载："在准备下达整理战线的命令时，突然飞来迫击炮弹……共军使用迫击炮，这是第一次。"日方更准确的记录是："18时30分顷，阿部中将、石川参谋中弹负伤。"战后不久，日军曾重返现场确认阿部负伤毙命细节，留下一幅日军士兵

1939年11月8日，黄土岭围歼战，我军战士向进犯的日军猛烈开火

用棍子指认弹坑的照片，令人颇感诧异的是在小院照壁旁还躺着一头被炸死的驴。

第一次使用迫击炮就炸死了日军中将，这里面有多少偶然因素？笔者站在陈汉文家院子里那个弹坑处，远眺当年发射这发炮弹的那个西北侧的山头，据陈汉文说那里叫作"白脸坡"，自己小时候还上过那个当年的迫击炮阵地。杨成武在回忆录里说："一群穿黄呢大衣的（日本）军官，站在一座独立的院落平坝前，正用望远镜朝山头瞭望。这情景，恰被第1团团长陈正湘用望远镜发现。他急忙把目标指示给配属第1团的分区炮兵连连长杨九秤，杨九秤指挥迫击炮连发数弹，正打在敌指挥官人群中。"

此事后来也有些争议，参战的第120师特务团也带着迫击炮，也朝东南方向打了不少炮弹，该团就认为是自己打到了。后来还是贺龙大度说话，谁打的都是八路军打的，平息争议统一了口径。从日方记录看，是先

日军指认阿部规秀毙命现场照片

看到有迫击炮弹落下，阿部规秀才转移到陈汉文家院里的；当地也有人说听到了多次炮响。但陈汉文坚持说，他只听到一声炮响，而且声音非常大。可见，阿部规秀之死是有偶然因素的。但这些偶然只是细枝末节的事，从根本上来讲，是阿部规秀的虚荣心和报复性进攻导致了他的被包围和阵亡。如果再细究一下，还是他的嗜血，他对八路军和太行山人民的仇恨导致了他的报复心极强。阿部规秀死后，东京为他降半旗，他也算是享尽了哀荣，"死得其所"，所以他的死又是必然的。非正义的战争狂人总得灭亡，就像东条英机，虽然自杀没有让他死去，但最后还是被执行了绞刑。

1939年黄土岭战斗胜利归来，部队接受聂荣臻、杨成武检阅

阿部规秀之死还不算尾声

11月7日，黄土岭当地日落时间是17时13分，也就是说阿部规秀遭炮击时，天色就渐渐黑了下来。陈正湘本想在天黑前再发动一次总攻，但因第25团另有任务转返易县，而其他各团也联络困难，只能作罢。据日方记录，阿部规秀因伤重于21时50分咽气，日军开始收拢部队，寻找突围方向。当晚，八路军各攻击部队一面巩固已占阵地，防敌逃跑，一面以小部队用手榴弹夜袭疲敌，并用白天标定好坐标的迫击炮向敌盲射，干扰日军的突围准备，准备次晨再行攻击。

在黄土岭激战的同时，日军驻保定的第110师团、驻大同的第26师团、

作者一行与陈汉文老两口（左二、左三）合影，脚下即击毙阿部规秀的炮弹落点

驻张家口的独立混成第2旅团余部纷纷出动，从灵丘、涞源、唐县、完县（今顺平县）、易县、满城等方向分多路向黄土岭合击——据日方资料，阿部规秀和司令部高级参谋石川负伤，使日军指挥系统出现混乱、动摇。"电报员肆意发出悲观的求援电报。因为预感危机而烧毁了密码表，所以此时只能用明码呼叫……"（据《冈部直三郎日记》，转引自姜克实文章《黄土岭战斗的实证研究》）呼叫的结果就是，"华北方面军"和"驻蒙军"迅速令上述各部赶赴黄土岭救援。

11月8日凌晨，日军5架飞机飞抵黄土岭战场上空侦察盘旋，投下7个降落伞，降落伞上吊着弹药、粮食。除此之外，杨成武在他的回忆录里提到："还有人，可能是派来指挥黄土岭残敌突围的。"

不久，大约是8点钟，日军除留下200多人在上庄子掩护外，其余日军向司各庄方向突围，八路军第1团和第120师特务团果敢地压了上去。

残敌主力约 400 人突围到上庄子北山头后，第 2 团当即从右翼、第 3 团从左翼迂回追击，与日军展开激战。

中午，第 1 团报告，三岔口方向传来机枪声，杨成武判断是敌人的增援部队和三岔口的曾雍雅支队接火了。很快，他们又掌握了敌人的增援情况，杨成武向聂荣臻作了汇报，判断继续战斗于己不利，聂荣臻立即指示部队撤出战斗。八路军各部分别向易县、唐县两个方向撤退后，当日黄昏，日军独立步兵第 3 大队大队长绿川纯治大佐抵达黄土岭，但是已不见八路军的一丝踪影。

黄土岭战斗，以歼灭日军 900 多人、打死指挥官阿部规秀中将和缴获大量军用物资而胜利结束。尤其是所谓"名将之花"的凋零，让日本"华北方面军"终于认识到：太行山的气候，是不适于东洋的什么花绽放的。

雁宿崖：激战之后此处无雁宿

这篇文章与前文《黄土岭："名将之花"是这样凋谢的》是上下篇，此篇本该为上，但是由于当时缺乏足够史料等原因，没有详细展开对这场战斗的探究。可以说，没有雁宿崖战斗近乎全歼一路敌人的战果，阿部规秀也许就不会亲自带队落入八路军的重围。很多人只知道击毙阿部规秀的黄土岭战斗，却不清楚在这之前的雁宿崖歼灭战。正是因为这场战斗的重要意义，2015年我们再次寻访当年的战场，探究抗战时期发生在这里的雁宿崖战斗。

日军排兵："名将之花"幻想绽放在太行山上

2015年6月24日，笔者一行从北京出发，驱车经4号国道转张石高速前往河北省涞源县。途经紫荆关、太平梁、浮图峪、二道河等10多条隧道，有时看到城镇没过多久又进入了隧道里，有时从隧道出来竟不禁舒了口气，因为实在太长了。回望这些通过的隧道，尤感太行山脉之连绵高峻。

涞源县是八路军挺进华北敌后收复的第一座县城。此后，日军又曾两次占领涞源城，均被八路军收复。1938年10月，涞源城在日军对晋察冀边区"扫荡"中再次落入敌军手中，从此，日军一直将涞源城当作对边区进攻的重要据点。

涞源为何成为敌我必争之地，雁宿崖战斗前八路军与日军的交战情况，以及日军在涞源的布防，在《黄土岭："名将之花"是这样凋谢的》一文中已有介绍，这里不再赘述。

需要补充的是，1939年8月20日，日军第110师团警备部队将涞源县防卫任务移交给独立混成第2旅团独立步兵第4大队，彼时的独立混成第2旅团的警备态势为：

独立步兵第1大队（大队长辻村宪吉大佐）警备张家口地区；

独立步兵第2大队（大队长中熊直正中佐）警备怀来地区；

独立步兵第3大队（大队长绿川纯治大佐）警备蔚县地区；

独立步兵第4大队（大队长堤赳中佐）警备涞源地区；

独立步兵第5大队（大队长森田春次中佐）警备天镇地区。

独立混成第2旅团隶属日本"驻蒙军"（司令官冈部直三郎），本来其任务是担任张家口至大同一带察哈尔境内的守备，之前并没有与南方太行山区八路军作战的经验，主要驻防地域也在太行山区以北，敌手多为不堪一击的国民党杂牌军和地方武装。随着其守备地域向南推进，开始以八路军为对手。1939年6月阿部规秀就任旅团长，6月底至7月下旬实施的灵丘附近"讨伐"，是独混第2旅团与八路军的首次接触，也是阿部规秀的人生初战。首战八路军，日军出击处处扑空。山路加天险，大雨并泥泞，使往返于山地的"讨伐"队疲于奔命，狼狈不堪，不仅没有达到"捕捉、消灭"八路军主力的目的，在徒劳无功返回灵丘途中，7月17日反而在平型关附近的石灰沟遭到八路军突然袭击，第一次领受到八路军"敌进我退，敌驻我扰，敌疲我打，敌退我追"的游击战术洗礼。初次指挥作战的阿部规秀少将对此束手无策，只能望山兴叹。

据日本公刊战史《华北治安战》译本上册所载，独立混成第2旅团于

10月10日发布的1939年度第三期（1939年10月至1940年3月）"治安肃正"计划中，其工作要点是"对东部及南部山地，为了扫荡'共匪'巢穴，应以武力讨伐肃正为主，对其他地区，为实施各项建设措施，应以一般肃正工作为主"，其要领提出"东部及南部山地地带的讨伐，除由原来负责的警备队进行外，随时以旅团主力进行讨伐"。1939年10月下旬，日军从张家口、蔚县出动数辆汽车运送兵员、物资向涞源集结。10月26日，阿部规秀亲率独立步兵第1大队从张家口老巢赶至涞源，拟会同担任涞源县警备的独立步兵第4大队，对涞源南部晋察冀军区一分区部队进行重点"扫荡"。

旅日学者姜克实先生的研究厘清了日军在这期间的宏观动态：

日军此次出击按计划分为前后两阶段。第一阶段是"驻蒙军"全体规划的"讨伐"。10月28日，阿部规秀独混第2旅团出动两个步兵大队，会同黑田重德第26师团主力，先对灵丘南方上寨、下关方面的八路军第120师部队进行"扫荡"。对独混第2旅团来讲，参加此次行动也有为旅团下阶段作战"佯动"之意，即吸引杨成武一分区部队西移，而后准备声东击西。但上寨、下关两次与八路军部队（第120师第715团及雁北游击支队）的接触战规模不大，日军也没有记录任何歼敌战果或损失（八路军计毙敌200余人，我第715团伤亡8人）。于是，独混第2旅团紧接着实施了第二阶段的涞源南方"讨伐"作战，这是独混第2旅团在管区内独自计划的作战，也是阿部规秀中将（10月2日晋升）上任旅团长后的第二次出击。"立下初功，回报冈部司令官安排自己名誉晋升之恩，应是阿部旅团长踌躇满志的心怀。"（据姜克实《雁宿崖战斗过程的实证研究》）

八路军情报工作显神通

10月30日，正在阜平县参加中共中央北方分局工作会议的一分区司令员杨成武接到敌军将对一分区进行"扫荡"的情报。这份情报是从哪里来的呢？

原来，涞源城虽被日军盘踞，但广大乡村仍然控制在八路军手中，他们建立起巩固的敌后根据地。即便是涞源县城，也有我地下党组织和情报联络网，这个情报网对雁宿崖战斗取胜发挥了重要作用。

报告这份情报的当事人叫冀诚，涞源县人，1938年参加革命，1993年已经去世，老作家魏巍曾两次到涞源探望过他。魏巍在《漫忆黄土岭之战》（《人民日报》1995年8月19日第7版）中讲述了情报获得的过程。"（冀诚）看上去貌不惊人，个子也不高，面黄肌瘦，甚至有点孱弱。他受组织之命，最初扮作卖花生的小贩，接近日本兵，取得信任，混进了日军的情报部门，当了一名杂役。一天，他发现涞源城增加了600余名日军，并且索要牲口和民夫，就知道要'扫荡'了。同时他在日本队长的桌子上发现了一份路线图。冀诚就很快把这个情报经由我方情报站，转到一分区司令员杨成武将军手中。"

当杨成武向军区司令员聂荣臻汇报这一情报时，聂荣臻首先问："情报可靠吗？"

"涞源情报站站长是分区参谋崔喜峰，他们送出的情报是根据涞源伪维持会和宪兵队的我内线情报员的报告，然后又汇集了五回岭情报站的情报，经过各地情报人员的核实、分析，再报到分区司令部来的。一向都是比较及时准确的。"杨成武答道。

五回岭位于易县境内，该情报站站长叫崔明贵，是一个东北流亡学生，

个子不高，整天乐呵呵的，对涞源、易县的千头万绪了如指掌。（以上据《杨成武回忆录》）

长期研究一分区历史的杨言信先生提出，崔喜峰和崔明贵可能为同一人。崔喜峰为黑龙江呼兰人，1937年6月参加革命。《红色涞源》所记载送出情报的人为冀诚和崔富，这个崔富到底是崔喜峰还是崔明贵，或者就是一个人就不得而知了。杨言信先生猜测崔喜峰原名崔明贵，1933年宋哲元第29军取得喜峰口大捷后，他改名"崔喜峰"；或反之，因从事情报工作后改名"崔明贵"，取的正是当日寇"催命鬼"的谐音。这一猜测的依据还基于，当时一分区侦察情报科的涞源县情报站就设在易县、涞源县交界处的五回岭，这也是一分区驻涞源县最关键的情报站点。

也就是说，日军在涞源盛气而自以为神秘地排兵时，八路军已经知道日军的计划，并以此布下阵，就等敌人送上门来。

八路军布阵：天时地利人和

杨成武依据情报提出了打东路敌军的作战构想。因为从涞源到银坊都是高山深谷，出涞源城过白石口，再往南到雁宿崖、银坊只有一条山路可走，两面都是大山乱石，不难找到伏击地域。虽然这是敌军主力，但由于山路阻隔，其他两路日军也难以策应，日军主力变成了孤军一支。且一分区主力部队多数在南管头村（易县西南）以东，打其他两路日军，部队运动起来困难大些。

杨成武向聂荣臻汇报了这一战斗方案后，当即请战。聂荣臻、军区政委彭真和当时受邀到阜平参加晋察冀军区两周年庆祝活动的第120师师长贺龙、政委关向应都同意打这一仗。

聂荣臻命令杨成武不要参加会议了，立刻返回分区组织战斗。杨成武骑马返回分区驻地的途中，特意绕经银坊镇、雁宿崖、三岔口、白石口、插箭岭、黄土岭，再次详细察看了每一处的地形地貌，选定了一处理想的伏击阵地。

笔者一行从涞源县城前往这个伏击阵地的途中，在白石口村附近发现了内长城遗迹。过了白石口村，便进入了蜿蜒曲折的盘山路，并且能明显感觉到下山之势。待汽车再次进入相对平坦的谷地，我们终于到达了目的地雁宿崖。

雁宿崖，顾名思义，是一长达几百米的悬崖峭壁，位于三岔口和张家坟之间的河床西岸。如今的雁宿崖村坐落在河床东岸，20世纪70年代雁宿崖村的村民从崖下搬到了东面较高的平地上。村旧址上现在已长满了树林和杂草，还有老汉在山坡上放羊。村主任刘连有告诉笔者，2012年"7·21"京冀地区大暴雨时，这里被冲刷得没了样子，所以我们现在见到的村旧址，也与网友"千年猫"2009年来村里拍摄的照片有了很大的不同。在雁宿崖村石砌的高台上，还用红笔写着"自强不息，重建家园"8个大字。无论东岸还是西岸，雁宿崖村都处于两山之间，村东边是海拔200米至500米的连绵山地，村西边是海拔2000多米的银石山。两山相距不过百十米，中间有一道溪流。这就是杨成武所选择的伏击阵地：北起三岔口，中经雁宿崖，南达张家坟长达10余里的一条深沟。八路军把这种地形叫作天然"口袋"，村民们则有更直接的叫法——"棺材"，说日军从北来往南走是自己进棺材。

11月2日，杨成武作了如下部署：

军区配属的第三分区第2团（团长唐子安，政委黄文明）全部由川里镇进到银坊以西吉河村、南道神地区，并向插箭岭方向派出侦察警戒，主力由西向东攻击；

另拨第3团第2营归第2团指挥，隐蔽于雁宿崖西北，警戒辛庄、白

雁宿崖战斗中的日军重机枪阵地

石沟门情况；

第3团（团长纪亭榭，政委袁升平，副团长邱蔚）主力由银坊出发，集结于银坊东北西流水以西地区，以一部位于银坊以北担任正面堵击，主力则由东向西攻击；

第1团（团长陈正湘，政委王道邦）全部由东杜岗、苑岗出发，进到司各庄隐蔽待命，如敌情无变化，3日拂晓前隐蔽进入三岔口、雁宿崖伏击阵地，南面与第3团阵地衔接，从东北插至白石口，截住敌人退路；

第25团（团长宋学飞，政委张如三）两个营由寨子山南出发，经管头、良岗尾随第1团前进，为第二梯队，归第1团首长指挥；

游击第3支队（曾雍雅、梁正中支队）位于三岔口、张家坟一线，向白石口、鼻子岭方向侦察警戒，全力负责阻击由插箭岭向走马驿进犯之敌，

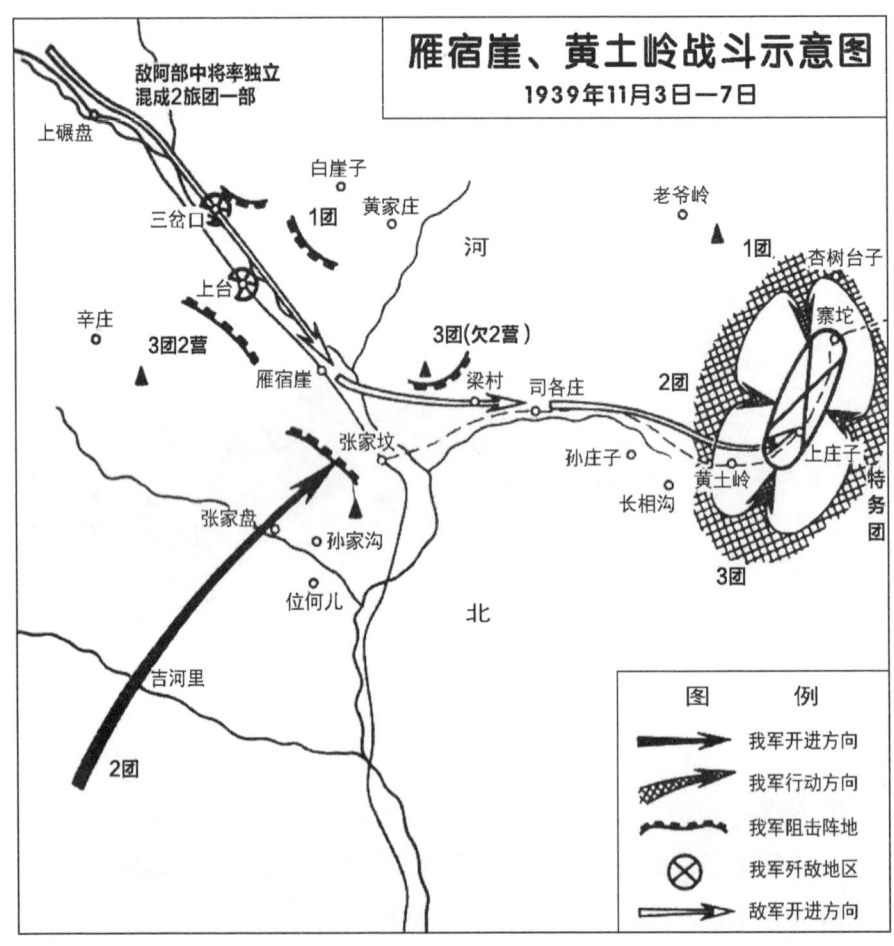

雁宿崖、黄土岭战斗示意图（1939年11月3日至7日，据《中国人民解放军历史资料图集》）

同时派小分队到白石口诱敌深入。（据《杨成武："名将之花"命丧太行山》和《红色涞源》）

这一方案和《中国人民解放军历史资料图集》中的《雁宿崖、黄土岭战斗示意图》基本吻合。八路军的参战兵力包括3个主力团、2个营和1个游击支队。

《中国人民解放军历史资料丛书·八路军·表册》记载的参战兵力包括一分区主力，三分区第2团和第120师独立第1旅第715团一部，是把此前第715团在灵丘上寨、下关的战斗也纳入整个战役之中。

由此，八路军占据了有利的地形实施伏击，可谓"地利"；在涞源拥有广泛的群众基础和出色的情报网络，参战人数上也占有绝对优势，可谓"人和"；而作战当天晴空万里，可谓"天时"。但这天时之巧合，却不仅于此。雁宿崖战斗的时间，11月3日，临近晋察冀军区成立两周年纪念日（11月7日），也是日本的重要节日——明治天皇的诞辰（战后改主题为文化节）。取得这场战斗的胜利，应该是双方都最想得到的礼物。

新线索：一本对日本阵亡士兵的追忆集

雁宿崖战斗的详细经过，可以从当年指挥和参加战斗的杨成武、陈正湘、黄文明、赖庆尧等人的回忆文章中得以部分重现，其中第1团团长陈正湘的回忆文章虽然不尽全面，重点写了其所在的第1团，但比较准确地讲述了雁宿崖战斗的真实场景，更具层次感，为世人了解这场战斗提供了一个更为微观的视角。因此，雁宿崖战斗的详细经过，本文主要引用了陈正湘的回忆文章（《击毙阿部规秀——我对雁宿崖、黄土岭战斗的回忆》，陈正湘遗著，陈炜整理）。而在旧书网上淘到的一本对阵亡日本兵的追忆集，也从敌方视角提供了新的线索。

这是日本人小岛清所整理的《雁宿崖》一书，是为他在雁宿崖战斗中阵亡的上等兵弟弟小岛茂所出版的追忆集，其中有小岛茂生平履历以及小岛茂在战场与家人朋友的书信。海军某基地杨雪丽女士帮助翻译了其中《阵亡前后》一章。从这些内容，我们获得了小岛茂生还战友对战斗的叙述、小岛茂战死的详细报告以及日媒对雁宿崖战斗的新闻报道。

我方和日方的资料互为补充校正，使得我们得以尝试再现出这场战斗的面貌。

战斗开始前，八路军即掩护老乡迅速撤离战区。《黄土岭："名将之花"是这样凋谢的》一文中提到了这一情节：当时还是十三四岁少年的刘如江老人就是提前撤离的群众之一。可惜2015年再去探访雁宿崖村的时候，村里已没有了对当年战斗有记忆的人。

雁宿崖战斗前还有一个跟着部队四处转移的人，这就是杨成武的妻子、军分区群工干事兼易县妇救会主任赵志珍，当时她正临产，行动十分不便。她和杨成武的大女儿杨易生（后改名杨毅）就是在战斗中诞生的。

小岛茂是辻村"讨伐"队主力永田中队的一名掷弹兵。11月2日，小岛茂随该"讨伐"队从涞源出发，在崇山峻岭间彻夜行军。小岛茂的战死报告中是这样描述的：

在中国北部的山岭地带，在雪寒交加的秋天，我部在讨伐××方面（日方在新闻报道等非内部文献中都会使用××以对地点、人员数量等保密）取得了良好的战果。在回到驻地后，没有休整就接到再次出征的命令。11月2日，是一个晴朗的好天气，威武堂堂地出发，太阳旗、旭日旗在前方指引，我们向着太行山脉进发。

越过名副其实的万里长城，短暂休息后，利用夜间时间向××出发。部队沿着河床砂砾道路前行，月亮出来前，靠着星星的亮光庄严前进。前行数千米后，地形变得复杂，到处是险峻断崖、巍峨耸立的岩石，××山峰使得人马同行变得困难，此时上弦月已经升起，月亮成为我部前行的指针，顺利通过××山峰。途中发现了侦察兵的狼烟预警后，官兵们士气提升，行进更为谨慎、严密……

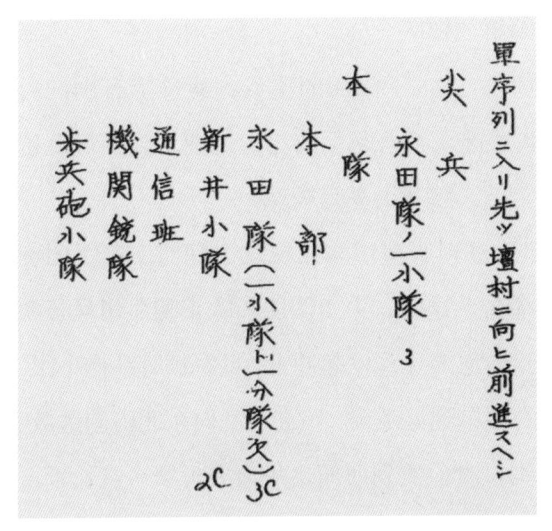

日军部队史中记载的辻村"讨伐"队序列

在雁宿崖战斗中被击毙的
日军上等兵小岛茂

这一侦察兵放出的狼烟预警，应该就是辻村先头部队遭到了隶属曾雍雅游击支队的白石山游击队的袭扰。这个"狼诱子"边打边退，骄横的日军一路追击，就这样被牵着鼻子进入了我军的"口袋"。辻村先头部队约100人，到达雁宿崖后在村东河滩休息；敌主力则正沿干河沟缓慢地向雁宿崖开进。骄横的日军行军和休息时也不派警戒和侧翼搜索队，竟大摇大摆地前进。

这时，埋伏在张家坟以北及枣儿沟的第3团第1营、第3营已严阵以待。第1团各营也按团长陈正湘的战斗命令各自展开：第1营主力展开于第2营左侧，与第3团阵地衔接，从雁宿崖东南实施攻击；第2营主力从中间冲击，首先消灭河滩之敌，而后向雁宿崖村内攻击；第3营沿小山沟向北疾进，攻占三岔口，断日军退路，并派小部兵力沿山的内斜面与营主力平行北进，以保障营主力侧翼安全；第3营攻占三岔口后，以一个连的兵力进占上下台村及村前沿掩护阵地，以火力侧击日军之左翼，掩护和配合营主力，作为攻击河沟之日军第二梯队。

当"道路渐渐变得平缓宽阔，进入了深深的溪谷，通过了石砌的村庄"，小岛茂随辻村"讨伐"队"进入了八路军的势力范围，到处可见抗日宣传的布告。由于光线被山阻挡，峡谷天亮得较晚……"

7时10分，当日军先头部队进到雁宿崖与张家坟之间时，第3团突然以猛烈的火力给日军以迎头痛击。这时，第1团团长陈正湘命司号长吹起冲锋号。第1团第1营、第2营向河滩日军发起冲击，日军顿时乱作一团，雁宿崖北边炮兵中队和辎重队的牲口到处乱窜，民夫乘乱向东北山沟逃散。第1团第2营进到雁宿崖东山沟口时，遭到西面之敌火力封锁。营长宋玉琳命令用重机枪对准日军火力点猛烈扫射，压制了敌火力。第6连从正面攻打日军沟口阵地，第7连迂回到日军阵地右后侧配合，日军遭我两面夹击，丢下十几具尸体，狼狈逃窜。北面，第3营从上下台方向朝日军"屁股"也开了火。刹那间，从上下台到张家坟这段山沟里，喊杀声、机枪步枪射击声、手榴弹爆炸声、炮声响成一片，整个山谷硝烟弥漫。

日军先头部队遭第3团阻击后，迅速后撤。日军利用晨雾，一边组织部队抢占了雁宿崖偏西南的无名高地，一边指挥上下台以南的炮兵向第1团第2营右侧伸向河滩的小山头轰击。同时，几十名日军迅速抢占了无名高地以西的615高地。村边及河滩日军主力慌忙退入村中，利用房屋、院墙，用机枪实施拦阻射击。日军依托无名高地、615高地和村庄负隅顽抗，暂时稳住了阵脚（因我没有炮火支援）。此时，第1团第3营已经控制了三岔口及东南山头阵地，其第9连抢占上下台西北的山头阵地后，正向上下台及河滩实施火力侧击，以掩护营主力由东北向西南对上下台与河滩日军之掩护部队及辎重部队猛打猛冲。上下台南面河沟日军炮兵阵地很快被第1团第3营攻占。

此时，中间冲击的第1团第2营打得十分艰苦。日军利用雁宿崖村北山下作为炮兵发射阵地，用炮和村前沿机枪火力封锁我前进道路。敌一军官组织兵力向第 2 营正面猛扑，被我机枪火力打垮。随后，第 5 连、第 7 连乘胜向日军炮兵阵地冲击，一举攻占之并全歼守军，缴获九二式步兵炮 2 门。

我军抢夺高地，敌我展开"石头战"

这时，无名高地和 615 高地成为日军等待救援的支撑点，如不迅速夺取这两个阵地，就要影响整个作战计划的实施。于是第 1 团团长陈正湘赶到第 3 团指挥所，与团长纪亭榭（一说团长纪亭榭此时因事离队，由副团长邱蔚指挥）、政委袁升平商定夺取无名高地的协同动作。决定由第 1 团第 1 营担任主攻，第 1 团第 2 营和第 3 团第 1、第 3 营组织火力掩护。陈正湘回到指挥所，即命第 1 营营长带两个连组成突击队；命第 1、第 2 营的重机枪配置在团指挥所两侧，由团直接指挥，实施火力支援；命第 2 营主力牵制雁宿崖村内之日军。

随着冲锋号响起，第 1 团第 1 营营长李得才带领第 2、第 3 连迅速向无名高地及敌侧翼同时发起冲锋，掩护部队所有机枪一齐开火，向无名高地和雁宿崖村内猛烈扫射。趁日军阵地硝烟腾起，勇士们端着刺刀猛冲上去，同日军展开白刃格斗。仅十几分钟就将守敌歼灭，击毙日军 30 余名，缴获武器弹药一部。此时，第 2 团经过激战后也攻占 615 高地。至此，外围日军基本被肃清。

由于四面被围，雁宿崖村的日军十分惊慌。在雁宿崖村西南（陈正湘回忆中为"西北山头"，但据村主任刘连有指认和笔者实地勘察，应为村西南山头）山头上，第 1 团第 2 营第 5 连和第 6 连同日军展开了肉搏战。战士们就地捡起石头投向日军，日军也捡起石头反击，白刃战变成石头战。

日本《朝日新闻》报道这一战斗时称："在皇军诸多的战斗中，最让前线感动的就是辻村部队 3 日在雁宿崖的奋战，5 名军官和部下的死特别惊天地泣鬼神。在那场战斗中，辻村部队和敌人在相距数尺的距离内，把石头当武器投向敌人，还专门将伤兵编为一队杀敌，等等，进行前所未有的激战。该部队一度获'石头战部队'之誉。"

刘连有的父亲刘风造参加过雁宿崖战斗，老人在世时，喜欢给儿女讲述当年战斗的故事，所以，刘连有带着笔者一行立刻找到了这个当年敌我奋力争夺的地方。

在原村址南端，眼前的一条小道可以直通小高地，通向山头的坡道右侧是用木桩和网围起的一个羊圈。山地的外斜面现在种满了华北最常见的作物——玉米。站在山头向北望去，能看到正在建设的荣乌高速和涞曲高速大桥。我们所见的一切都充满了和谐与宁静，唯有脚下布满的大大小小的灰白色石块，提示我们曾发生在这里的那场激烈的石头战。刘连有指着小道左边的小树林对我们说，这里就是战斗后日军焚烧尸体的地方。

我们在现场勘察的时候，一旁放羊的羊倌拿给我们他捡到的弹头和弹壳，这令我们兴奋不已。经辨认，弹壳是日军直径 6.5 毫米的三八式步枪所用；弹头则是八路军的汉阳造弹头，直径为 7.92 毫米，这颗弹头是八路军射向日军的子弹！这 3 枚弹头、弹壳的发现，也佐证了这里曾是日军的阵地，八路军战士曾向敌阵地发射出无数渴望胜利的子弹。

3 日下午 4 时多，八路军 3 个团一起向困守的日军发起总攻。第 1 团第 2 营第 6 连向雁宿崖村发起首轮冲击，第 6 连第 1 排迅速通过日军火力封锁，很快冲进雁宿崖村北坡。第 6 连第 2 排也迅速攻占了雁宿崖村东北的一个小山头，居高临下，以火力控制了村庄东北角的几个院落。同时，第 3 营从北面冲杀过来。该营担任突击任务的第 10、第 12 连顺山沟从西北向村口迂回。

在战场发现的弹头和弹壳

同时，攻打敌指挥所的战斗也在激烈进行。敌指挥所原设在村北小山包上，后来被迫撤到村西的一处院落里。第1团第2营、第3营把院子紧紧围住，以密集的子弹和大量手榴弹压制日军。经过激烈拼杀，下午5时许，雁宿崖之敌除辻村大佐带着极少数日军钻入山沟逃脱外，其余全部被歼。

雁宿崖战斗到底歼灭多少日军

雁宿崖战斗中，虽然八路军占据了得天独厚的地形优势，但是参战双方旺盛的战斗意志，使得这场战斗依然极其激烈残酷。那么这场战斗中，双方的伤亡到底是多少呢？

据陈正湘的回忆：被俘的日军在战后称，辻村宪吉大佐率3个步兵中队、1个机枪中队、1个炮兵中队（有九二式步兵炮4门、山炮2门），除 1 个步兵中队（驻守张家口）外，全大队共来了 600 余人，大部被我军消灭。

这里值得一提的是辻村大佐。据载，战斗结束后，八路军在打扫战场时发现了一件日军将校呢大衣，里面绣有"辻村"二字，但是并未找到辻村的尸体，因此辻村的生死就成了一个谜。但后来人们在新闻报道中又看到了辻村的身影，在《雁宿崖》一书里也有辻村在昭和十六年（1941 年）为小岛茂题的字，这表明他还是逃脱了。

《中国人民解放军历史资料丛书·八路军·表册》中记载：雁宿崖战斗击毙日军 500 余人、伪军 12 人，俘日军 9 人、伪军 4 人，缴获长短枪 212 支、轻重机枪 13 挺、掷弹筒 8 个、炮 6 门、骡马 500 余匹。

有人据日方资料认为，雁宿崖战斗日军战死 83 名，负伤 49 名。但这个数据是 1939 年 11 月 18 日日军"驻蒙军"的调查数据，在日军资料中明确注明确实数目仍在调查中，因此这一数据显然不是定数。

民间也有诸多对雁宿崖战斗的研究。童屹立在《揭秘雁宿崖、黄土岭战斗》一文中对日军伤亡人数作出了如下分析：战斗中辻村"讨伐"队的各种重兵器和自动兵器损失殆尽（遗失或被破坏的重兵器计山炮 2 门、步兵炮 2 门、重机枪 3 挺、轻机枪 6 挺）。考虑到日军步兵单位外出作战时出动半数兵力的规律，这些几乎就是辻村"讨伐"队的全部重武器和自动兵器，部分在战斗中被破坏或被缴获，部分在日军突围前被分解破坏。根据日军人员补充档案：1939 年 12 月 18 日，日军第 14 师团管区向独立混成第 2 旅团独立步兵第 1 大队补充人员 181 名，向旅团炮兵队补充人员 38 名。一般日军的人员损耗补充数等于其死亡以及需要送返回国的重伤病员数，但从辻村"讨伐"队最后突围的狼狈情况来看，应该不会带着不能行动的重伤员突围。因此，上述补充的 219 名，应该大致为雁宿崖战斗日军官兵的死亡数。

小岛清在追忆小岛茂的《雁宿崖》中称"辻村主力部队仅有 300 人",加上辻村先头部队 100 人,应有 400 人。与辻村大队共来了 600 多人的数目还是有很大差距的。但这 200 人的差别,有可能是伪军数量。

雁宿崖战斗中八路军损失也较大,伤亡了 400 多人,一说伤亡 500 人。

在战争时期,夸大战果、虚报己方牺牲和损失是各国惯常的做法。因此,对于"尘埃落定"的伤亡人数,后人研究起来却难免"尘土飞扬"。但无论日军伤亡人数到底是多少,都无法抹杀八路军在雁宿崖战斗中取得的辉煌胜利。

重访黄土岭

雁宿崖战斗的失利,让阿部规秀中将恼羞成怒,亲自带队报复,哪知竟因此命丧黄泉。2005 年,《军营文化天地》编辑部就到黄土岭村采访了目睹阿部规秀之死的陈汉文大爷。2015 年,笔者再次造访黄土岭,去看望陈大爷和他的老伴赵玉亭大妈。

小院还保持着 10 年前的模样,当年击毙阿部规秀的炮弹落点,现在已被砖头围砌一圈,当中还长出茂盛的花草。笔者指着这些花草开玩笑说:"那么现在它们就应该叫作'名将之花'了吧!"

屋里炕头上边贴着"纪念抗日战争六十九周年"的横幅。赵大妈说这是在保定的三女儿陈兰英为他们做的,每年都换,过去是只改"六十"后面的数字,今年要重做了。笔者问赵大妈为何要在家里挂横幅,大妈说,因为很多人来参观。从 1994 年、1995 年开始,来这里的人多了起来,那时候陈大爷还能带人上山去讲讲,现在眼睛耳朵都不好使了。但当我们给他看阿部规秀的照片,问他当时被炸死的人是不是照片里的人时,陈大爷的目光却十分聚焦,狠狠地说:"奏(就)是这个王八蛋!剁成肉馅,包成饺子，喂狗！"赵大妈说，陈大爷特别恨日本人，因为他的父亲和兄弟都是日军"扫荡"时被杀害的。

站在陈家小院，笔者不禁感慨。阿部规秀的死是很多人都没有料到的。八路军当时并不知道阿部亲自在前线指挥；阿部也没想到自己最后不是在战场打完了最后一颗子弹，高喊着"天皇陛下万岁"而死，也不是在战后享受荣誉后死去，而是被一个不以他为目标的炮弹弹片击毙的。

黄土岭战后不几天，日军驻涞源的新任独立步兵第4大队大队长小柴俊男中佐，突然给杨成武寄来一封信，里面写道：

杨师长麾下：

  中日之战是中日两国政府之事，麾下与鄙人同是人类一分子，没有私仇，参加战争仅是为了吃饭。国家的争论与我们无关，别因此影响我们的友谊。麾下之部队武运亨通，常胜不败，鄙人极为钦佩。现鄙人有两件事情求救：一是请通知鄙人在黄土岭、雁宿崖被麾下部队生俘的皇军官兵的数目、军职、姓名及他们的生活近况；二是战死的皇军官兵是否埋葬，埋在何处，可否准予取回骨灰？以慰英灵……

杨成武立即回信，首先揭穿其所谓"国家的争论与我们无关"的胡说，指出日军就是日本法西斯侵华的工具，是全中华民族的死敌，并告诉他："八路军一向优待俘虏，对于已放下武器的敌人，一律宽大处理。他们生活得很好，已开始认识侵华罪行，表示反对侵华战争；对于做了你们的'炮灰'，蒙受你们给予的灾难的战死者，我们已妥为埋葬，并立有石碑，以兹标志。"（据杨成武《激战黄土岭》，载《烽火忆抗战》）

雁宿崖和黄土岭歼灭战时，白求恩大夫率领的前线急救所正在抢救伤员

在雁宿崖、黄土岭战斗胜利的喜悦之后，发生了一件令人万分悲痛的事。1939年10月，白求恩大夫在涞源县摩天岭战斗中抢救伤员时左手中指被手术刀割破，后为一名患颈部丹毒合并蜂窝组织炎的伤员动手术，不幸感染。他带着高烧、病痛，继续救治黄土岭战斗中下来的伤员，终因病情恶化，医治无效，于11月12日凌晨在河北省唐县黄石口村逝世。11日，白求恩在遗嘱中请求国际援华委员会拨一笔款给离婚的妻子，把自己的物品几乎全部送给晋察冀边区军民。毛泽东为他写下了我们所熟知的《纪念白求恩》，高度赞扬了白求恩的共产主义、国际主义精神，号召每一个共产党员向他学习。

刘连有和陈汉文的愿望

因为专业的原因，记者在对历史的研究中总忍不住要从新闻报道中挖掘更多线索。

关于雁宿崖、黄土岭这两场战斗的记录，当时的一分区第 1 团教育干事魏巍，在战斗一结束就立即写出了《雁宿崖战斗小景》和《黄土岭战斗日记》，可以说他是最早记述雁宿崖、黄土岭战斗的人。

黄土岭战斗结束后不久，在知道打死了日军中将阿部规秀之后，彭真同志指示杨成武就黄土岭战斗经过写一篇文章，驳斥国民党内部诬蔑八路军"游而不击"的言论。杨成武便写了一篇题为《"名将之花"凋谢在太行山上——瞧一瞧八路军是不是游而不击》的文章，登在当时的抗日刊物《新长城》上。

八路军是不是游而不击？当时日本媒体对雁宿崖战斗的报道给出了这样的评价：

> 在此处盘踞的敌军就是晋察冀边区部队……敌军占据了天险这一有利地形，常年在此猖獗，这就是北支蒙疆局势明朗化的最大障碍。
> ——1939 年 11 月 18 日《朝日新闻》报道《长城战的大歼灭战　对 2 万共军开火》

> 重庆政府愈是衰败，共产党军队愈是全面阻碍皇军的行动。
> ——1940 年 1 月 10 日《新爱知新闻》报道《浴血奋战的 28 个小时弹尽衣破　在太行山的险峻之地与共军恶战苦斗》

返回途中，我们一行人都在感叹，"雁宿崖"这样一个动听而诗意的地名，竟发生了这样一场激烈的战斗。雁宿崖战斗演绎了一场经典的伏击战，沉重地打击了日本侵略军的嚣张气焰，鼓舞了中国军民的士气。

临走前，刘连有拿出一张村党支部和村委会盖章的申请，希望能在雁宿崖村建造一座雁宿崖伏击战纪念碑、一座纪念亭和一座革命历史文物展馆。基于对那段历史的了解，他认为自己的村庄有必要也有资格建立这些纪念设施。在我们向陈汉文老两口告别时，赵大妈也对笔者反复说，他们年纪大了，房子住不了几年了，但这个房子要保留，不然以后再来人就看不到了。

如今的涞源县和它周边的区县，形成了一片红色资源聚集地，如涞源县的王二小纪念馆、黄土岭战役纪念碑，易县的白求恩为八路军伤员做手术的孙家庄小庙，阜平县的晋察冀边区革命纪念馆，等等。当知晓这段历史的老人渐渐离去，我们也的确必须留下些什么，让后人能借以追寻。

东团堡："玉碎"倭寇此处遗长恨

出涞源县城向东北方向，"猎豹"汽车在崎岖的山路上颠簸着，东团堡就在地图上内长城一侧。

对这个地名的印象，来自1995年发行的那套抗日战争胜利50周年纪念邮票。其中那枚20分面值的《百团大战》的图案取材于沙飞在东团堡战斗结束后所拍摄的一张著名照片，其前景是扛枪的八路军战士，背景为长城敌楼。方寸之间，将我军将士浴血杀敌、艰苦奋战，与中华民族抵抗外侮的决心和意志交织在了一起。

经查史料得知，东团堡之战发生在1940年9月，属于八路军百团大战第二阶段作战涞（源）灵（丘）战役中的一次战斗。那次战斗全歼日军独立混成第2旅团独立步兵第4大队第4中队，是日本公刊战史《华北治安战》一书承认的"玉碎"作战。

鬼子为什么选中了东团堡？

2005年，笔者一行驾车从涞源县城北上至上庄村后东转，穿过一个叫"汤子岭"的隧道，汽车驶进了东团堡。堡内的居民极其安静，老人和孩子们坐在自家门前，十分悠闲的样子，很难想象这里曾是战事连年的地方。

百团大战涞灵战役中八路军伤员撤下战场

　　陪同我们的是总参驻涞源某部的禚助理,他带着我们把车直接开到了东团堡乡政府。我们在这里遇到了一个据说非常熟悉那段历史的乡政府办公室主任赵海泉。赵主任时年 55 岁,曾在原武汉军区雷达兵部队服役。1975 年他退伍回乡后,在军旅浸染了 6 年的血脉依然沸腾,他以查阅史料、采访见证人、到实地对照勘察等办法,取得了关于东团堡战斗的详尽资料。于是,赵主任就成了我们的解说员和导游。

　　东团堡村如今是乡政府驻地,但整个村落依然不大,只住了 300 多户人家,大多数人家仍住在残垣尚存的老城堡子里。就是这样一个极具北方特色的小村落,历史却要追溯到 2000 年前——为了抗击游牧民族的袭扰,汉朝曾在此设营屯兵。当地喜欢讲古的老乡口中,流传最多的则是辽国大将与宋朝大将杨延昭在此地交战的故事。据说,是辽国大将先在这个内长城外的小盆地里筑了一座城堡,而后又被杨六郎攻占,城堡几易其主,双方在这里展开了漫长的"拉锯战"。在东团堡东南约 15 公里处，就是著名的明代乌龙沟长城口。1938 年 11 月，本部驻张家口的侵华日军独立混成第 2 旅团防区从蔚县前推至涞源县，以独立步兵第 4 大队驻涞源，其中第 4 中队分驻东团堡、上庄子、三甲村，东团堡为中队本部。

这里成为历代兵家必争之地的缘由有两个：一是其位于恒山、燕山、太行山三山交界处，属内长城外的一座小重镇，把着张家口入关的交通要道；二是其处于四面环山的小盆地之中，有山上流下的小溪穿过，土质肥沃，是个厉兵秣马的好地方。

鬼子到来，百姓遭殃。住在堡西的王氏家族首当其冲。王家是当时东团堡的大户，计有 16 户人家，130 多间房屋，占地 50 余亩，且自成体系：西临城墙，南、北、东三面为开阔地，与堡子里的其他族姓之间有着一段距离的间隔。鬼子看中了王家宅地的位置优势，决定圈下地来建据点。赵海泉告诉我们，如今这里残留下来的房屋仍由王氏家族的后人居住，但当时被鬼子赶出家门的王家人是极其可怜的，无家可归的他们只好在堡子北面的山脚下搭棚子栖身。

日军开始大兴土木，强征堡里的居民充当劳工，在对原城墙进行加固、拓宽、增高的基础上，又在王氏家族的外围，建成了高达 6 米、宽达 2 米，如城墙一般的环形防御工事，并在城墙的四角建起了 4 个相互依靠的大炮楼，城墙上每间隔 1 至 2 米便设一个射击垛口。城墙外有铁丝网，铁丝网外是 5 米宽的壕沟，炮楼上还有探照灯⋯⋯这和电影《敌后武工队》《平原游击队》里描述的日军据点几乎完全相同，可谓固若金汤。东团堡南北各有一个山头，分别叫馒头山和寨顶山，为了互相策应，保障据点的安全，日军在这两个山头上分别建起了一个哨所。

据日方资料，当时日军独立步兵第 4 大队第 4 中队的兵力配置是，主力在东团堡，三分之一在三甲村，另 1 个分队（13 人）在上庄子。日军

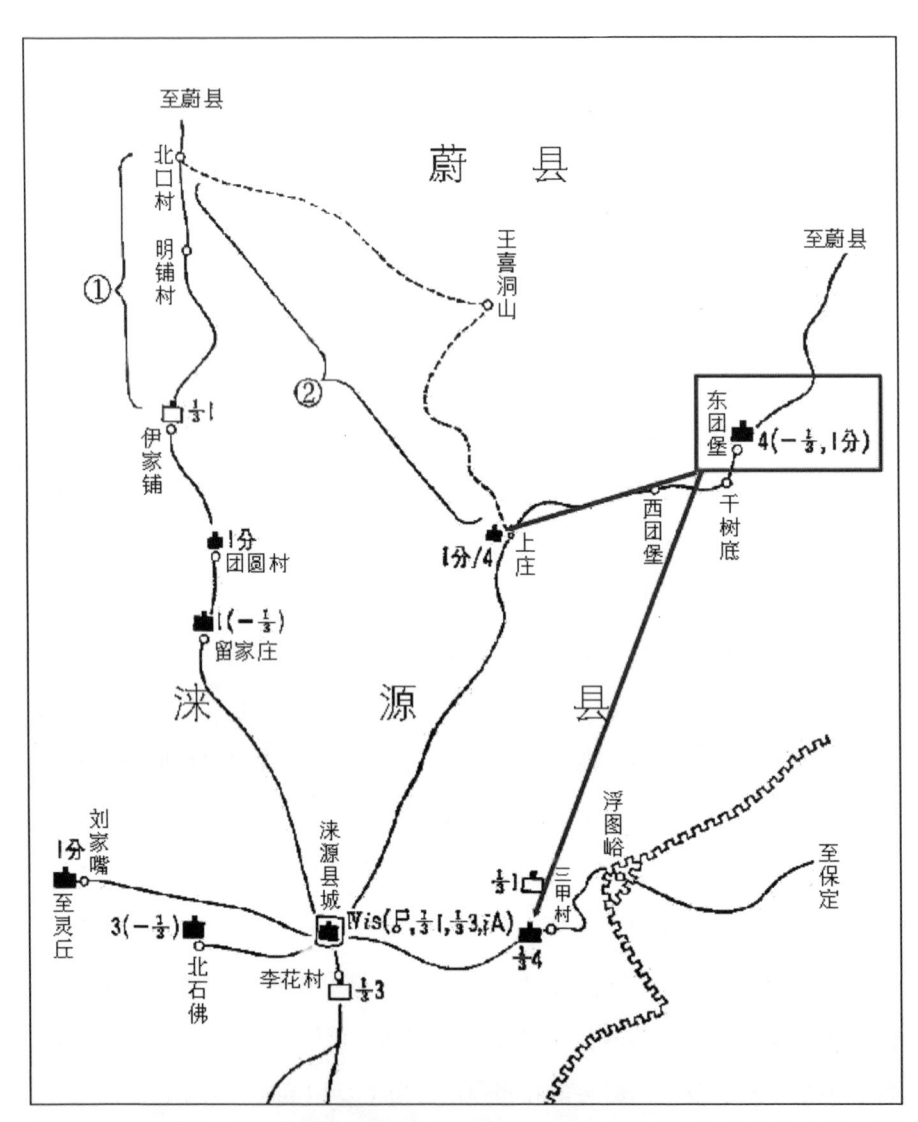

日军独立步兵第 4 大队在涞源区域兵力配置图（1939 年 8 月至 1940 年 8 月，据日本公刊战史《华北治安战》）

步兵中队人数通常在 194～250 人之间，即便取最低的 194 人，东团堡守敌也在 120 人左右。日方史料称东团堡守备队为"井出队"，指队长是井出弥一，但第 4 中队中队长为甲田文男。原因是，第 2 中队小队长井出晋升，前来接替甲田担任第 4 中队中队长，在二人交接之际被八路军围歼。日军在东团堡驻扎期间，为了张扬武力，打靶时还组织当地的百姓观看，一些老人对赵海泉回忆时提到：这些鬼子的枪法很准，而且武器精良。

这里成了宣化至涞源公路上的日军后勤供应中继站，和分割八路军晋察冀根据地的战略支点。

八路军留言："此地日军守备队打得勇敢"

1940 年 9 月 16 日，晋察冀军区一分区第 3 团团长邱蔚，命令侦察参谋刘贵带一名侦察员对东团堡之敌展开侦察。刘贵乔装改扮后，混入了东团堡内。堡子里，我党早已建立了地下组织，当时很得日本人信赖的东团堡乡乡长马守林，便是地下党组织的支部书记。刘贵与马守林接上头后，正赶上鬼子在据点里的小广场上放电影。

东团堡里的日军有一个特点，放电影时要求老百姓必须来观看，意在宣扬他们的"王道乐土"和"大东亚共荣圈"，让老百姓从精神上屈服和归顺。刘贵混在看电影的人群里，对日军据点进行了详细的侦察。

9 月 19 日，第 3 团团长邱蔚、政委王建中根据侦察员的情报，带领团机关和各营干部，在涞源县武装组织地下领导人宋长兴的带领下，到东团堡附近察看了地形，制定了作战方案，下决心打一仗。

东团堡之战，是在百团大战第二阶段作战背景下发生的。1940 年 9 月 16 日，八路军总部要求各作战部队在继续破袭敌寇交通的同时，拔掉深入我基本根据地内的一些敌据点。晋察冀军区司令员聂荣臻接到命令后，

晋察冀军区第一军分区第 3 团团长邱蔚（前排中）和战友

指示一分区司令员杨成武攻打涞源城及其周围的一些据点。

9 月 22 日夜，杨成武在三甲村东南侧内长城的一座敌楼上，坐镇指挥一分区各部作战。"老三团"兵分两路，第 1 营打上庄子之敌，第 2、第 3 营集中兵力打东团堡之敌。团长邱蔚把指挥所设在了东团堡南面山上的红花裕村，他向各分队下达了晚 8 时准时攻击的命令。

为了防止日军互相增援，在身背铡刀的红花裕村民兵周进祥的带领下，第 3 营第 11 连借着弥漫的夜色，摸上了馒头山上的日军哨所。日军哨兵正搂着枪倚着哨门打瞌睡，周进祥抡起铡刀狠狠地砍了一刀，日军一命呜呼。第 11 连官兵劈开铁丝网，直扑日军睡觉的地堡。8 名日军正点着日本大白蜡，穿着白衬衣，叽里咕噜地准备睡觉。第 11 连官兵相互打了下手势，把手榴弹集成两捆，分别从门窗投了进去，轰的一声巨响后，日军全部变成肉泥。整个战斗过程仅用了 5 分钟。

上庄子与馒头山的战斗均按时打响，东团堡方向却悄无声息，其原因是东团堡村民兵赵进带错了路。这个偏差让东团堡的日军有了准备时间，他们立即紧急集合欲增援馒头山。刚出东南门，日军便与迎面赶来的第3营第9连接上了火，立即缩回去占据有利地形还击。这使得原本计划的偷袭战变成了攻坚战，也是后来东团堡战斗打得异常艰难的原因之一。

日军缩回堡内的同时，第9连1排在排长余勇的带领下，追着鬼子突了进去。

东团堡内日军的指挥官有两个大尉军官——井出和甲田。22日那天，井出来接替甲田，没料到两人被堵在了一起。看到八路军端着刺刀冲了进来，余勇一人连续挑死4个日军，井出和甲田两人立即急红了眼，抽出军刀，集中兵力对付余勇的这一个排。4名日军端着刺刀同时冲向余勇，余勇头部被刺伤，拉响手榴弹与敌同归于尽。寡不敌众的余勇排全部壮烈牺牲。

这些日军的作战能力的确很强，随着炮楼上的探照灯的照射，子弹打得像泼水一样，一拨又一拨地向墙外的八路军扫去。而且鬼子特别善于使用掷弹筒，打得既稳又准。战后，一分区司令部的战斗详报中写道："敌人能巧妙集中使用火力，特别是掷弹筒，发挥了相当威力，在东团堡战斗时我伤亡200余人中，半数为掷弹筒所造成。"

东团堡之战，日军还施放了毒气——每当战局不利，日军就要使用毒气。当地老百姓把日军发射毒气弹的炮叫"臭炮"，当时不少八路军都被这些"臭炮"发射的毒气弹熏倒了。由于没有防毒面具，"老三团"的官兵只好用浸过水的口罩捂在嘴上，继续作战。22日，我军一夜无果。

23日拂晓，"老三团"暂停作战。为了继续疲扰敌人，他们除留小股分队放冷枪、用铁桶分次放鞭炮以外，其余部队撤至高粱地里休整。当地老百姓积极拥军支前，纷纷替八路军护送伤员、烧火送饭。

23日晚8时，我军再次发起攻击。第9连班长王国庆背起25枚集成一捆的手榴弹，架起梯子直取敌炮楼。眼见王国庆已攀至敌炮楼射击口，正欲取下身上的手榴弹时，却被另一炮楼内的日军击中，人挂在梯子上牺牲了。第9连指导员黄禄见状，背上20枚手榴弹，躲开弹雨蹿到梯子上，将自己背的手榴弹与王国庆背负的手榴弹并在一起，塞进敌碉堡内。

东南炮楼拿下了。

而后，我军凭借东南角炮楼的有利位置，向敌展开射击。当夜，日军进行了6次反冲锋，均被打了回去。24日晚，我军吹起冲锋号，迎着日军的探照灯，连续发起3次冲锋，又拿下日军两个炮楼。日军退缩至西北角炮楼（当地百姓称其为西土崖炮楼），依然拼死抵抗，我军几次都未能接近。25日白天，从张家口方向飞来4架日军飞机，投下几箱食品和弹药，却全部落到了八路军的阵地上。25日晚再次激战。侦察参谋刘贵突然想起什么似的对邱团长说：日军的翻译金井是朝鲜人，曾给过我侦察员一些帮助，看能不能争取。邱团长立即写了张字条，由民兵刘进带了进去。

冒险逃离日军掌控的朝鲜籍翻译金井向邱蔚报告说，堡内的日军只剩下27个人，知道大限已到，正拼命地酗酒，还互相搂抱着鬼哭狼嚎地唱着日本国歌《君之代》。金井还说，甲田和井出亲手击毙了受伤的士兵和14匹战马，正指挥余下的日军一边准备烧民房，一边把机枪、掷弹筒和弹药集中在一起，准备倒上汽油，人与武器同归于尽。金井正在介绍时，堡内突然浓烟冲天，爆炸声连连，团长邱蔚立即带人冲进堡内，但27名日军已在烈焰中烧成了焦炭。

另据载，"老三团"的官兵在打扫战场时，突然从一个地窖内蹿出一个日本兵，抢了一支枪就往上庄方向跑。这名没敢跳火自焚的日军，想活命的念头特别强烈，几名八路军战士从不同的方向包抄想活捉他，却因其

残余日军就是在此处纵火自焚的

速度过快未能奏效,最后开枪将其击毙。

在我们获得的日方史料中,有一个关于日军独立步兵第4大队遗失现金的调查报告,是独混第2旅团司令部经理(后勤)部门的文件,这个文件从侧面记录了东团堡日军第4中队主力被围攻歼灭之经过,可供参考。经请解放军外国语学院毕业的程国兴先生翻译,内容如下:

第一日(9月22日)战斗中,我方战死十多人。

23、24、25日三天,敌军不分昼夜连续攻击。其一部侵入到警备队东方及西侧的村落,依靠房屋掩护攻击靠近。我方以井出队长为核心,团结巩固,士气愈加旺盛,给敌军造成了很大损失。

但是至25日,我方战死35人,受伤26人,弹药缺乏。当天有一次空中补给,但是受到气流影响,大多落在了敌人所在区域。

继续请求补给，但是天气恶劣，当前唯一的手段——飞机补给也无法实施，同时，救援队也未到达。

最终，队长断定局面已经无法挽回，为了不让重要的文件、武器、被服、粮草、公款等军用物资落入敌手，队长决定将其烧毁，然后自杀。

首先在财务室和中队长室将重要文件及公款烧毁，然后将战死者尸体及他们的武器放到军官室放火烧掉，最后将兵器库、被服库、粮草库、宿舍等都放火点着。活着的人全体聚集在队长室前，一同唱国歌自杀。

队长以下全体人员的行动算得上军人楷模。

在以上过程中公款被烧毁。

东团堡之战，八路军全歼日军第4中队主力，计170余人。但"老三团"也伤亡了200余人。笔者曾看到一则日军史料记载，八路军"老三团"的官兵在撤离时，曾在墙上留下"此地日军守备队打的（得）勇敢"之字样，心里感慨不已。

晋察冀军区司令员聂荣臻对此战评价说："东团堡之战，是以顽强对顽强的典型战例。"

横向比较中的东团堡之战

众所周知，在1940年八路军实施的百团大战中，各抗日根据地先后有一百多个团参战。在平西根据地，八路军冀热察挺进军第9团曾对房山南窖村日军据点进行攻坚，但未取得预期战果。日军独混第15旅团独立步兵第79大队第1中队士兵斋藤邦雄，在南窖村战斗次年即1941年，被

1940年的百团大战中，我军在涞源三甲村战斗中俘虏日军数十名。他们在我军宽大政策的感召下，纷纷表示坚决和中国人民站在一起，反对日本帝国主义侵略战争。这是我军指挥员在欢迎大会上讲话

分配至南窖村据点。他看到在南窖村战斗中被打死的几名日军的坟墓还在，也听老兵讲述了一年前那场激烈的战斗情景，战后在其《陆军步兵漫画物语》一书中，从日方视角记述了战斗情形：

当我被派到这个警备队的时候，最震惊的是在院子最靠北边的地方并排竖立了九块全新的墓碑。这是在1940年秋八路军发动百团大战，对这警备队发起总攻期间的牺牲者。

这里的兵力为由一个少尉和40名下属组成的小队；装备重机枪1挺，迫击炮2门。另在北面的山上设有一个分哨所，每过一昼夜换一次班，有一个分队在那里负责警戒。

守军共计只有50余人。但冲过来的八路军却是支有无数人的大

军。攻势持续了整整三天三夜，仿佛要把这小小的一块阵地踏平一样，连白刃战都用上了。但还是被不肯后退一步的日军打痛，终于，八路军退了下去。守方日军也有很多死伤，但能在阵地失陷前死死咬住并坚持下来，这点大概要多亏了队长和士兵们紧密团结才能做到的。

这种拼死疯狂的战斗持续了三个白天三个黑夜，最后还是靠了日本飞机的援助才总算把敌人击退。

在挺进军史料中，没有南窖战斗的详细记载，仅在大事记中有寥寥数语。对晋察冀抗战史有深入研究的杨言信先生，曾对南窖战斗和东团堡战斗进行比较：与南窖村战斗相似的，是同一时期一分区打响的东团堡战斗。南窖战斗打了3天，日军在战斗中死了9人，挺进军损失的人数应该十几倍于日军，牺牲者在百人以上……由于南窖村战斗不利，挺进军领导果断拍板，退出战斗，另辟他径。我认为这是一个非常英明的决定，处置及时，否则多耽搁一天，在日军飞机的轰炸下，9团会受到更大的损失。相比较，一分区3团在东团堡也打了3天，最终战斗结束后，3团的幸存者仅1个营。战斗中3团的1营长赖庆尧、3营长陈宗坤几次叫停，要退出战斗，但最终被否决，上级坚决把战斗坚持了下去，直到打下东团堡。

后来，挺进军选择奇袭蔚县日军桃花堡据点，又针对日伪军的报复行动进行伏击，成功地打了"上下两河村战斗"。但挺进军司令员萧克、参谋长徐德操一直对南窖战斗的结局耿耿于怀，于心不安。在上下河战斗结束的一个月后，一分区打响了东团堡战斗。涞源县东团堡与涞水县的挺进军是"近邻"。萧克、徐德操商量之后，立即派出一个二十来人的"观战团"，包括司令部几个参谋、教导队成员、第9团的营连长，从涞水县其中口村奔赴东团堡，近距离观察一分区主力第3团是怎样"攻坚"的。据杨言信先生所述："不看不知道，3团真的是硬打硬冲，不顾死活，把挺进军观战团看得目瞪口呆：我们人少家当小，怎么学得起呢？"

长恨歌碑：倭寇遗留的哀歌

东团堡作战胜利后，沙飞曾拍摄过一张题为《东团堡作战胜利，威武的八路军战士举枪欢呼》的照片。此次，我们现地踏访发现，举枪欢呼的八路军战士所站的城垛，并非东团堡，而是三甲村东南侧内长城上的宁静庵敌楼。其时，沙飞并没有跟随"老三团"到东团堡作战，他当时与在三甲村附近的宁静庵长城上指挥作战的杨成武在一起。当东团堡胜利的消息传到杨成武的指挥所里后，同时攻取了三甲村的第2团官兵站在长城上举枪欢呼，沙飞遂拍下了这张著名的历史照片。

"老三团"结束战斗后，迅速撤离了战场。26日，日军驻涞源警备队长暨独立步兵第4大队大队长小柴俊男中佐匆匆赶来，面对一堆正散发着强烈恶臭的焦尸，他大为震惊。当地百姓回忆说，鬼子极其讲究，抓来民夫把战死和烧焦的日本兵抬到河边进行清洗，洗净后，给这些死者换上新的军装，每具尸体上还覆盖了一件新军大衣，随后把尸体抬到铺好的木柴上，尸体上面再放置一层木柴，浇上汽油进行焚烧。

小柴俊男应该算是一个"中国通"，受此打击后其心中的震撼始终不能平静，写下了一首《大日本皇军驻东团堡警备队长恨歌》的长诗，由当时的涞源县伪县长刘承瑞刻成石碑，立在了东团堡。令小柴俊男没有想到的是，他这篇多处文句不通的悼念文字，成了记录侵略者惨败和我军英勇战胜日本法西斯的难得物证。

在涞源县阁院寺内的县文史馆，笔者一行找到了这块石碑。因年代久

八路军攻克涞源东团堡后，战士们在内长城敌楼上欢呼胜利

东团堡："玉碎"倭寇此处遗长恨 | 123

涞源县阁院寺中保存的日军长恨歌碑及当年的碑文

远，也因保护不够，石碑已断裂，表面磨损极为严重，文字模糊不清，经与资料对证，笔者录下了其全文：

行军西征涞源县，路越一岭叫摩天（即麻田岭）。围绕长城数万里，西方遥连五台山。南划白石山更大，东与易州道开连。千山万水别天地，有座雄岩紫荆关。察南边境一沃野，小柴部队此处观。窥谋八路军贼寇，中秋明月照山川。丰穰高粱秋风战，敌军踏破长城南。精锐倾尽杨成武，势如破竹敌军完。盘袭怒沟如恶鬼，我含笑中反攻然。惨复天地炮声震，团堡一战太凄惨。此处谁守井出队，彼处谁攻老三团。敌赖众攻新手替，我仅百余敌三千。突击不分昼和夜，决战五日星斗寒。穷交实弹以空弹，遥望援兵云貌端。万事休唯一自决，烧尽武器化灰烟。烧书烧粮烧自己，遥向东天拜宫城。高齐唱君代国歌，决然投死盘火里。英魂远飞靖国庭，壁书句句今犹明。一死遗憾不能歼灭八路军，呜呼团堡□□（原文隐去了日军死亡人数）士壮烈肃然千古传！

其落款为"昭和十五年秋，部队长陆军中佐从五位勋三等小柴俊男作"。

通读此文，细揣文义，不难体会出小柴俊男内心所受打击之沉重。

与杨成武指挥的晋察冀一分区涞灵战斗、东团堡战斗同时进行的还有三甲村战斗，同样全歼守敌铃木小队数十人——即日军第4中队的另外三分之一，再加上上庄子那个分队，日军第4中队实际上被全歼了。小柴俊男为此又写下了《三甲村警备队赞勋歌》，与前碑并列放置在文史馆内。

在这里，我们还发现了第三块石碑——重修文庙碑。这块碑记录了一段有意思的插曲：百团大战后，小柴的作战连连失利，他百思不得其解，便询问伪县长刘承瑞。日军占领涞源县后，为彰显武士道精神，把位于涞源县城东北部的文庙拆掉，改建成日本的神庙，作为宣传侵略战争的文化武器。于是，刘承瑞告诉小柴，把日本的神供奉在中国的文庙里，冲撞了中国的大圣人孔子，是造成作战失利的主要原因。"精研中国文化"的小柴便重修文庙，并作了一首《重修文庙碑》。这三块石碑均成为日本发动侵华战争的有力罪证。

烈士忠骨依然守卫着青山

东团堡之战，给侵华日军以沉重打击，并让其在史料上留下了痛彻心扉的文字。论及当时八路军的攻坚战术，驻守插箭岭的日军独立混成第2旅团第4大队第2中队的战斗详报曾这样写道："共军对阵地夜袭，一夜之间多次进行反复冲锋，这是过去袭击中未曾见过的战术。白天在周围高地上构筑阵地进行狙击，其射击准确度良好……中队积极出击，力争击败敌人，但敌兵力极为强大，不易击退。"第2团在打下三甲村后，又在返回驻地途中打了插箭岭，虽然战果不尽如人意，伤亡也较大，日军仍给予了客观评价。

毕竟八路军的武器装备与日军相差甚远，大多用粗制的手榴弹来消灭敌人。自身伤亡也较大。东团堡之战，牺牲了214名八路军战士，其中包括"老三团"的党总支书记杨志德。杨志德是参加过长征的老红军干部，也是八路军培养的优秀党务工作者。邱蔚给杨成武打电话报告杨志德牺牲的消息时，杨成武心痛地说："鬼子的一个联队也换不来我一个杨志德！"

斗转星移，那些打得侵略者亡魂丧胆，为国家、民族捐躯的烈士如今安息在哪儿？

在赵海泉的带领下，我们在东团堡村西南的小路边，找到了一个用砖墙围起来的东团堡战斗八路军牺牲官兵的陵园。陵园不大，一块青色石碑正对着大门，正面写着"永垂不朽"字样，背面是东团堡作战简介，还记录了陵园修葺的时间和立碑的东团堡乡政府落款。石碑后面是6列8行共48位无名烈士的小坟冢，每个小坟冢旁栽种着一株松柏。那些年轻的松柏列着整齐的方队，犹如已整装完毕，随时待命出击的八路军勇士。从陵园向外张望，苍翠欲滴的馒头山周围的山系清晰入目，初夏的东团堡盆地里各色植物正焕发着盎然生机。烈士就安息在这片用自己鲜血换来的土地上！

赵海泉说，现在这个墓地，是1963年迁移过来的，此前，烈士们长眠在西边200多米远的小河边上。在当年的战斗中，大部分伤员都转送到了后方救护所抢救，很多牺牲者都埋在了别处。在这里掩埋的官兵有50多名，当地老乡挖了一个长100米、宽2米、深2米的墓穴，下面铺上席子，将烈士遗体并排放在席子上，上面又盖了一层席子，而后覆土。1963年，山上发洪水，靠着河边的部分烈士的遗骨被洪水冲走了。

东团堡村民的行动，再次印证了老区人民与抗日官兵之间血浓于水的深情。听说要为烈士搬迁墓地，不少村民将为孩子做家具、做床的木材都捐了出来。村民们用这些捐来的木材钉成箱子，将收集到的48位先烈的遗骨重新装殓，移葬到了现在的陵园。

纪念碑前，笔者一行怀着崇敬的心情点燃了三支香烟放在碑前的石阶上，权代为烈士上香。又将事先准备好的一瓶名为"十里八村"的高粱烧酒，洒在烈士安眠的土地上。

一路踏寻，一路采访，先烈们为民族独立、为国家解放，抛头颅、洒热血，献出宝贵生命也在所不惜的牺牲精神，让笔者一行的热血始终在体内激荡着。

关家垴：小山头上的血性与担当

在网络上搜索关家垴，你会发现，时隔75年（本文写于2015年），这个隐藏在太行山深处，隶属山西省长治市武乡县蟠龙镇的小村庄，"硝烟"未尽，"激战"依旧。75年前的那场战斗，惨烈，决绝，对参战的八路军第129师各部而言，更像是一个"不可能完成的任务"。正因如此，也引出了不少误解和争议。

冈崎支队的来路

1940年的春天，曾任国民党副总裁的汪精卫在南京组建伪政权，公开投敌叛国。这一年的夏天，日军第11军在长江中游发起进攻，攻陷宜昌，剑指重庆，半个中国已沦于敌手——中国人民的抗战如黑夜正浓，处于最艰难的时候。

就在此时，1940年8月20日夜，华北各地的八路军（除第115师和山东纵队外）按照八路军总部的统一部署，向日军控制的各主要交通线发起了规模空前的破袭战，打得日军措手不及，心惊肉跳。特别是晋中地区的正太铁路沿线，兵力薄弱的日军守备队大声求援——那支曾被传为"游而不击"的八路军，突然发动了百团大战。

当时在正太线方面作战的，是八路军第129师——由第386旅第772

团、第 16 团，第 385 旅第 769 团、第 13 团、第 14 团，新 10 旅第 28 团、第 29 团、第 30 团，决死第 1 纵队第 38 团、第 25 团等 10 个团又 3 个独立营组成。

面对日军随后发起的报复性反击，八路军方面是有准备的。早在 8 月 27 日，八路军副总司令彭德怀下发《正太线破坏愈彻底则我愈主动》的电报，作出如下部署："正太作战兵团除继续彻底破路，拔除可能拔取之据点外，特别应对出击或来援敌一个大队以内之兵力，集结最优势之兵力歼灭之。只有歼灭敌一二个大队，才能顺利地扩张战果。"

当时，对"歼灭日军一二个大队"的目标，彭德怀孜孜以求，他在日后的自述中这样说："在敌军'扫荡'时，日军一般是一个加强营附以伪军为一路，我总想寻机歼敌一路，使敌下次'扫荡'不敢以营（按敌大队相当于营）为一路，以使其'扫荡'的时间间隔扩大，有利于我军民机动。"

彭德怀这样的战略考虑，为之后的关家垴战斗埋下了伏笔。

战斗开始之前，有必要先梳理一下八路军此战的交战对手——日军冈崎支队的来路。因为，在日本公刊战史《华北治安战》中，找不到冈崎支队和关家垴战斗的直接记述。这个百团大战期间最为著名的战斗，在日本战后编撰的战史中被"隐身"了。

1940 年 10 月下旬，当日军"华北方面军"司令部闻报八路军百团大战进攻情况后，即令其驻察哈尔、山西、河北各地所属部队，首先坚守和恢复各铁路沿线的据点，协同铁路工程部队修复铁路和桥梁，而后组织兵力向铁路两侧及八路军根据地进行"扫荡"。

据《华北治安战》载，此时，"以第 129 师为主体的共军，经过再次采取攻势后，将主力盘踞于从武乡以东到黎城以北的山岳地带，另一部盘

关家垴战斗中的八路军轻机枪阵地

踞于沁源一带,对辽县(今左权县)—榆社—武乡道路及东潞铁路(即白晋线)进行顽强袭击"。

为此,驻山西方面的日军第 1 军,企图趁此时机消灭八路军第 129 师主力,毁灭抗日根据地,以绝后患。因此,进行了"第二期晋中作战"。其作战经过概况,在"华北方面军"的作战记录中有如下记载:"10 月 11 日,以独立混成第 4 旅团从辽县一带,以第 36 师团的一部从潞城(今长治市)一带,南北呼应搜索辽县、涉县、潞城、武乡地区之敌,进行扫荡,破坏其根据地,于 11 月 14 日结束了第二期第一次作战。"

关家垴战斗,即发生在"第二期第一次作战"期间。但奇怪的是,日军冈崎支队所属的第 37 师团,却没有出现在日军参战部队序列中。

且看该作战记录中关于随后的"第二期第二次作战"的记述:"接着

自11月19日，对沁县一带之敌开始第二期第二次作战。第37师团由沁县、虒亭镇（沁县南约40公里）、南关镇（沁县、平遥间），独立混成第16旅团由平遥、介休、霍县一带，第41师团的步兵一个大队由洪洞以东地区分别向沁源及郭道镇（沁源以北约20公里）一带压缩进击，但并未遭遇大股敌人，将沁河一带的共军根据地予以破坏后，各部队遂即回转，到12月3日作战完毕。"

"第37师团"这个番号，出现在了"第二期第二次作战"中。难道，冈崎支队没有参加"第二期第一次作战"？进一步查阅日军第1军所属部队的作战记录，笔者发现，日军第1军所进行的报复性"扫荡"，因整个兵力不足，拟分三期进行。其第一期"扫荡"晋东南的计划为：

（1）以独立混成第4旅团从辽县，第36师团一部从潞城，以南北对进，扫荡辽县、潞城、襄垣、武乡之第129师，破坏其根据地。

（2）以第37师团一部，沿白晋铁路之南关镇、沁县、虒亭一线向南；独立混成第16旅团一部从同蒲路南段的平遥、介休、霍县地区向东；第41师团以一个步兵大队，从洪洞县向东；三部合围沁河上游郭道镇、沁源地区之第129师部队。

日军于10月11日开始行动，对预定的上述地区进行合围，主要目标是晋东南的八路军第129师。这一记述，即对应于《华北治安战》中的"第二期第一次作战"，第37师团的番号出现了，并且，还介绍了该部进入战场的背景："第1军因各铁路沿线的兵力不足，于是从驻山西运城的第37师团各单位抽调部队组建成冈崎支队（支队长第37师团第226联队附冈崎谦长陆军中佐）参与这次扫荡。冈崎支队10月6日从晋南的闻喜出发，于 10 月 9 日下午抵达南关镇。"

此时的冈崎支队，由以下部分组成：支队长冈崎谦受陆军中佐；步兵第 225 联队第 3 中队将校 5 名，下士官兵 150 名；步兵第 226 联队第 2 大队将校 25 名，下士官兵 792 名；步兵第 227 联队第 6 中队将校 5 名，下士官兵 146 名；其他部队将校 2 名，下士官兵 101 名——共计将校 37 名，下士官兵 1189 名。（据《第 37 师团步兵第 226 联队——晋南第 8 中队史》，才田升《冈崎支队长的最后》）

按照日军第 1 军"第一期扫荡晋东南作战"的原计划，冈崎支队是以步兵第 226 联队第 2 大队主力（欠第 8 中队和机枪中队 1 个小队）与独立混成第 16 旅团一部、第 41 师团 1 个步兵大队一起参与合围沁河上游郭道镇、沁源地区之八路军第 129 师部队，而该支队其他部队准备作为第二期"扫荡"的机动兵力，暂留驻在沁县。"但到 10 月 11 日行动开始时，因考虑到担负扫荡武乡以东地区的独立混成第 4 旅团在百团大战中损失比较严重，难以单独完成其扫荡任务，第 1 军遂于当天临时决定冈崎支队以一部继续对沁河上游进行扫荡；其主力转向武乡以东地区协助独立混成第 4 旅团进行扫荡。冈崎中佐接到命令后，即命步兵第 226 联队第 2 大队主力按原计划对沁河上游进行扫荡，自己当天亲率留驻在沁县的其他部队转向武乡以东地区。"

就这样，本来作为后续梯队的冈崎支队，被临时决定提前参战，介入了《华北治安战》所说的"第二期第一次作战"，也就成了后来关家垴战斗的"主角"之一。这一点，虽在《华北治安战》中被"隐身"，却记录在日军第 1 军所属部队的作战记录中。

此时，冈崎支队已经成了一个从多支部队临时抽组的"大杂烩"单位：支队长冈崎谦受陆军中佐，支队本部，第 37 师团 1 个步兵中队，独立混成第 9 旅团 1 个步兵中队，独立步兵第 12 大队（隶属独立混成第 4

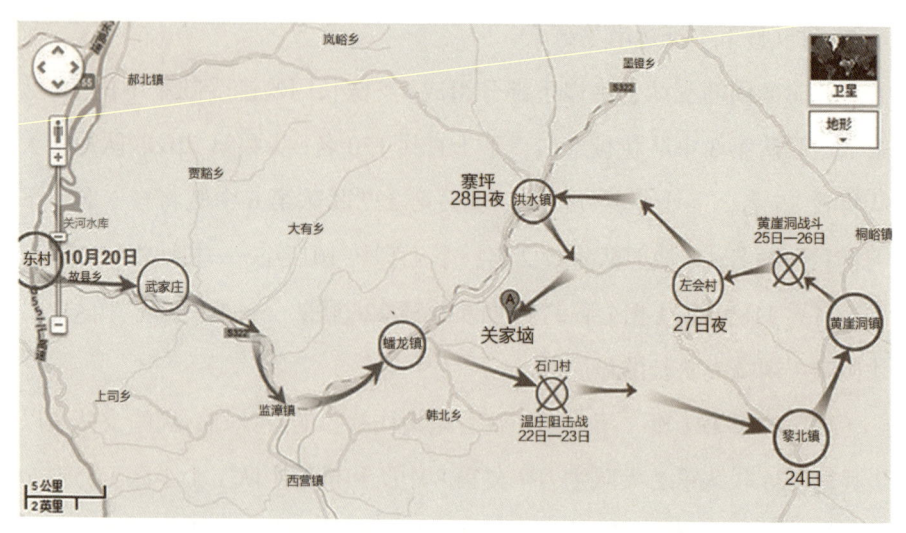

日军冈崎支队行动路线示意图（黎北镇即今西井镇，漩涡星系制图）

旅团）1个步兵中队，独立混成第9旅团1个山炮中队（欠1个小队），工兵1个分队，旅团无线电通信1个分队，战斗救护班，辎重兵1个小队（欠1个分队），共计将校19人，下士官兵516人，马243匹。（据独立混成第4旅团第2期晋中作战战斗详报，1940年10月19日—11月14日）

按照日军第1军命令，冈崎支队划归独立混成第4旅团指挥。旅团长片山省太郎少将以"独混四旅作战命甲第七九〇号"命令，令该支队于10月20日出发。当时，冈崎中佐既没有预谋也没有料到，他所率领的支队会在关家垴与八路军交战。

京剧《三岔口》式的战斗

10月20日5时，冈崎支队从武乡县东村出发。独立混成第4旅团的其他部队也同日出动。铃木支队 7 时 30 分从辽县出发；池边支队 6 时从石匣村出发；这次作战还有潞城方面的日军第 36 师团配合，他们派出石黑、俵、桥本 3 个支队由南向北进攻。六路人马共约 4000 人，向我根据地腹地一路烧杀而来。

应该说，对于日军的这次大规模"扫荡"，八路军方面此时始料未及。10 月 20 日，八路军第 129 师正在准备开会。结束榆辽战役后，第 129 师主力集结于蟠龙镇、洪水镇一带进行整补。这一天，师部计划在石板村（辽县以南约 13 公里）召开由邓小平政委主持的"目前时局与我们的政策"的会议，第 385 旅、第 386 旅、新 10 旅、决死第 1 纵队所有营以上干部参加。本应 20 日召开的会议，因各部队干部没到齐，一直拖到 21 日也没开。21 日 15 时，师长刘伯承来到会场，神情激动地说："西井、黎城、桐峪快受到威胁了！"在刘伯承的通报里，并没有冈崎支队方面的消息，可见，此时冈崎支队并未进入第 129 师的情报视野。接到通报，第 129 师师部匆忙闭会，各部干部立刻一路飞奔回部队布置反"扫荡"任务，师部也于 21 日下午匆忙离开石板村朝南转移到苏峪沟。

而此时，日军的"扫荡"部队已经行动一天多的时间了。这一天，离八路军第 129 师师部最近的铃木支队已经进至松树坪村（辽县以南约 10 公里），离石板村只有 3 公里路程。

在八路军第 129 师师部匆忙转移的当天，冈崎支队于 18 时 30 分进入蟠龙镇。出发两日，冈崎支队一路闲逛，沿途没有发生任何战斗。因此，悄悄进入蟠龙镇宿营的冈崎支队在这天也没有受到八路军第 129 师的重视。

当时，八路军方面判断，日军是冲着八路军总部（砖壁村附近）和第 129 师师部而来的。第 129 师计划，第 386 旅第 772 团和决死第 1 纵队第 38 团、第 25 团应于 10 月 21 日进入温庄一线阻击，依托河不凌村南北高地由西向东逐渐升高的地势构筑阻击工事。但显然，因为师部开会延缓了行动时间，部队直到10月22日才到达阻击位置。

10月22日，冈崎支队刚出门就与八路军第129师各部狭路相逢。冈崎支队原定的作战路线是从蟠龙镇奔向西井镇，并没有南下进山的打算，至于八路军总部和第129师师部都在哪儿，他们根本就不知道。就这样，双方打了一场"驴唇不对马嘴"的战斗——冈崎支队在炮火支援下向两翼扩张，抢占制高点，八路军第129师各部则拼死阻击。冈崎支队猛攻路北的八路军决死第1纵队第25团阵地，第25团不支后撤，部队伤亡很大。当日夜，冈崎支队夜宿石门村，八路军第386旅第772团、决死第1纵队第38团则由路南转进至路北，掩护决死第1纵队第25团集结整理部队。

10月23日，冈崎支队前锋进至大塘以东的向阳村，再次遭遇八路军的阻击，双方在石门村以东以北的山地棱线进行争夺。八路军第129师各部且战且退，直到得知总部已安全转移的消息后，才全军交替掩护撤出战场。

这是一场京剧《三岔口》式的战斗，八路军一方称之为"温庄阻击战"，交战双方都是一周之后关家垴血战中的主角。在这场互相摸底的试探性交战中，日军获胜，八路军虽损失很大，但也达到了掩护总部安全转移的战斗目的。

10月24日16时，冈崎支队在付出阵亡4人、负伤1人的微小损失后，进入西井镇。10月25日中午时分，冈崎支队进入东崖底村，主力沿东崖底—小寨—霍家庄—七树沟路线前进，一部沿该道路南方棱线上标高2017高地方向前进。当时，冈崎中佐并不清楚，他所率领的支队已经摸到了八路军的黄崖洞兵工厂的门口。

对缺枪少弹的八路军来说，黄崖洞兵工厂简直就是"命根子"。1939

年10月建厂时，八路军总司令朱德和副总司令彭德怀曾反复观察选择地形，最终选择了这个四面险峰环抱，仅东南面有一天然裂缝（称南口，亦称瓮圪廊）容人出入的保险场所。在八路军部队中，流传着"到黄崖洞领弹药比上西天取经还难"的说法，足见其地形险要，易守难攻。可是，10月25日，冈崎支队却在没有遇到任何阻击的情况下顺利通过南口，继续前进，直到被赤峪沟北面的八路军第385旅第14团并不担负黄崖洞防守任务的另外3个连发现，才遭遇阻击。当日的战斗，双方打到日落时分才脱离接触，冈崎支队在东崖底宿营。

其实，早在前一日，日军第36师团的俵支队已经在黄崖洞一带进行了"扫荡"。日军独立混成第4旅团旅团长片山少将随即意识到，那个传说中的八路军的兵工厂已经暴露在自己的兵锋之下。10月25日23时，片山向冈崎支队和正遭受八路军阻击的铃木支队下达命令："铃木、冈崎两支队在桐峪镇、西井镇两侧地区彻底扫荡，给予敌沉重打击。36师团、池边支队在黄崖洞方向协助作战。"

10月26日，终于突破阻击的铃木支队与冈崎支队建立了联系。冈崎支队在右翼得到掩护的情况下，沿小寨—东坡—关张山道路前进，于13时登上关张山西南方闭锁曲线高地，与八路军第385旅部队交战，当日阵亡5人。日落时分，冈崎与铃木联络商定第二天协同作战，肃清2011高地（黄崖洞主阵地）附近的八路军。

10月27日，冈崎支队终于摸到了八路军的黄崖洞主阵地前，八路军第385旅第13团、第14团拼死阻击，双方激战数小时，因日军火力强大，八路军方面伤亡惨重。战至13时，阵地失守，黄崖洞兵工厂落到冈崎支队手中。冈崎支队对兵工厂的部分设施进行了破坏，计爆破弹药仓库2栋、炸药仓库1栋、被服仓库2栋，掠走手榴弹2000枚、子弹10000发，其他物资几十箱。

黄崖洞战场旧址

战果如此丰硕，冈崎中佐志得意满。当日晚，冈崎再次接到独立混成第4旅团旅团长片山少将的命令——10月28日，"扫荡"最后一个目标洪水镇，随后，部队返转，于11月2日回到作战出发点武乡县东村——接到这个命令，冈崎中佐已经在想象"得胜回朝"的荣耀了。

杀气腾腾的命令

八路军副总司令彭德怀，怒了——日军"扫荡"以来的烧杀淫掠让彭德怀愤怒，八路军战士的流血牺牲让彭德怀愤怒，黄崖洞兵工厂的失守让彭德怀愤怒。彭德怀先是追究了10月25日担负黄崖洞兵工厂防守任务的第385旅第14团两个连的责任，连长邱相贵受到了最严厉的军法处置。接着，彭德怀点了冈崎支队的名字。

10月28日，本来与冈崎支队协同作战的铃木支队沿着10月27日冈崎支队曾走过的路线继续前进，不过方向却拐向了桐峪镇，也就是说，在洪水镇地区的冈崎支队已经完全孤立。在柳树垣村，冈崎支队与八路军第129师一部发生小战斗，负伤2人。冈崎中佐当时并不知道，他的行动给八路军带来了怎样的震动，更不知道这样的震动对自己究竟意味着什么。

10月29日一早，刚刚离开宿营地郭家庄的冈崎支队就发现了八路军的迫近，冈崎支队迅速占领南方高地，紧接着，八路军第386旅第772团就"招呼"上来。冈崎中佐预感不妙，对手竟然使用了迫击炮攻击——在八路军中，有迫击炮的都是主力部队。据杉江勇所撰《福冈联队史》，冈崎在洪水镇战斗中首次负伤："一开始他在阵地的前头砍杀敌人，此时，一颗子弹从其左颊削下一片肉。刚强的冈崎大佐（死后追晋）'嗯'了一声蹲下来，很快站起喊道：'冈崎不要紧，跟我上！'他又冲到敌人阵地的深处。联队官兵蜂拥般地从突破口冲进去，摧毁了敌人阵地。冈崎大佐让卫生兵作了紧急包扎。"在此情况下，冈崎支队自然是无心恋战，欲夺路而逃，而八路军第129师第386旅第772团、第16团、第385旅第769团、第13团，新10旅第28团、第29团，决死第1纵队第38团、

第25团，总部特务团等9个团已经从四面八方合围过来。冈崎支队只好向西南边打边走，直到爬上海拔数百米的关家垴顶。至此，冈崎支队发现，他们再也走不动了——关家垴南面的山岗已经被八路军占领。前有阻敌，后有追兵，冈崎中佐只好命令部队停下来。

10月29日傍晚，在关家垴以南约2.5公里的石门村"老爷庙"，八路军第129师召开了战前动员会。总部机关前来参会的有：八路军副总司令彭德怀、副参谋长兼前方总部参谋长左权、中共北方局书记杨尚昆，野战政治部主任罗瑞卿、副主任陆定一，总司令部参谋处处长白天、作战科科长王政柱；第129师及所属各旅首长有：第129师师长刘伯承、政委邓小平，第385旅旅长陈锡联、第386旅旅长陈赓，新10旅旅长范子侠，总部特务团团长欧致富，还有刚刚被任命为"冀太联办"副主任的决死第1纵队司令员兼政委薄一波。动员会的中心思想非常明确——让各部下定决心、不惜代价，歼灭冈崎支队。

异议并非没有。当时，百团大战已经打了两个多月，八路军部队经历了两个阶段的攻势作战以及一系列反"扫荡"作战，遭受了一定程度的损失，各部兵力参差不齐。第129师第386旅旅长陈赓非常担心自己麾下的决死第1纵队第38团和第25团——这两支建立不到一年的队伍，能否撑得了这样的血战。会上，陈赓向彭德怀建议，为了保存新军骨干，免去第38团和第25团的战斗任务。彭德怀的答复，把整个会场"砸"得嗡嗡作响："部队要百炼成钢，就不能怕伤亡。减少伤亡，要靠战术技术，要靠指挥艺术，多打硬仗，才能培养出能攻善守的过硬本领。决心已定，要不惜任何代价，彻底消灭冈崎支队。哪个部队不上去，就取消它的番号！"

10月29日21时许，八路军副总司令彭德怀给第129师发来作战命令，对围歼冈崎支队作出如下部署："我决定于30日晨4时开始总攻击。陈赓指挥六旅（第386旅）、决纵（决死第1纵队）及总部特务团为左翼队；刘、

八路军第 129 师师长刘伯承

邓指挥五（第 385 旅）、十（新 10 旅）两旅为右翼队；我直接指挥山炮连。指挥所设在关家垴东北之陈家垴。各部应立即进行准备工作，不惜一切牺牲、伤亡，硬要彻底将关家垴、东庄、中村之敌消灭净尽。"（战斗打响后，彭德怀即将指挥所从陈家垴推进至韩登。从韩登向西前进几百米，就是后来《新华日报》随军记者徐肖冰拍摄彭德怀指挥战斗照片的位置）

在这豪气冲天的命令里，集中了"牺牲""伤亡""硬要""彻底"等铁血字眼，可以想象，彭德怀在口述这份命令时是如何斩钉截铁，"歼灭日军一个大队以达震慑目的"的战略，要借冈崎支队的覆没得以实现。

就在八路军第 129 师各部领命向关家垴合围之时，关家垴南面的山岗柳树垴上响起了枪声——此时，离彭德怀制定的总攻时间还有好几个小时，已被八路军第 129 师决死第 1 纵队的两个团占领的柳树垴上，究竟发生了什么？

现场勘察地形后，冈崎中佐发现，关家垴是群岭环抱的一个高高的山岗，垴顶是一块方圆几百米的平地，非常适合排兵布阵。而且，垴顶四周视野开阔，地势均呈梯田式下降坡度，看似平缓却沟壑纵横。站在关家垴顶，冈崎中佐确定自己已经取得易守难攻的"地利"优势——即使八路军各部从四面围攻，动态与攻势也皆会被自己尽收眼底；而且，想要接近垴顶，必然要在通往垴顶的沟沟壑壑间上上下下，呈现向上攻击的趋势。无疑，对攻击一方而言，这是一种非常不利的作战方式。

冈崎中佐当即决定，连夜在关家垴就地构筑防御工事。500多名日军和300多名被日军裹胁的民夫，依托关家垴台地构筑了八卦形的核心阵地，并用交通壕连通台地边沿，再构筑一圈阵地；为了防炮，所有战壕都挖得很深，战壕壁上掏出许多适合单兵隐蔽的"猫耳洞"；所有的机枪、火炮，掩体都分别挖了两三个，足够战时备用；将南面山腰处的两排50多孔窑洞全部打通，每个窑洞都构筑有射击孔，窑洞前挖了防弹壕，在通往垴顶的唯一道路两旁，各有4个窑洞被改造成配置机枪的暗堡；在关家垴山脚周边，挖掘了300多个散兵坑，围绕垴顶形成外围阵地——以垴顶核心、山腰窑洞、山脚外围呈三线配置的防御阵地被构筑出来。

夜已深，交战了一整天又连夜构筑工事的冈崎支队极其困苦，但冈崎中佐却无法放松，因为，他发现了位于关家垴南面的山岗——地势略高于关家垴、与关家垴互为犄角的柳树垴。如果八路军占领柳树垴，就可以在上面用火力控制关家垴主阵地——对冈崎支队而言，这是个潜在而又巨大的威胁；如果日军占领柳树垴，则可以在关家垴与柳树垴之间布成一个严密的火力网，互相以机枪火力支援——对八路军而言，进攻的难度就更大了。于是，冈崎中佐当即派出一个中队（约200人）趁夜向柳树垴摸去。

此时，守备柳树垴的是决死第1纵队第25团第2营。22时许，冈崎支队的一路人马从柳树垴西侧的一条小道悄悄爬上了山，这里，正是第25团与第38团交接换防的防区。黑暗之中，看不清来人的衣着，第2营误以为是第38团的接防部队，既没有对口令，也没有问番号，就这样与日军"交接"了阵地。日军在接近垴顶时骤然发难，也不打枪，挺着刺刀向垴顶的第2营发起冲击。第2营毫无准备，措手不及，伤亡惨重，一个重要的阵地就这样轻易失守。

这一突发战况严重打乱了八路军的部署，接到前方报告，第386旅旅长陈赓火冒三丈，在电话里对第25团参谋长李懋之劈头盖脸一顿臭骂："这样蠢猪式的营长该杀头！要他把阵地夺回来！"

第2营营长匡庆元垂头丧气地进了团指，李懋之叮嘱匡庆元道："赶快先把敌人围起来，越气越要冷静，要细心组织反攻，不要蛮干。"也许是对李懋之的"不要蛮干"有所误解，第2营没有第一时间组织反攻，而是先开"诸葛亮会"商量战法。无疑，这给了柳树垴上的日军站稳脚跟的机会，日军的防御工事也得以成功构筑。

直到10月30日凌晨4时，丢失阵地的第25团第2营终于向柳树垴上的日军发起冲锋。八路军战士们冲到柳树垴下的第三层梯田，搭人梯爬到阵地边缘，但日军早已用机枪火力封锁了道路，第2营付出很大代价才冲到第一层梯田下。日军从柳树垴顶向下扔手榴弹，八路军往垴顶扔手榴弹，双方就这样厮杀到天明。但因为日军火力猛烈，第2营一直无法夺回柳树垴。

柳树垴方面无法得手，导致原定于10月30日凌晨4时的总攻没有发起，八路军只好以总部特务团夜袭关家垴。总部特务团第2营第6连悄悄接近日军前沿阵地，以突袭的方式打下日方一个机枪阵地，并且冲上了山腰的窑洞区。在此，总部特务团遭遇了日军的拼命反抗。日军已将联排的窑洞挖通，每个窑洞口都构筑成机枪阵地，窑洞前挖了防弹壕，八路军的手榴弹扔过去，大多掉进壕沟里，无法伤及日军。总部特务团与日军进行逐窑争夺，八路军的伤亡越来越多，团长欧致富只好叫停了进攻。在山腰的窑洞区，交战双方各占半排窑洞，互相干瞪眼却无法驱逐对方。

第一晚的战斗，八路军丢失了柳树垴，没有冲上关家垴，初战失利。

"就是拼光了，也要拿下关家垴！"

当晚，在关家垴遭受八路军重兵围攻的冈崎支队给上峰发去了电报："敌四周集结四五千兵力，支队因伤患者和驮马较多无法独立突围。"

日军独立混成第4旅团旅团长片山少将从这份电报中嗅出了十万火急的味道。日军开始调兵遣将给冈崎支队解围。10月30日凌晨2时，命令铃木支队回转，积极向冈崎支队靠拢；同时，调动同为第226联队骨干的田中支队从和顺赶往关家垴，以图合力击破八路军主力。

10月30日的太阳升了起来，八路军第129师各部全部进入战斗位置——第386旅第772团、第16团为一路，从关家垴东南侧攻击；总部特务团为一路，从关家垴东北侧攻击；第385旅第769团、第13团为一路，从关家垴西北侧与总部特务团并肩攻击；决死第1纵队第38团、第25团为一路，由南向北推进，在关家垴南侧对日军的左翼进行牵制；新10旅第28团、第29团为一路，由西向东封锁日军的西逃之路——关家垴上的冈崎支队被八路军严密包围，激战即将开始。

柳树垴为整个战场的制高点，因此，夺取柳树垴的战斗和围攻关家垴的战斗几乎同时打响。天亮之后，柳树垴上的日军由台地棱线阵地向核心阵地后撤，八路军观察到这一动作，以为日军已经撤退，第38团、第25团立刻组织部队搭人梯向柳树垴顶攀爬，结果可想而知，八路军战士刚一露头，就遭到日军的机枪扫射。冒着枪林弹雨，第 38 团和第 25 团向日军发起前仆后继的冲击。这一天，第 25 团组织了 7 次强攻，黄昏时分，趁日军部分兵力还未延伸到台地棱线阵地的空当儿，以两个连的密集队形，冲上柳树垴顶，与核心阵地的日军展开肉搏战，但最终还是被日军压制下来，损失惨重。第 38 团也组织了 4 次强攻，几次冲锋下来，该团士兵伤亡殆尽，于是，团长蔡爱卿把干部集中起来继续冲击——营长黄振荣负伤，副营长贾宝善，特派员王思忠，连长张秉燮、陈建岗，指导员郝双马等数十人相继牺牲，却仍然无法啃下柳树垴高地。部队伤亡太大，被迫停止了攻势，只能以少数兵力牵制柳树垴上的日军。

柳树垴血流成河，主阵地关家垴也杀得天昏地暗。从一早开始，八路军第 129 师各部轮番投入战斗。首先上阵的是新 10 旅第 28 团，部队几次发动进攻，却均因地形和火力处于劣势无功而返。上午 9 时许，从长治而来的日军战机对暴露在阵地上的第 28 团进行轰炸扫射，极少面对空袭的八路军战士顿时不知所措，一些战士四处乱跑，被日军扫射，造成了伤亡。第 28 团团长王耀南命令部队卧倒，但在敌机轰炸之下命令没能传达。情急之下，王耀南被迫吹响冲锋号，八路军战士向前冲锋，与日军阵地黏在一起，日军战机见双方战线拉近，这才不再投弹。就这样，第 28 团占据了关家垴山脚处日军的部分散兵坑阵地。

第 385 旅第 769 团从关家垴北面进攻，这个方向山势较为陡峭，攻击路线狭窄，部队只能分为若干个波次轮番向上攻击。数度猛攻，还是毫无进展。最后，在第 769 团第 1 营第 3 连第 3 排排长李长林的建议下，第 1 营从侧面土坎上隐蔽挖出一条小路，顺着小路上的土窝，部队慢慢爬到了土坎边，趁日军被正面进攻吸引的时机，第 769 团第 1 营的 3 个连一拥而上。但日军立即在北坡坟包上架起机枪进行火力压制，八路军暴露在光秃秃的梯田和土坡上，无处隐蔽，就连趴在地上都被子弹打中，进攻兵力又非常密集，伤亡很大。几番向纵深的进攻都没有成功，只占领了坟包北面部分阵地，与敌形成了对峙。

顶替新 10 旅第 28 团的第 386 旅第 772 团于 10 时投入战斗，这支全旅装备最好、战斗力最强的主力团，在炮火的掩护下上阵。此次围攻冈崎支队，八路军可谓下了血本——总部炮兵团投入了 6 门山炮和多门迫击炮进行炮火支援。但是，第 772 团没有步炮协同经验，不等火力延伸就冲了上去，结果，最先冲锋的第 1 营被自己的炮火砸个正着，转眼间就伤亡上百人。随后，第 3 营加入到作战之中，直到激战至 14 时，第 772 团的两个营依然没能拿下山头。而此时，两个营已大部伤亡。

战斗呈现胶着状态。关家垴周遭台地渗满了八路军将士的鲜血，第 772 团的很多身经百战的老兵一个个地倒下了。一些指战员见战友先后倒在自己的面前，不禁怒火中烧，打红了眼，即使负了重伤也不下火线，要坚持战斗到底，誓为牺牲的战友报仇。

进攻受阻，伤亡较大，这令在前方指挥作战的第 386 旅旅长陈赓坐立不安。他对是否要继续攻打下去产生了犹豫。陈赓拿起电话，向彭德怀提出自己的建议——此处地形对我不利，能否把冈崎支队放下山，另选有利地形打伏击。彭德怀态度坚决，认为一旦放走冈崎支队，很难再寻将其歼灭的战机，"必须在此将其消灭！""就是拼光了，也要拿下关家垴！""不能打硬仗的部队，以后也没有前途！"

陈赓只好继续组织部队发起进攻。第 772 团在连队战斗兵员大量减少的情况下，两度组织排以上干部和机关干部加入冲击，但付出重大伤亡后，依然无法打开局面。当时，彭德怀和左权的指挥所设在距关家垴两三里处的一孔窑洞中。彭德怀放下电话后，走出窑洞，举起望远镜向前方看去。只见战士们奋不顾身地冲上去，然后栽倒、流血。彭德怀的心中焦急万分，他为牺牲的战士感到痛心，更对目前战斗的胶着状态深感不安——没想到，这块骨头竟这么难啃！更令他不安的是，据侦察人员报告，数千名日军援兵已从四面八方向关家垴赶来，援兵一到，后果将不堪设想。

正在这时，在前方指挥作战的第129师师长刘伯承也打来电话，建议碍于地形对我不利，部队伤亡巨大，暂时撤围，另寻战机。彭德怀的思路是，冈崎支队已大部伤亡，应一鼓作气将其消灭；一旦撤围，使其残部得到援兵的接应，无异于放虎归山。刘伯承为彭德怀的孤注一掷感到气恼，两人的通话在彭德怀撂下那句"拿不下关家垴就撤销第129师的番号"后结束。

让刘伯承重新冷静下来的，是他的搭档、第129师政委邓小平。邓小平认为："这一仗该打！打仗嘛，说到底，是打政治仗。有些仗，看起来有便宜可讨，但政治上不利，有便宜也不能打；有些仗，明知道很难打，伤亡大，要吃亏，但政治上需要，那也非打不可！我看关家垴战斗就属此类的仗。不打这一仗，政治上损失太大！"

听了邓小平的话，刘伯承再度举起望远镜，观察前方的战况。忽然，连接关家垴顶与壕坎之间的斜坡上隐隐露出的黄土引起了刘伯承的注意。他随即问道："壕坎上面的斜坡是土质的吗？"第769团团长郑国仲回答："是黄土坎。"刘伯承顿时有了主意："挖暗道，通上去！"郑国仲一听，茅塞顿开。于是，他一面组织火力佯攻，以吸引日军的注意力，一面组织人员从壕坎下面挖掘通往关家垴顶的暗道——第769团终于找到了向垴顶进攻的办法。

在电视剧《亮剑》中，李幼斌主演的八路军团长李云龙，在"李家坡战斗"中，通过土工作业的方式，令我军接近距日军几十米的位置，一举投掷3000枚手榴弹，重创在八路军重围中顽抗多日的日军"山崎大队"。据说，"李家坡战斗"和"山崎大队"的原型，就是关家垴战斗和冈崎支队。

罗瑞卿（右二）率八路军野战政治部人员在关家垴战场

电视剧《亮剑》中的这一经典情节，从某种程度上提升了关家垴战斗的关注度，遗憾的是，实际的战斗并非如此戏剧化。

经过10月30日大半天的激战，八路军虽占领了关家垴和柳树垴的部分阵地，但两地的主要阵地仍被日军占据。与此同时，第129师第385旅和新10旅在外围的阻击战也于同日打响。分别从武乡、辽县出动的2500多名向关家垴增援的日军，遭到第385旅和新10旅的顽强阻击。激战中，新10旅旅长范子侠负伤。此外，由黎城等地出动的数千日军机动部队，继续向关家垴开进。在此情况下，第386旅又派出一个团前去担负阻击任务，其他各部则准备于10月31日重新组织兵力对关家垴和柳树垴的日军发起进攻，力争在日军援军到来之前歼灭冈崎支队，结束战斗。

"八路军的副总司令不见了!"

尽管八路军指战员冒着日军强大的火力奋不顾身地往前冲,但战斗进展仍不容乐观。总部指挥所里的彭德怀看着战士们一批批地冲上去,又一批批地倒下,再也坐不住了。彭德怀戴上帽子,一猫腰钻出了指挥所,沿着交通壕直奔前沿阵地。指挥所里的人一下子都惊呆了,谁也想不到彭德怀此时会有此举动。总部作战科科长王政柱赶紧给刘伯承、邓小平的前沿指挥所打电话,报告彭德怀跑向前沿阵地的情况。刘伯承一听,赶紧令身边的一位参谋叫上总部特务团警卫连连长唐万成,无论如何要把彭德怀拉回去。

彭德怀一口气跑到距关家垴只有 500 米的阵地前沿,背靠着壕沟的土壁,右脚伸出去,蹬在壕沟前面的土壁上,双手举起望远镜,仔细地观察着日军阵地,身子几乎完全暴露在战壕外面。这时,《新华日报》随军记者徐肖冰见八路军的副总司令在枪林弹雨中亲自到前沿阵地察看敌情,便举起了手中的相机,随着"咔嚓"一声,这一历史瞬间被记录下来。这张照片,后来被广泛地刊登、转载,为人们熟悉、珍爱,也成为八路军不畏牺牲、英勇抗敌的时代写照。

被硬拉回总部指挥所的彭德怀询问左权是否有新的战况。"八路军的副总司令不见了!"左权说。同时,彭德怀和左权接到报告,日军的数千名援兵已接近关家垴。于是,彭德怀当即下令:必须在 16 时向敌人发起总攻,务必全歼冈崎支队。同时,彭德怀决定让负责保卫八路军总部首长安全的特务团警卫连也投入战斗。左权向即将出征的警卫连作了战斗动员:"关家垴战斗已到了最关键的时刻,不能让敌人死守待援。养兵千日,用兵一时,你们要以勇不可当的精神冲上去,与兄弟部队一起迅速解决战

八路军副总司令彭德怀亲临关家垴前线指挥作战,此处距敌阵地仅500米

八路军第 129 师部队在火线上展开政治攻势，向日军喊话

斗。"警卫连连长唐万成率领全连战士领命而去。

值得一提的是，在八路军发起总攻之前，在罗瑞卿带来的野战政治部敌工部中，由被俘日本士兵组成的"觉醒联盟"成员之一的前田光繁（杉本一夫），主动提议"到火线喊话，呼吁日本士兵投降"。

前田光繁喊话的内容大致是——

各位日本士兵们，现在八路军停止了射击，希望你们也别打，听我讲话。我是真正的日本人，原来是各位的战友，现在虽然是在八路军中，但我确实是日本人。

在八路军里，有原日本士兵组成的"觉醒联盟"，我就是该联盟的成员之一。我们成立这个联盟的目的，是为了早日停止战争，多挽救一些日本士兵的生命。现在各位已被八路军包围，无法突围。你们的部队已有许多伤亡，各位已尽最大的力量坚持战斗，尽到了军人的职责。如果再战斗下去，只有死路一条，应该避免这个最大的不幸！无谓的牺牲最愚蠢，再打下去也是徒劳的，马上停止战斗吧！如果各位投靠八路军，八路军将保护你们的荣誉和生命安全。你们在家乡的父母、兄弟、妻子、儿女绝不希望各位变成骨灰回去，不应该给那些等待着你们的亲人们带来不幸。各位也有生存的权利，一定要争取活着回去。

各位的对手八路军绝对不是匪徒，是一支非常优秀的正规军，从来不杀害俘虏，我就是很好的见证人。你们不要受上级军官的欺骗，放心到我们这边来吧！不要开枪，把枪高高地举着走过来，八路军绝不会向走过来的人开枪。集体来也行，个人来也可以。过来吧！各位！给我回话，我在等待着你们的回话！（〔日〕香川孝志、前田光繁:《八路军中的日本兵》，蔡静译，时事出版社1985年版）

在前田光繁喊话的过程中，日军有时把机枪对着喊话的方向扫射，但总的来说很少开枪。前田光繁把重要的地方反复讲，但日军一直没有回话。据此战后被八路军俘虏的日本士兵近松回忆，在前田光繁喊话时，日本士兵们"竖起耳朵听"，指挥官看到这种情况急得直嚷："这是阴谋，别上当！开枪！开枪！"

10月30日16时整，随着彭德怀一声令下，最后的决战打响。八路军第129师第386旅第772团、第16团，决死第1纵队第38团、第25团各出一营，协同第385旅第769团对关家垴发动总攻。在炮火的掩护下，八路军战士前仆后继发起了18次冲锋，各部伤亡极其惨重。此时，第769团终于挖通了通往关家垴顶的暗道，发起冲锋后，第769团一边组织火力对日军进行猛攻，一边派出突击部队从暗道向关家垴顶爬去。垴顶的日军以为八路军又要从斜坡往上攻，正全神贯注地盯着前面的斜坡，没想到身后突然冒出了八路军。一阵手榴弹响过之后，关家垴顶阵地上的日军顿时陷入混乱。隐蔽在壕坎下的第769团突击部队趁势迅速冲了上去，双方在关家垴顶展开激战。此后，第769团后续部队不断攻上关家垴顶，加入战斗，并最终控制了关家垴的制高点。同时，第772团、第38团、第25团等部也先后攻上关家垴。经过激烈的肉搏战，日军大部被歼，残敌则退到了半山腰村子里的窑洞中。

八路军各部对据守窑洞的日军继续进行攻击，冈崎支队残部依托工事，拼死抵抗，火力仍然猛烈。由于八路军缺少重型武器，围歼残敌的战斗进行得艰苦而缓慢，直至深夜，仍有日军据守在窑洞中负隅顽抗。柳树垴上也有一小股残余日军未被歼灭。

10月30日这一天，日军战报表述全线陷入苦战。也就是在这个夜晚，冈崎支队的指挥官冈崎谦受中佐被机枪子弹贯穿头部，当场阵亡。

由杉江勇所撰的《福冈联队史》，记述了冈崎毙命的情形：

……支队几小时后在武乡再次遭到敌人的反击，而且，敌人这次反击人数相当我方的十几倍。冈崎大佐一边激励部下官兵，一边不顾自己的伤势冲向敌人。持枪的部下一倒下，他自己拿起枪拼命地扫射。但是，敌人采用人海战术，没完没了地蜂拥上来。冈崎大佐终于头部再次中弹而突然倒地。半田少尉亲眼见到冈崎大佐死掉，想把其遗体背回去。然而，敌人的奇袭猛烈得不许可这么做，不得已只砍下其右手，半田少尉不得不带着这血淋淋的右手暂时退却。

丧失了主将的日军凭借平日训练有素，并没有崩溃，在几个中队长的指挥下，伤兵也投入战斗，几番用白刃战逼退冲上来的八路军，总算支撑到了天亮。此时，日军的援兵已步步逼近，铃木支队进至柳树垴地区，与八路军阻援部队交上了手；田中大队进至洪水镇以北 4 公里地区。战场态势瞬息万变，已经到了最后关头。

10 月 31 日，战场上的八路军已筋疲力尽，阵地近在眼前，却似远在天边。随着日军的战机再次飞临战场为日军提供空中掩护，八路军的进攻时机已经失去了。16 时，有关日军援兵的情报如雪片般飞来，心有不甘的彭德怀只得面对现实，发出了撤退的命令。《福冈联队史》称："由于友军飞机的轰炸，敌人终于败退了。但敌人这次豁出命来反击，战斗异常激烈。"八路军各部收敛了部分烈士遗体，带上伤员离开关家垴，朝西、西北方徐徐撤退。日军的战机侦察到这一情况，报告给冈崎支队。18 时，在确认周遭没有八路军之后，柳树垴上的日军中队退下阵地，撤到关家垴与本部会合。

11 月 1 日，日军 1500 多人的增援部队在 10 余架飞机的掩护下逼近关家垴。冈崎支队残部在铃木支队接应下，前往洪水镇附近集结。

关家垴战场终于沉寂下来，一切都结束了。

关于这场争议之战

一切都结束了。一切才刚刚开始。

笔者一行带着厚厚一沓关于关家垴战斗的繁杂却莫衷一是的资料，踏上通往武乡县的列车。在那里，笔者一行拜访了八路军太行纪念馆研究部主任、山西省中共党史人物研究会副会长郝雪廷，并和关家垴村村主任关月旺，村民关晋昌、关卫平一起，登上了关家垴战场遗址。

站在关家垴顶，笔者的视角和冈崎支队指挥官冈崎谦受当年的视角得

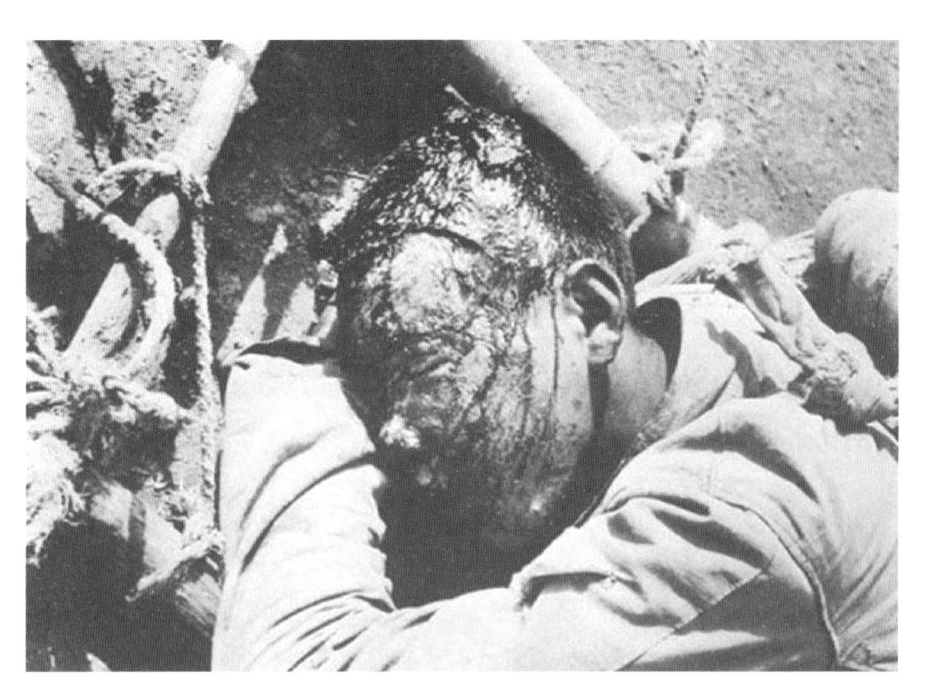

在关家垴战斗中牺牲的一位八路军无名烈士

以重合——群岭环抱,垴顶这块方圆几百米的平地适合排兵布阵,四周视线开阔,地势均呈梯田式下降,看似平缓却沟壑纵横,易守难攻——网络上盛传的"关家垴三面垂崖,只有南坡较缓"的说法显然是不准确的。

　　站在关家垴顶向南望去,两座连绵的山岗清晰可见,正南方较高的是峰垴,其西侧稍低的是柳树垴。峰垴的海拔略高于柳树垴,冈崎支队当时为何没有选择占领峰垴?关晋昌解释说,峰垴虽高,但只是座野山,没有住户;而柳树垴遍布窑洞,占领后既便于隐蔽又便于构筑工事——冈崎支队的选择似乎印证了关晋昌的说法。而郝雪廷的研究成果则更有说服力——当时,峰垴已被八路军占领。当围攻关家垴和柳树垴的战斗打得难解难分之时,八路军一部曾取道峰垴,企图以地势略高的地理优势攻下柳树垴。可惜的是，峰垴与柳树垴的山梁连接处呈葫芦状，接近峰垴的一侧略宽，接近柳树垴的一侧却越来越窄。也就是说，即使八路军有十万兵马，能够接近柳树垴进攻通路的，也不过一二百人。日军装备精良，几挺重机枪便封锁了峰垴上八路军的进攻之路。前文中提到，冈崎支队被八路军各部合围至关家垴，"前有阻敌，后有追兵"，"阻敌"所指，应即为已经占领峰垴的八路军。

关家垴顶，地势略高处，关家垴歼灭战纪念碑默默矗立，碑名由薄一波于1990年7月题写。纪念碑下，是一座长眠着134位英灵的群体烈士墓。篆刻在碑壁上的烈士名单显示，烈士的籍贯几乎遍布全国各省——江西、湖南、安徽、四川、甘肃、陕西、山西、河北……关晋昌说，前些年，每到清明节，常会有一些老八路到此扫墓，他们在墓碑前双膝跪地，叫着"排长""连长"，失声痛哭，久久不愿离去。刘伯承之子刘太行也曾前来扫墓。据刘太行回忆，刘伯承曾说过，第386旅的很多老兵是自己从四川带出来的子弟兵，血战关家垴，第386旅伤亡惨重，刘伯承觉得着实"不好交代"。

郝雪廷告诉笔者，葬在纪念碑下的134位烈士，是在垴顶附近牺牲的；更多的烈士遗体，在牺牲的地点被就地掩埋；峰垴顶上的纪念碑下，也有一座群体烈士墓。关家垴战斗双方的伤亡情况，至今无法定论。据日军方面战斗详报称，关家垴战斗日军战损（毙伤俘）151人，其中52人死亡、2人被俘，战损占日军参战人数约1/3。八路军方面的伤亡情况则众说纷纭。据"八路军百团大战战报235号"载：伤亡新10旅旅长范子侠以下600余人。之后所有的历史书籍基本都依据这个数字。但郝雪廷认为"肯定不止这个数字"——据八路军团史记载，第25团牺牲约五六百人，第38团牺牲约四五百人，何况，第772团、第769团、第28团，"哪个团的伤亡都不小"。据说陈赓曾印证关家垴战斗八路军的阵亡人数为2000人，郝雪廷认为，这个数字并没有确切地写在陈赓的回忆录里，而是经陈赓之子陈知建转述的,"不能作为定论,只能作为参考"。其实,关家垴战斗八路军真实的阵亡数字,一直都是困扰郝雪廷及很多相关方面研究者的难题——由于种种原因,就连研究者都无法接触到八路军各团团史,因此,真实的阵亡数字始终悬而未决。

与此同时,郝雪廷并不赞成网络上流传的"八路军以20000人的总兵力围攻500日军"的说法。"稍微有些军事常识的人就会知道,一个团发起进攻,实际上只是一个营的兵力先上,后面的都是做防卫的,真正与敌人发生火力接触的,也就是阵地最前沿的几百人。即使八路军真有20000人全部铺在战场上,也是'老虎吃天,无从下口'。"郝雪廷认为,日军占据的地理优势确实制约了八路军的实际进攻兵力;而且,日军的空中力量对八路军的杀伤力不可小觑;更何况,八路军还要分派兵力阻击从各方前来增援的日军援军。"网络上关于交战双方阵亡数字的简单对比,有故意贬低八路军的嫌疑,并不客观。"

一位参加过百团大战的八路军老兵曾对郝雪廷说:"日本鬼子被围之后,就像野兽一样,完全是一副同归于尽的打法,比他们进攻时危险很多倍。"白孟宸在《像死人般作战——日军防御时比进攻更疯狂》一文中,也有如下论述:

> 日军在防御中表现出的疯狂,并非没脑子的表现,相反,这是日军在冷酷的军事教育中对各级官兵反复灌输的结果。
>
> 在抗日战场上,中国军民时常是抱着誓与阵地共存亡的决心进行防御作战的,但日军作为侵略者,无法像中国军民那样用国仇家恨甚至是共产主义信仰来说服自己。日军选择的方式,就是把战败渲染成比死亡更可怕的状态。
>
> 日军中对于曾经被俘官兵的虐待,远不是简单的死刑,而是在彻

底凌辱后予以痛苦的处决。同时，日军军官也不断向普通士兵灌输中国军队会凌辱被俘日本兵的错误印象。再加上日本武士道中本来就有以死承担战败责任的传统，不少日本官兵认为在被围后，除非支撑到解围，否则唯有一死，丝毫不考虑被俘的结局。

抗战中日军在防御作战中表现出惊人的强硬，很大程度上得益于出色的战术布置。在中国全面抗战爆发初期，日军的基层军官大多经过系统的军事教育，普通士兵也基本接受过两年的训练，技战术素养很高。日军在确定防御任务后，会迅速开始修筑工事，同时派出人员对周边地形地物进行测绘和了解。

是什么支撑了日军在防御中不断进行反冲击？答案就是援兵。在抗战中，日军对中国军队形成了绝对的机动性优势，一方面是日军可以凭借骑兵、装甲兵和摩托化部队进行快速行军，另一方面是日军掌握制空权，可以对中国军队的行军序列和后勤补给线不断地进行袭击，最大限度地削弱中国军队的机动能力。

这样的论述，不仅印证了那位八路军老兵的说法，同时破解了关家垴战斗中，八路军重兵围攻日军一个支队却久攻不下的一些疑问。

白孟宸评价当时的日军官兵"技战术素养很高"，郝雪廷也对日军官兵的单兵素养给予了肯定。在关家垴战斗中，虽然交战双方几经"肉搏"，却鲜有肉搏战的细节流传，其中缘由，郝雪廷认为，"在此战中经历肉搏战的八路军官兵，基本上都战死了"。幸运的是，笔者一行在沁源县采访沁源围困战时，沁源县史志办原主任郭天印向我们提供了关家垴战斗中肉搏战的一个细节，也是至今关于关家垴战斗中肉搏战的唯一细节——

八路军第129师决死第1纵队第38团，有个身高将近一米九的新兵，名叫王有福。王有福是沁源县人，家在交口镇，其母是当地有名的"母老虎"，坚决反对儿子当兵。王有福没办法，只好将母亲关了起来，自己跑到八路军部队当了兵。王有福参加了柳树垴上的肉搏战，他眼看着一个日军军曹用刺刀挑翻了自己的十几名战友，就直接冲了上去，一下子就把那个日军军曹撂倒了。这一幕，被第38团团长蔡爱卿通过望远镜看到。战后，王有福成了蔡爱卿的警卫员，第二年，当了连长。王有福退休时，任云南省军区副司令。

"烈士之血，革命之花"

其实，对于关家垴战斗的种种争议，最绕不开的，是彭德怀的战略决策。在《彭德怀自述》中，彭德怀将关家垴战斗视为自己戎马一生的四大败仗之一，以至于"文革"时期，"关家垴该不该打"这一问题又被翻炒出来，成为彭德怀的"罪状"之一。确实，刘伯承曾提出更好的作战方案。据郝雪廷考证，刘伯承曾向彭德怀提出了"改变战法"的具体方案——放日军从北边下关家垴，派少量兵力与其周旋，虚张声势，迫使日军只能沿河沟行进，而八路军各部可将兵力布置在河沟两侧的山头，围三缺一，居高临下，占据作战优势，以达全歼目的。然而，彭德怀没有接受刘伯承的建议。

从战术角度，郝雪廷觉得刘伯承的建议有一定的道理。但同时，郝雪廷也指出，"历史不由我们随便假设"——"毕竟，当时的八路军一直面临着'游而不击'、不能打硬仗、保存实力的种种质疑；毕竟，我们都不是八路军的副总司令彭德怀"。郝雪廷欣赏并赞同邓小平对关家垴战斗的认识——"从军事上讲，关家垴战斗不打为好；但是从政治上讲，还是打了更有利。"

彭德怀题碑"烈士之血，革命之花"

　　站在墓地边沿，回望纪念碑，笔者赫然发现，纪念碑的背面，竟是彭德怀题写的8个大字——烈士之血，革命之花。当年，不顾自身安危，举着望远镜站在阵地前沿，看着自己的士兵一茬又一茬倒下的彭德怀，其内心深处的压力、痛楚、血性与担当，似乎都在这8个大字中得以诠释。

沁源：给侵略者一个"没有人民的世界"

> 如果你无法理解"以弱胜强"，是因为你还不了解他们的"致胜模式"。
>
> ——题记

1937年冬，薄一波率山西青年抗敌决死一纵队依托纵贯山西中、南部的太岳山脉，创建了太岳抗日根据地。1940年1月，陈赓率第386旅主力及八路军总部特务团进入太岳区，与薄一波所率决死一纵队会师，此后太岳军区和太岳纵队相继成立，根据地获得巨大发展。

1942年10月20日，驻山西日军第1军对我根据地实施了长达三个月的"全山西秋季剿共作战"。日军集结第69师团、第36师团的6个步兵大队，及白晋路、同蒲路沿线20多个县的伪军7000余人，在第1军参谋长花谷正少将指挥下，对我太岳抗日根据地北部地区进行"扫荡"，占领了沁源县城及其附近地区。这是抗战以来，日军对太岳地区实施的第六次大"扫荡"。在此次行动中，日军先是兵分七路以远距离"奔袭合击"，后又以"腹内开花""循环扫荡"等战术，企图将太岳区首脑机关一网打尽，"聚歼"八路军主力部队。

此时，太岳军区兼太岳纵队司令部驻沁源县城东南的闫寨。当日军"奔袭合击"开始时，司令员陈赓、政委薄一波即率军区机关、主力部队

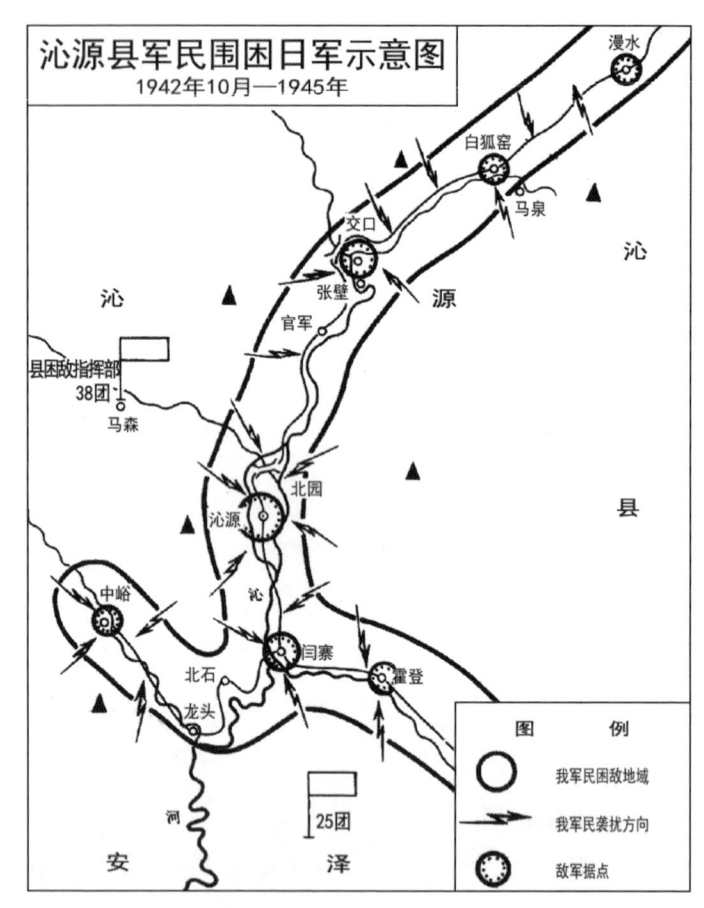

沁源县军民围困日军示意图（1942年10月至1945年，据《中国人民解放军历史资料图集》）

和城乡民众跳出了"合击圈"，远距离转移到了外线和深山。当日军实施"腹内开花""循环扫荡"等战术时，太岳军区发动民兵建立和加强山头"树树哨"（即消息树），开展麻雀战、地雷战。主力部队和游击队相配合，监视和袭扰日军行动，掩护躲避在山沟里的万千群众的安全。

经过在山头上半个多月的转战，11月6日，日军被迫结束"扫荡"。但留置第69师团独立步兵第118大队及部分伪军，分设沁源城关及闫寨、中峪、柏子、交口等据点驻扎，一面分区"清剿"，一面大兴土木筑碉堡、修公路，并在城关驻地挂出了一块"山岳剿共实验区"的牌子。

原来，在对太岳根据地多次"扫荡"未达目的后，上任一年的日本"华北方面军"司令官冈村宁次总结失败教训，提出"三分军事、七分政治"的策略，企图以政治上的怀柔笼络，配合军事行动，来"蚕食"我根据地为其"治安区"。沁源被选为"山岳剿共实验区"，日军企图以在此地的"实验"，为整个华北的军政统治积累经验、开辟道路。

针对日军这一企图，在薄一波、陈赓指示下，太岳区党委（书记薄一波）和军区决定对敌实行长期围困，从精神上挫败日军征服企图的斗争方针，为此建立了"沁源军民对敌围困斗争指挥部"，由八路军第38团（该团原属抗敌决死队，团长蔡爱卿、政委胡荣贵）参谋长李懋之任总指挥，沁源县委书记刘开基任政委，县长张学纯为副总指挥。在党的一元化领导下，以第38团和第25团、第59团及洪赵独立支队各一营为骨干，与县、区地方武装和民兵结合，将全县划分为11个"战区"，组成13个游击集团，对沁源县城和闫寨、中峪、交口等据点日军展开围困。

即便是薄一波、陈赓，此时也无法预料到：从1942年10月开始的这次沁源军民对日军的围困作战，后来竟持续到了1945年4月，长达两年半（883天）的时间，并最终迫使日军撤离。在此期间，当时新华社太岳分社副社长、《新华日报》（华北版）随军记者江横（董谦）采写了沁源军民与敌斗争的12篇战地通讯，生动、翔实地记述了斗争过程。1979年汇编成册，又增加了当时延安《解放日报》所发社论及主要亲历者的回忆文章，由人民出版社出版，题为《没有人民的世界》。

日军侵占了一个中国县城，却陷入了"没有人民的世界"，这在整个抗日战争中仅此一例。缘此，沁源围困战不仅生动演绎了人民战争的"致胜模式"，也为世界战争史提供了一个关于侵略与抗争的特殊战例。

给敌人制造一个"无人区"

2015年6月，灼热的阳光透过碧蓝的天空倾洒在晋东南大地。笔者一行乘"勇士"越野车，沿322省道自沁县向西南驶向沁源。经过圣佛岭后，两岸连绵起伏的山峦变得逼仄。行至交口镇，是一个地形开阔的三岔路口，车子转入左侧的222省道，此时，自太岳山腹地流出的沁河开始在公路左侧伴行，再前行约10公里，河谷变得开阔平展，沁源县城已隐约在望了。

笔者自沁县进入沁源的这条"二沁大道"，即昔日日军闯入的道路；两年半后，侵略者又循原路狼狈退出沁源。在车上，笔者一直认真地察看着途经的每一个村庄及道路两侧的山峦，用手机里的地图导航确认一个个在史料中已极为熟悉的地名，思绪极力穿越70多年的时空，去捕捉发生在这里的那场特殊战争的踪迹。

据载，围困斗争开始后，为彻底孤立日军，指挥部决定实施全县空室清野大动员，将日军据点地域内及其附近的居民全部迁出，把水井填死，粮食掩埋，用具搬空。经过充分动员群众，开展思想教育，在主力部队和民兵掩护下，在短短的五六天之内，1.6万余人的秘密大转移全部完成，给日军侵占地区及其周围制造了一个"无人区"。

据江横采写的通讯，"在城关、闫寨、中峪、交口四个据点里，共有4600多人口中，无论贫富，也无论士绅、名流或挑担小贩，都没有一人停留在村镇里不走的，更没有一人去'归顺皇军'的"，而"由城关西南到中峪、亢驿，东南到霍登、桑凹，西北到李园、李成，北到崔庄、郭道，东北到交口、圣佛岭，五条大道，50多个大村镇（占全县五分之四），方圆三百里长的空间里，没个人影，简直成了一个没有人民的世界"！在上述村镇,"连饮水井都用粪土填塞了,碾磨也破坏了,埋藏粮食衣物的土洞则被群众星夜挖空。日军占据了点线,但一无所获,完全失去了生存的物质基础。日军无水吃,无奈只好到几里外的沁河驮水;无粮吃,只有去田间弄些生玉米充饥;睡觉连木板、席片都找不到,只得铺杂草就地而卧。驻沁源日军大队长伊藤中佐向临汾师团司令部写信求援说:'来到这里没有人,没有水,没有粮,天天有病倒的……'"

据李懋之回忆录《一生与回忆》记载,当时围困斗争在军事上的部署和任务区分为:第38团对沁源城关、中峪,第25团对亢驿、金堆,第59团与洪赵支队对交口、漫水。民兵轮战队,沁源编40个,安泽编20个;每个轮战队辖3至4个游击小组;小组成员是主力部队班长1人、县大队队员1人及民兵2人。游击小组活动于指定的作战区域内,摸据点,杀哨兵,狙击外出敌人;轮战队每半月轮换集训一次,由主力部队负责;主力营各掌握一个建制连机动,其余以排为单位在每四五个轮战队区内打游击,支援小组作战。主力部队和游击队都要主动寻战,各自为战。作战样式包括麻雀战、狙击战、地雷战、伏击战和破击战等,灵活多变。

日军占领沁源县城以及闫寨、中峪、交口4个村镇作为据点后,其军火物资的补给有两个渠道:一个是由安泽进入沁源的安沁大道,另一个是由沁县进入沁源的二沁大道。围困战初期,驻沁源日军伊藤大队由驻临汾第69师团指导,与同蒲线相联系的安沁大道为主要交通线,沁源军民寻觅战机,在该要道上多次伏击日军,予敌以沉重打击。1942年12月8日,第25团第1连第3排在副指导员王法和排长马信胜带领下,在官道沟西北伏击日军运输队,毙敌小队长以下30余人,缴获骡马40余匹及牛羊一群。12日,第38团第6连在连长肖雄血和指导员鲁非的带领下,同朱秀芝带领的县游击大队及民兵队长胡元锁、王晋凯率领的城乌、马森民兵200余人,在沁源城西十多里的周西岭设伏,歼灭日军中队长以下官兵

60余人，缴获轻机枪 1 挺，步枪 20 余支，骡马 30 余匹及手榴弹、望远镜等军用物资。此战之后，日军即放弃了中峪据点。

15 日，指挥部动员阳泉、南石和闫寨民兵 300 多人，配合第 25 团第 2 营一部"大闹闫寨"。16 日拂晓，第 5 连一个排潜伏在西岭上，班长张文明带机枪一挺摸到闫寨西头一高地，向出操后列队诵读"天皇圣训"的日军突然扫射，击毙日军指挥官及十余名日伪军。入夜，第 5 连又派出战斗骨干 4 名，带领 4 个民兵游击小组，摸入闫寨偷袭敌营，砸烂村里的磨盘，向水井内丢死狗死猫，并灌粪便污染水源，在岔路口埋设地雷。在据点外围的部队和民兵点起火把，吹起冲锋号，向敌炮楼鸣放火枪、榆木炮，使龟缩在堡垒内的敌军彻夜不宁……在该游击集团连续十余天轮番袭扰下，日军又被迫拆除闫寨据点，收缩回城。

但日军仍决心"死扛"到底，其应对姿态很是奇特：他们贴出标语宣扬"皇军仁慈"，派出伪军和汉奸到山头喊叫"皇军不伤害百姓，有家的快回家！""冬天就要到了，皇军不能看着你们冻死在山沟里！"日军在奔袭包围村庄后，有时会搜出一些未来得及逃出的妇女、老人，竟放低姿态扶老人上马，自己如孝子贤孙般牵马，背着包袱，抱着孩子。孩子吓哭了，他们从兜里掏出糖块、饼干，塞进孩子的小嘴。将群众裹胁回据点后，还把掠夺来的衣物摆出来，让群众认领。对生了病的人，给吃药打针；对家在据点里的人，发给柴米油盐帮助安家；对家在据点外的人，教训一番后予以释放，并告之："你们以后见到皇军不要跑，回家后要假应八路军；被迫当民兵后要朝天打枪，不要打皇军。"对有的人还发给出入证，说拿着它可以随便出入据点……

日军的"剿共实验"新戏法终于上演，考验着沁源军民。

此前，日军曾对沁源实施过五次大"扫荡"。特别是 1940 年 11 月，日军在遭受八路军百团大战沉重打击后，集结第 37 师团、独混第 16 旅团及第41师团各一部,以"铁壁合围、反复合击"战术向沁源疯狂报复。在那次大"扫荡"中,我军主力部队跳出了敌包围圈,但当时不过8万多人的沁源县,被杀人口竟达到3600人,其中数百户人家被杀绝;全县房屋被烧毁12.5万间;粮食、牲畜被抢掠难以计数——遭受过日军如此残酷暴行的沁源人,仇恨早已在心里深深地扎下了根,岂会轻易被日军的新花招所迷惑!但因临近寒冬,居食无靠,衣服单薄,部分家境较富裕的人产生了动摇,提出是否可以"先回去应付冬天,来年开春再出来"。

在此严重关头,太岳区党委指示围困斗争指挥部:"斗争是长期的,眼前的困难是严重的。战胜困难不能只靠硬骨头,吃住的问题必须解决。"而后太岳军区和太岳行署从外地调拨3000多石救济粮进来,部队发起每人每天"节约一两米"活动支援地方,指挥部发动群众打了5000多孔窑洞,增添了许多御寒的棉被和棉衣。经过思想教育和自力更生、互助救济活动,坚定了军民斗争下去的意志。这年第一场大雪下过,在白雪覆盖的山沟里插起了一个个木牌,上面写着"正气沟""坚定庄""顽强圪梁""伟大山头"等村名……这些过去没有的地名,被县委和军区一一标注在了作战地图上。1943年春节(2月5日)到了,山沟里到处响起咚咚锵锵的锣鼓声,这里唱,那里跳。城关群众组织的"绿茵剧团"还演出了秧歌剧,度过了一个不寻常的春节。

采访中,笔者了解到,那些隐蔽在太岳山腹地的5000多孔窑洞解决了1.2万人的安身问题,是围困战所以能坚持下去的前提。笔者决定至少寻觅到一处窑洞群,直观感受一下当时沁源军民的基本生存状态。由沁源县人武部部长石卫兵上校带路,"勇士"越野车出县城沿沁柏线乡道驶向中峪乡。车行24公里后抵达乡政府。由中峪乡人武部部长王立江引领,车子驶离乡道,沿着一条山谷小路径直北上钻入山腹,又颠簸了13公里后抵达乌木村。乌木村是一个由散落于两条沟道的十几个自然村落构成的行政村，总共不过百十户人家。在村委会干部霍跃伟的引领下，笔者一行下车钻入左侧的永兴沟内，在山谷间攀爬寻觅了近半小时，终于找到了一处被灌木丛草遮蔽的三孔并列的窑洞。入口处已坍塌成三个半月形的黑洞，里面却有五六米的纵深，隐约可辨火炕和土灶等生活设施。据介绍，这些窑洞自那段岁月以后，就再也没有住过人。

令笔者没有想到的是，即便是这里，也曾被进山搜剿的日军践踏过，因为此处与沁源县城仅隔了一座山梁。"但是，太岳山纵深数百公里，在东北面的几百条山沟里，这样的窑洞还多得很，足够沁源人安身与鬼子抗争！"石卫兵部长说。

从抢粮劫敌到抢耕抢收

在抗战时期，日军在以武力侵占我地方后，为达成统治目的，首先要组织当地绅民建立"维持会"，先解决其军需补给、征税派款、征集夫役等急务，并在此基础上逐步过渡到成立伪政权。日军要搞"剿共实验"，第一步就是先组织起"维持会"。但最初侵占沁源的日军第69师团伊藤大队，三个月时间费尽心机，也未达成目的。

作为人民战争的典型范例，在沁源围困战中民兵无疑是主体力量。在两年半的斗争中，涌现出任燕、郑士威、李德昌、王振贵、李学孟、余文海、贺逢光等民兵英模。2015年，在沁源县城南关的一个小村，笔者一行拜访了昔日的城关区民兵轮战队员、时年88岁的刘增胜老人。据县人武部石部长介绍，刘老已被推荐作为支前模范代表，参加纪念抗战胜利70周年大阅兵，是沁源县唯一的代表。16岁那年，刘增胜怀里揣着两颗手榴弹，参加了由副队长宋保元带领的城关民兵轮战队。因为年龄小，主要干些站岗放哨、驱赶牛羊及用粪便污染城内水井的事，"豁出去废了这些祖辈打

在沁源围困斗争中涌现出来的著名民兵英雄余文海

下的老井,也不让鬼子喝水!"老人记忆最深刻的是,1942年冬天沁源军民在山圪梁上展开的"万人大讨论",主题只有一个:是"维持",还是围困?当时也有人提出,可以搞"两面政权",白心支应鬼子,红心支持八路。但县委书记刘开基坚决表示:"围困就是我们和敌人争夺群众,谁有群众谁就能赢得胜利","绝不能把群众推给敌人!"刘老有些耳背,说起往事时声如洪钟,激动时难以自已。他自豪地告诉笔者:"当时山西有些县,不仅有两面政权,甚至有三面政权——还得支应阎锡山,那样群众就是三面负担。而我们沁源,始终只有共产党一面政权,共产党是群众的真正靠山。"

1943年1月24日，日军被迫将伊藤大队撤回临汾，以驻长治第36师团第222联队之斋藤大队（江横通讯记为鹿野大队，李懋之回忆录记为斋藤大队，实际上鹿野为斋藤大队第4中队中队长）接替沁源防务。据李懋之回忆录，斋藤大队从沁县向西南进军接防，仅在白狐窑至沁源城路段，即被我射杀数十人，踏响地雷上百个，所以斋藤一见到伊藤就抱怨不已。而伊藤交防后即仓皇撤退，不敢走大道，从唐城交河口窜回安泽，又被我驻扎在黑虎岭的第25团第7连追击"咬了尾巴"，杀伤56人，缴获轻机枪2挺、步枪48支。但换防来的斋藤大队，仍扬言要在一个月内完成"实验"计划。他们除了加强伪化活动，继续玩弄"政治作战"以外，在军事上收缩阵地，主动放弃了闫寨、中峪等据点，集中兵力守备沁源城关和交口镇两处。

为了尽快实现组建"维持会"的目的，在2月10日至3月25日期间，斋藤大队不断远距离奔袭包围、搜捕群众进城，其中2月19日元宵节之夜奔袭松交村，3月4日奔袭绵上县汝家庄，对我造成较大损失。同时，日军四处张贴布告，承诺"凡归来者，给耕牛一头，耕地十亩"，"维持"条件也一再降低。但始终无一人来归，搜捕去的部分群众也先后从据点内逃出。

自此时起，沁源军民对日军从围困逐步转为主动出击。

春节过后，群众把互助粮和救济粮吃光了，新的困难又来了。当时，城关有个叫郭继富（一说为郭季方）的老汉趁黑夜摸进城，把自家磨盘下埋藏的三斗小麦取了出来。围困斗争指挥部受到启发，马上抽两名公安队员和四名民兵骨干组成"抢粮"小组，利用日军夜间警戒疏忽，摸进城关日军据点抢粮。不但抢粮得手，还摸清了日军的驻地和哨位。据侦察发现，此时的沁源城，除了敌伪兵营外，只住有三户"人家"：一家"随军合作

沁源民兵在对敌围困中制造的陶质地雷

社"，一家"随军妓院"，一家"蒸馍铺"。还有就是已经饿得到处乱窜、与敌人争食的400多条野狗。日军绝没有想到就在他们眼皮底下，抢粮小组能从他们嘴里把粮食抢运出去。这次行动成功后，指挥部立即组织了大规模的抢粮队伍，并很快发展到二沁大道和安沁大道两边的各个村镇，大约有5500人参加了抢粮斗争，在20天左右的时间里，共抢出7400余石粮食。沁源城内北街有位妇女郭效兰，连续几次摸回家，背出了8石粮食。另一个崔家寡妇，一次竟摸到城北街镇武楼日军哨兵附近，把敌人装好的5斗小麦也扛了出来。

参加者胆子越来越大，"抢粮运动"又逐渐发展成为"劫敌运动"。人们先是回家背自己埋藏的粮食，后来就摸进敌人的据点，拿敌人的东西。有一个双腿残疾的退伍军人，一天夜里爬进了敌人的马棚，趁马夫鼾声大作，拉了一匹马悄悄爬了出来。等敌人发觉时，他已骑上马扬长而去。一位叫史载辕的民兵摸进据点，把敌人一箱子弹也扛了出来。交口据点的敌人共有 8 副水桶，日军每天逼着伪警备队（主要从沁源以外各县征募而来）到沁河边挑水，被我预伏的民兵神枪手先后狙杀并抢走 6 副水桶，最后仅剩 2 副；因挑回的水太少，日军曾逼着警备队喝马尿应急。有的据点的伪军，找不到碾子磨盘，只好吃麦粒子。伪山西《新民日报》特派员董长庚随日军到沁源，在其所采写的通讯里记述日军当时的处境："沁源城内人烟稀少，暗无天日，望之全城各处无一点活气……"

经过抢粮劫敌运动，我军也摸清了沁源城内敌军兵力分布情况和活动规律。于是，4月19日夜，在围困斗争指挥部李懋之、刘开基直接指挥下，由第38团第2营（营长王长有）带领县游击大队（大队长朱秀芝）及一区民兵共1200余人强袭沁源城关据点，以"秘密、突然、快速，只强击不硬拼"的战术，抢救出被日军抓捕的180余名群众。战斗中除杀伤日伪军一部，缴获部分武器弹药和若干刺杀护具等军需物资外，还烧毁仓库粮台 4 座，草料场 3 处，捣毁敌医院 1 所。此次大规模强袭县城，对敌我双方心理影响极大，就连被日军裹胁在城内的几个老年士绅也乘乱逃出城来。

据载，在逃出来的沁源士绅中有一位阴明之先生，他是山西大学毕业生，在当地办私塾，口碑很好。日军属意令其出头组织"维持会"，阴明之找借口一再推辞。被逼无奈之际，阴明之曾横下心来跟日军谈条件：要我当会长给你们派菜派粮也行，你们得想办法把老百姓叫回来；你们还得在每一个村子驻上兵，周围 30 里不能有八路军，否则我这个会长也当不成啊。日军头目闻听后翻翻白眼，心知短期内无法实现，只好暂时放过他。获知阴明之经受了民族气节的考验，指挥部在山上召开了欢迎阴明之归来大会，安排他当了山头学校教员，后来还选他做了沁源"三三制"民主政权的副县长。

冬去春来，进入播种季节，群众焦心无法下种，一时人心惶惶。这时太岳区党委提出了"劳武结合，游击生产"的号召，指挥部组织起了抢耕队、抢种队。白天在距离敌据点较远的地里耕种，夜晚潜入敌据点附近的地里耕种。有时被碉堡上的敌人发现了，部队和民兵在前面打枪掩护，老百姓在后面仍扶犁摇鞭，不慌不忙地耕种。昼夜轮番抢耕，终于在枪炮声中把所能耕种的土地全部耕种上了玉米和高粱。

进入夏季小麦成熟时节，敌人从外地拉来大批民夫抢收，指挥部又组织部队和民兵，以抢收对付抢收。白天敌人抢收时，我方四处打冷枪，闹得敌人六神不宁。待敌把麦子割好捆好，我方突然发起攻击。敌人拉来的民夫听到枪声一哄而散，趁着天黑，我方抢收队即全部出动，将敌人收割的麦子搬完。

在 1943 年夏季武装抢收运动中，我方共抢收小麦 15000 余石，加上对日军据点的抢粮斗争，夺回了大批粮食，解决了军民吃粮问题。此外，又组织商人到晋南洪洞、霍县（今霍州市）等地贩运棉花、布匹及其他物资，解决了群众的衣食问题；组织民间医生开办简易诊所和药铺，给群众看病吃药，克服了重重困难，为长期围困日军奠定了物质基础，增强了精神信念。

1943 年 7 月 16 日，太岳军区司令员陈赓在日记中记下了沁源围困斗争的意义："……密切了党群关系、军民关系，锻炼了党，锻炼了干部和群众，团结了各阶层；提高了民族觉悟，发挥了民族气节。"陈赓特别提到，围困沁源是敌我双方顽强斗争的比赛，"谁是最后的顽强者，谁就是最后的胜利者"，"只要我们善于领导，群众是不会离开我们的"。

"小鬼子，你们实验得咋样了？"

在应对我抢粮劫敌斗争中，日伪军奔忙十天半月，所抢得的粮食还不够民夫和伤兵吃，只能寄望于从外面运来大米、罐头救急。但是，这一点希望也渐渐破灭了。

此时，驻沁源日军指导方向改为长治，联系白晋线的二沁大道成为主要交通线。斋藤大队进驻沁源不久，日军第36师团从长治等地抓来民夫2000多人，改修二沁大道的旧路基，使其勉强可以通汽车，成为沁源联系外界唯一的补给线。最初，围困斗争指挥部组织官军村民破路，在陡坡路段上洒水成冰，上面覆盖旧土，称之为"冰褡裢"，日军车辆通过时便造成翻车伤人事故。

在抢粮劫敌运动之后，围困斗争指挥部把全县民兵编成12个"轮战队"，分成战斗、训练、生产三个班，保证作战生产两不误。第38团则抽调大批战斗骨干，带领民兵轮战队在日军的补给线——二沁大道上，展开大规模的地雷破击战。在第38团第3连连长胡尚礼等指挥下，由民兵队长李德昌带领的官军村民平均每两天要去埋雷一次，无论是大道、河滩，还是山口、小路，到处都布设了地雷，埋设方式虚虚实实，真假莫测，不断炸伤日军。在短短20公里的运输补给线上，日军要边搜索边前进，往往一天时间才能到达。日军为此哀叹："过了圣佛岭，进入鬼门关，如若死不了，就是活神仙。"日军给养时时中断，伤亡日益增多，粮食运不进来，只好杀马充饥；伪军无马可杀，只能啃马骨头煮马皮，战斗力日趋衰退。

日军在施行怀柔政策无效后恼羞成怒，再次偷袭包围村庄，滥杀群众，仅在1943年5月1日凌晨以第4中队（中队长鹿野善藏中尉）在对霍登的奔袭中，就以活埋等手段残杀郭全海、霍仲文、胡奋之等29人。群众接受了这个血的教训，家家户户把瓶瓶罐罐制成"看家雷"，一碰就会爆炸；看似为摆在井边的一副水桶，但一动就天崩地裂；看来是门前树阴下的一块大石头，可还没等敌人坐稳，就会"平地飞天"。经常是一响之后，附近树上、墙角的连环雷炸成一片。有个村里的群众，把庙里的神像抬出来摆在村口，下面压着一面太阳旗，迎面一张白纸，大字写着"小鬼子，你们实验得咋样了？""鬼子，你敢动我？"敌人一见很恼怒，用长杆子远远地把神像推倒。当敌人发现下面没有石雷，就去收那面旗子。这时才触到地雷，轰的一声，几个敌人连同太阳旗都被炸得稀烂。

为了提升地雷战技战术能力，太岳军区及时开办了石雷训练班。指挥部选派最优秀的民兵去学习，回来后如虎添翼。随着石雷运动的开展，各种袭扰敌人的良策妙计，也在群众中不断涌现出来。夏天，交口的民兵把死狗死猫扔在碉堡下，白天太阳一晒臭气冲天，熏得敌人苦不堪言。果子熟了，城里的敌人溜出来摘果子，民兵就在树上拴上手榴弹，敌人一摇树就当头爆炸……

因第36师团斋藤大队伤亡惨重，8月初，日军又以第62师团上妻大队接替防务（李懋之回忆录记，该部日军原隶属独混第6旅团。据查，1943年5月，日军以独混第4旅团和独混第6旅团各一部编成第62师团，担负山西东部警备。其中以第64旅团独立步兵第23大队第4中队驻沁源。第36师团则于10月改编为海洋编制师团，调往太平洋新几内亚战场。此次日军换防应基于这一原因）。可是，日军仍然挽救不了垂死的命运，只能一次次收缩阵地，不断放弃一个个据点，最后，全部龟缩到了沁源县城西草坡上下的两座碉堡和一排窑洞里。在城西的一块石头上，敌军士兵曾写下这样流露出厌战思想的诗句："日往红波夜，身在圪针窠。望虎深山虎不在，大城大乡无人烟！"

采访时，沁源县史志办原主任郭天印向笔者解释：诗句中的"红波夜"，应指被炮火映红的夜空。笔者检索到，苏轼描写泰山日出，也有"万里红波半天赤"的诗句，令人联想到民兵轮战队以麻雀战手段对日军彻夜的袭扰。此外，山西方言中以"圪"打头的语词极多，如圪梁、圪针、圪糁……圪梁，说的是沁河河谷两岸起伏不大却连绵不尽的山头，虽然不够险峻，但却极适合民兵与敌人打圈"转山头"，可以轻松地从一个圪梁转到另一个圪梁，一般不会找不到退路。圪针，说的是山上随处可见的酸枣刺，冬天干枯后一蓬蓬地砍下来，把它铺在二沁大道上或干脆堵在据点门口，效果不亚于铁蒺藜。而圪糁，说的则是玉米（当地称玉茭）磨成的粗碴子，它是沁源最主要的口粮。在"抢粮运动"中，有位能干的农妇劫得一袋玉茭棒子，扛着返回的途中就搓成了颗粒，又找到磨盘碾成糁子，第二天早晨全家的早饭就有了着落……山河抗战，风物不屈。沁源的山川草木，都因了人的意志而成为抗争的武器。

一个插曲：粉碎"铁磙式扫荡"

据日本公刊战史，"自1943年夏季以来，中共的活动再度激化，致使治安急剧显著变坏"。其原因之一是，"中共方面自百团大战以后，用两年多的时间，极力充实势力，进行地下渗透与政治工作。最近，为了策应盟国方面的攻势，在军事、政治、思想各方面，再次开始积极的行动，并得到多数民众的同情，从而迅速扩大了势力"。而进入1943年下半年，日军集结兵力，变更警备部署，因而"治安地区"相应缩小，即在"准治安区"，原来一个分队（班）就能行动的地区，现在则必须用一个小队（排）到一个中队（连）的兵力才行。在"讨伐"上，用一个中队以下的兵力难以积极行动的地区，有日渐增多的趋势。

于是，日本"华北方面军"决定发动1943年秋冬两季"肃正"作战，企图摧毁我根据地。其中在山西方面，以第1军主力于10月对我太岳军区部队，实施了规模空前的"扫荡"（"モ"号作战）。10月2日，日军第1军集结第37师团（从运城地区向东）、第69师团（从临汾、霍县地区向东南）、第62师团（从长子、沁县地区向西南），共16个步兵大队，及伪剿共第 1、第 2 师及地方伪军共 3 万余兵力，向我太岳根据地编织大包围圈。其后，各师团以一部兵力，一面搜"剿"我军，一面以缓慢的速度逐渐南下。

这就是冈村宁次谋划的所谓新战法——铁碾战术，其要点为以重兵先编织出严密的大网，而后如车轮般碾压式推进，企图将我军主力部队一网打尽，并彻底摧毁我赖以生存的根据地。日军第 1 军战斗司令部推进至临汾，直接负责搜刮掠夺我军需物资和破坏根据地设施。

据郭天印介绍，这是日军对沁源的第七次大"扫荡"，也是规模最大的一次。当地的老人曾讲述，日伪军共编成三层横队，每层距离 10 公里，采取"手拉手"方式推进，且每推进 40 里后退 10 里，力求不使我军利用其间隙逃脱，战术手段极为凶险。

对于自己炮制的这个所谓"铁碾战术"新战法，冈村宁次极为重视，并打算在整个华北日军中推广。于是，令"华北方面军"司令部调集军官 120 多人组成"战地观战团"，以 60 余名士兵为护卫队，赴太岳观摩学习。"战地观战团"的成员，是日本"支那派遣军步兵学校"第 5、第 6 两个中队和其他各部军官，内有 6 名联队长、10 名少佐，其他均为中队长以上军官（其中还有汪精卫伪军代表 2 人），带队的是步兵第 60 旅团旅团长服部直臣少将。

而在此时，蒋介石密令胡宗南的河防大军闪击陕甘宁边区，掀起了第三次反共高潮。为了粉碎蒋介石的反共阴谋，太岳军区司令员陈赓遵照刘伯承、邓小平的指示，派第二军分区司令员兼 386 旅旅长王近山率领第 16 团，准备西渡黄河，驰援延安。据李懋之回忆录记，15 日，敌"碾"至临屯公路小憩，我临汾谍报站站长陈汉章急报陈赓司令员说：日军宣传说沁源共军已肃清，冈村派服部直臣少将率"战地观战团"，将于 24 日一早乘汽车 13 辆去沁源参观"剿共实验"战果。陈赓用十万火急电报令正转移在临汾东北岗头村的王近山，要他带第16团到临屯公路设伏，必须彻底歼灭该敌，并要求速战速决速离。

22日晨，王近山率领第16团经过一夜行军到达了洪洞县南北卦村。当天，洪洞县武委会主任孙名烈到第16团团部慰问部队，并介绍敌情说：驻临汾日军东进"扫荡"时，经常从临屯公路上的韩略村经过。韩略村地处临（汾）屯（留）公路进山要冲；沿公路东进途经安泽县，即可经安泽大道进入沁源——最初第69师团伊藤大队驻扎沁源时，这条路就是该部的主要补给通道。日军自1939年起就在韩略东垣上建起炮楼，经常驻守着一个小队，扼守临屯公路。孙名烈介绍说，最近每天早上都有十几辆汽车装着枪炮弹药和粮食罐头在日军押送下东去，下午又装载着抢劫的物资和被击毙的日军的尸体返回。

王近山带干部化装侦察地形后，选定洪洞县曲亭、韩略之间的一段凹道，24日凌晨将部队埋伏在公路两侧，兵力为第2营的三个连和第3营一个连。这个埋伏点，距韩略炮楼一里左右，是只能通过一辆汽车的凹道，两旁是陡壁，高的有三四丈，低的也有两丈多，延伸约一里远，公路两旁是断断续续的凹地，便于部队隐蔽。因为这里距敌人碉堡较近，公路上来往的敌人到此往往会放松警惕，村东的碉堡又被村西风口垣遮挡着，碉堡上的敌人看不到这里。

24日晨8时许，日军"战地观战团"分乘13辆汽车，经过韩略村。当汽车钻入布好的口袋时，第2营营长聂凤炎发出攻击命令，霎时，枪炮齐鸣，杀声四起。第6连战士们用集束手榴弹、炸药包炸毁最后一辆汽车。班长赵振玉带领全班战士，腾飞而下，跳上另一汽车，刺死鬼子，夺过九二式重机枪，掉转枪口，顺着公路向前猛扫，挡住了敌人的退路。负责"断头"的第3营第9连这时也击毁了领头的车子，未打坏的汽车夹在中间动弹不得。满沟火光，浓烟冲天。战士和民兵呐喊着从沟两侧冲了下去，将敌人截成了几段，与之展开了白刃战。经 3 小时激战，日军"战地观战团"除 3 人乘乱逃走外，全部被歼（据事后分析推测，服部直臣少将自杀未死，后被日军救走）。我军伤亡第 5 连政治指导员郑光南等 50 余人。八路军迅速清理了战场，分几路往苏堡方向转移上了霍山。韩略村东敌碉堡的日军小队因兵力单薄，未敢追击。

为了报复，冈村宁次将担任战役侦察的 6 架飞机，全部调来追踪第 16 团，又从临汾派出 500 名日军赶来增援，并从"清剿"部队中抽调几千人，两次向韩略村合击。这样一来，日军的"铁磙式三层阵地"就乱了阵脚。11 月 10 日，日军主力北撤，对太岳区根据地的"扫荡"草草收场。

韩略村伏击战，有力地牵制了敌人，配合了腹地的反"扫荡"作战，打乱了日军对我太岳区根据地"扫荡"的部署。据载，战斗结束后，冈村宁次恼羞成怒，下令将韩略村据点的小队长斩首，并报请上峰给予刚刚到任一个月的第 69 师团师团长三浦忠次郎处分（因韩略村在该师团防区内，且带队指挥官、步兵第 60 旅团旅团长服部直臣隶属该师团）。这次战斗，在热播电视剧《亮剑》中曾得到生动的艺术再现，而李云龙的原型之一就是王近山。

日军被"逼"出沁源城

随着斗争形势的好转，1944 年初，围困斗争指挥部的主要领导成员作了相应调整。刘开基、李懋之、朱秀芝等同志调走后，由张学纯接任总指挥（同年 10 月张学纯调走，由李维时接任），新任的县游击大队长吴永福接任副总指挥，侯振亚接任政委，李维时接任副政委。经过一年多围困斗争考验和锻炼的沁源军民，已经取得丰富的斗争经验，尤其是民兵的力

赶走日军后沁源军民登上日军修筑的碉堡欢呼胜利

围困日寇胜利后，群众回到县城恢复街市贸易

量已经相当强大。

而日军方面，为了实施所谓"一号作战"（即"豫湘桂"战役），于3月5日将上妻大队所属的第62师团全部调往河南参加京汉线作战，以驻晋南第69师团一部分老兵与刚从国内征来的新兵混合编成的独立步兵第14旅团接替防务，其中以独立步兵第244大队一部继续驻守沁源城关、交口和圣佛岭三个据点，企图保住二沁大道补给线。在换防同时，日军此次还从伪上党道所属各县和河南、河北等占领区，向沁源移来一部分难民，发给他们霸占的房屋、土地等，企图让这些人组织"维持会"。但在我军民军事袭扰和政治攻势下，到了夏季这些移民就全部跑光。组织"维持会"再成泡影，二沁大道补给线经常被我部队和民兵切断，城关和交口

据点的敌人只能一天三顿煮食刚刚成熟的山药蛋，只有长官才能勉强吃到点小米。

此时新编成的日军因军需严重匮乏，已是破衣烂衫、军容不整，因之偷盗之风普遍。因日军内部规定，官发物品为"天皇陛下赐品"，丢失要受到严惩，更使得互相偷窃成为灾难。有一次日军队长为杀一儆百，当众用军刀背抽打一个偷了手表的士兵，仍不能控制事态。

为配合沁源军民的围困战，太岳一分区敌工科还派来日本士兵反战同盟太岳支部的一名成员渡边一郎，由第38团第7连掩护，夜间到城西高地上对城内日军广播喊话。据逃出来的"苦力"讲，每次喊话后，第二天日伪士兵即情绪颓丧，长官训话也无济于事。日军士兵整天钻在碉堡内，

看着妻儿的照片偷偷落泪。而针对汉奸特务队和伪军的攻心战效果更加突出。二区武委会干部郑士威带领民兵乘夜潜入敌交口据点，将警告信送到了敌人眼皮底下，策反了最坏的汉奸席德怀；又在一个夜晚潜伏抓捕了另一个汉奸张魁龙，并予以处决……

1945年3月，太岳区党委和军区指示：在岳北各县支援下，沁源党政军民总动员，向沁源县城关和交口镇守敌发动总围攻。笔者在沁源采访时，细致地考察了日军在县城关和交口镇这两处最后的据点。

当时的沁源县老城，位于沁河东岸，紧傍着西山坡，城墙周长仅有三公里左右，圈起来的只是老县衙附属的刑名堂、钱粮院等核心设施。日军守备队的本部，即设于其中一幢房子内，沁源群众称之为"红部"——推

抗战胜利时沁源城景象

测是因为此处悬挂着日本太阳旗而随口命名的。因为城池极小，北、东、南三面城关成为主要居民区。城关的群众逃离上山后，日军即在城关的南松门、文昌楼、魁星楼等处设置据点控制全城。1943年4月19日夜的强袭城关战斗，围攻的就是日军这几处据点。但到了我即将发起总围攻之前，日军不仅放弃了城关驻点，连城池内也觉得不保险，因而全部退缩到了城外西山坡上的两座碉堡和一排窑洞里。

而驻扎在交口镇的日军，此时仅剩下一个小队约50名兵力，公路三岔口的镇上也不敢住了，全部退到了沁河东岸数百米高的召则堖上，此处曾筑有一座20多米高的炮楼，下面有一排十余孔窑洞为兵舍。现今再去，日军的炮楼早已被拆掉，但周边野地里仍能看到散落的残砖。站在炮楼残存的台基上，视野极为开阔，向东北可眺望沁县方向的圣佛岭，向南可观察沁源城关的动态。可想此处曾是日军控制沁河谷地的一个极为重要的制高点，而到了最后时刻，这里大概成了日军观察城关兵力突围及沁县日军接应情况的中间联络点。

3月11日，对日军的最后围攻开始，参战民兵达4000余人。300多民兵组织成两个爆炸队，30多名爆破能手组成机动爆炸队，运用各种战术围攻、阻击日军；其余参战民兵和自卫队，也都组成石雷组、机动组、砍圪针组和担架组到前方参加铺地、断路和埋雷等项工作。

爆炸队首先将4000多颗石雷布满了城关、交口日军据点周围和二沁大道，形成了多层地雷阵，完全断绝了日军的外援。民兵白天在山头烧狼烟、吹号角、敲锣鼓，黑夜则打冷枪袭击日军。日军惶惶不可终日，被迫从3月24日至29日每天组织突围，但均遭击退。从4月1日起，日军整整8天闭门不出，第9天再次拼死突围，但仅跑出不足十里就触响60颗地雷，死伤30余人。当日，由沁县来接应的日军1000余人，也在二沁大道上触雷90余颗，遭受重大伤亡。4月10日夜，日军以小股部队向西、

位于沁源县菩提寺附近的沁源围困战纪念碑

南两个方向佯攻，11日拂晓，在沁县日军的接应下沿二沁大道东逃。第38团主力部队和民兵沿途奋力阻击，打死打伤日军300余人，日军狼狈不堪地走山道逃出了沁源县境。

自此，沁源围困战胜利结束。抗战史上一个经典战例也永载史册：8万没有任何重武器的沁源人，以一场永不妥协的围困和艰苦卓绝的坚忍，在883天内组织2730余次大小战斗，毙伤日伪军4200余人，并最终迫使侵略军逃离沁源。

沁源军民围困日军的斗争，曾受到党中央的表扬和八路军总参谋长叶剑英的赞誉。延安《解放日报》曾发表题为《向沁源军民致敬》的社论，称赞"模范的沁源，坚强不屈的沁源，是太岳抗日民主根据地的一面旗帜，是敌后抗战中的模范典型之一","放出了万丈光芒的异彩"。1945年4月，孙炳文给时任中共绥德地委书记兼绥（德）米（脂）警备区和独立第一旅政委习仲勋当警卫员，随卫首长到延安枣园开会，偶遇毛泽东主席。当知道孙炳文是沁源人时，毛主席脱口而出："好啊！沁源人，英雄的人民，英雄的城！"

附：1942年11月至1945年4月驻扎沁源日军部队番号（谭飞程、胡卓然提供）

1942年11月6日—1943年1月24日为第69师团第60旅团独立步兵第118大队（伊藤晃中佐）；

1943年1月24日—1943年7月30日为第36师团第222联队第1大队（斋藤吾右卫门大尉）；

1943年7月31日—1944年3月5日为第62师团第64旅团独立步兵第23大队（上妻庆加大佐）第4中队（林正大尉）；

1944年3月5日—1945年4月11日为独立步兵第14旅团第244大队（矢野义孝大尉）一个步兵中队。

迁安：驱散冀东阴霾的霹雳伏击

冀东迁安县（今迁安市）地处长城要塞，抗战时期，北与伪满控制的热河省相接。因该地中共地下党组织活动较早且地理位置特殊，在冀东抗战中地位举足轻重。自1939年冀东首个县级抗日民主政权丰（润）滦（县）迁（安）联合县成立后，迁安县成为冀东地委、行署、军分区机关常驻地，也是冀东军民抗日斗争的最前沿，是敌我双方争夺的核心区域。

据不完全统计，抗战期间，在迁安境内共发生大小战斗500余次，当地民众配合八路军冀东军分区第12团与日伪军进行浴血奋战，用鲜血和生命创造了辉煌的战绩。其中，歼灭日本关东军原田中队的彭家洼战斗，及恢复基本区首战大贤庄，均堪称经典的伏击战。这两次战斗不仅战绩显著，而且均发生在冀东抗战13年（自1933年长城抗战算起）中最艰苦的1942年，扭转了迁安抗战低潮局面，推动了迁安乃至整个冀东抗战的进程。冀东军分区第12团团长曾克林曾回忆说："彭家洼、大贤庄两次战斗，打的都是鬼子的王牌军。为此，我军威震滦东，敌人闻风丧胆，大大振奋了民心，鼓舞了斗志，为开辟滦东根据地、扩大抗日力量起到了积极的推动作用。"

在荷花盛开、山峦叠翠的季节，笔者踏访当年的战场，倾听战斗目击者、现已是耄耋老人的讲述，查阅相关史料、档案，穿越历史时空，走进那段烽火岁月。

"伏击之王"——传奇营长欧阳波平

关注彭家洼伏击战，离不开指挥这场战斗的营长欧阳波平。

欧阳波平，1912年出生于湖南省，早年为十九路军军官，1932年参加"一·二八"淞沪抗战。因不满国民党反动政府的卖国政策毅然参加红军，历经二万五千里长征。

2015年，笔者一行从河北省迁安市区北行20余里，来到彭家洼村，村南是一片山地，山不高，但树木葱茏。彭家洼村西南方向，紧邻南戴营、北戴营，不远处的滦河，从西北向东南流去。在彭家洼村中心一个普通农家院，笔者见到了87岁的彭振兴老人。

"那是1942年8月8日，农历六月二十八，我目睹了那场战斗。这次战斗的特点是以强对强。敌人是关东军过来的一个中队，中队长是原田东两，这股鬼子都是'胡子兵'，作战凶残狡猾。我军是屡打胜仗、令敌人闻风丧胆的八路军第12团第1营，营长是欧阳波平。当时，我刚要吃饭，突然听到了枪声，接着就有人挨家挨户送信儿，说鬼子进村了，趴在屋内炕沿下别动。巧的是，欧阳波平率领第1营前天刚转移到北戴营、彭家洼一带。鬼子从村西头进庄，一看村中驻着八路军，就顺街向南跑去，想抢占龙子山山头。战士们就拎着机枪上瓦房，向敌人后背猛扫。驻扎在南戴营的八路军由南面上了山，战斗打得非常激烈，从早晨一直打到下午3点，一个中队的鬼子除了1个趴在死人堆里装死逃生外，75个鬼子全被打死了……第二天，很多鬼子乘汽车赶来，在彭家洼村东一片平地挖了70多个长坑，架上木柴烧了他们同伴的尸体，把各家的门窗木料全都烧了，临时火葬场竖起一座木牌，山上用水泥筑了一个碑。高各庄据点敌人撤走后，群众就上山把碑拆掉了！"

冀东八路军在反"扫荡"战斗中，向敌人冲锋的情景

说完，老人兴致勃勃地背起顺口溜："八路军，胆子大，开火就在彭家洼。彭家洼，北戴营，我与鬼子打成疯。小鬼子，真逞凶，机枪大炮一劲儿崩。一个鬼子漏了网，精沟子跑到建昌营。建昌营，没敢站，一跑跑到青龙县。青龙县，鬼子多，（第）二天发来九汽车。八路军本是游击战，着意转到抚宁县。爬高山，越大岭，歪把子，掷弹筒，九二重机得一挺。得了重机真高兴，王八盒子望远镜，手表钢盔划拉净，中国又去一块病！"

谈到欧阳波平，老人一下子伤感起来："欧阳波平营长给我留下深刻印象，他长得特别精神，中等个儿，黑脸膛，说话干脆。战斗结束打扫战场时，警卫员向欧阳波平身边跑：'你看吧，我捡来的手枪，给你！''啪'的一声，子弹击中欧阳波平……太可惜了！起初，他与牺牲战士一起安葬在村东沙包上。后来，县委、县政府组织人给牺牲的战士建了公墓。"

青纱帐的夏季，是八路军打击敌人、积极活动的好时期。
这是 1942 年开辟滦东地区的八路军第 12 团官兵向迁安、卢龙、青龙挺进

笔者多方考证，1953 年 3 月，欧阳波平烈士遗骨从迁安迁入石家庄华北军区烈士陵园。1956 年，唐山冀东烈士陵园建欧阳波平烈士虚墓。1963 年北戴营村委会将彭家洼伏击战中牺牲的 38 名战士遗骨集中建立烈士墓群。1986 年 7 月，迁安县委、县政府将烈士墓群迁至北戴营村西北，建立抗日烈士纪念碑。

笔者来到彭振兴所说的烈士陵园。陵园坐落在北戴营村西北马路南侧，占地330平方米，四周筑起约2米高的围墙，园内正中矗立着一座抗日烈士纪念碑，高4米，宽1.5米，由碑基、碑身、碑帽构成，均由混凝土和水磨石精心筑造。碑身正面镌刻着"抗日烈士纪念碑"7个大字，背面雕刻"抗日烈士永垂不朽"8个大字。纪念碑南侧是方圆13平方米的墓群，埋葬着烈士们的遗骨。由于纪念碑上没有记载详细情况，外人并不清楚这座碑是纪念哪次战斗牺牲的烈士，也不知道里边安葬着谁。然而，当地人，特别是上了岁数的老年人，都对这座纪念碑有着不可磨灭的记忆。

彭家洼战斗包括欧阳波平在内牺牲干部、战士共38人。笔者梳理《迁安英烈人物专辑》《迁西县志》等史料，找到参加彭家洼战斗牺牲的19位烈士的名字。他们是：第12团连长刘贺山，排长王运庭，战士刘祥、吴玉仓、韩伏、王海、王运龙、刘义祥、刘树珍、李凤山、樊顺喜、刘增善、刘福财、韩启生、郭印富、刘江山；迁（安）青（龙）平（泉）联合县大队排长韩瑞合，战士韩显祥、李文兴。这19位烈士均来自迁安县北部山区（今属迁西县）。

因营长欧阳波平的遗骨迁往石家庄华北军区烈士陵园，战士王运龙的遗骨迁往老家迁西，目前，这里还有36位烈士的遗骨，但其他18位烈士都是无名烈士。虽然欧阳波平的遗骨早已迁走，但一些老革命的后代总将这里视为他的墓地。

"每次我和岳父去县城路过这里，他都跟我念叨，这里埋着八路军欧阳营长，他经常去咱家找李方州你老爷，他俩关系可好啦……欧阳营长牺牲太可惜了……"朱家沟村村民姜存金感慨道。姜存金所说的李方州，是中共迁安抗日先驱，也是笔者的长辈亲戚。1942年夏，李方州被驻罗家屯日伪军杀害，时任迁青平三总区区委书记。

1942年，冀东八路军在长城上的战斗指挥所

迁西老革命郑香林五子郑玉海说："我父亲当年是三总区武装干部，在李方州领导下开辟地区，经常配合主力部队打伏击，欧阳波平营长牺牲时他在场。每次路过北戴营纪念碑，他都跟我拉起欧阳营长牺牲的事，让我不要忘记先烈。"

关于欧阳波平这位传奇的八路军营长，笔者多年接触的尚健在的冀东老革命及党史专家一致认为：能打仗，牺牲太可惜。

开国少将、已99岁的原冀东第12团第2营营长杨思禄说："欧阳营长是一位老红军，特别能打仗！"

已95岁的原迁（安）遵（化）兴（隆）七区二分区区长张利锋说："欧阳营长文武全才，特别勇敢，很有能力。彭家洼大捷后被警卫员的枪走火打死，非常可惜……"

在长城脚下的小关村，88 岁的郭印会、86 岁的郭印宝、81 岁的郭印伍当年都是儿童团员，对于常来小关村开展抗日工作的李方州、欧阳波平有着深刻印象。"由于地下党干部、八路军常来我村，敌人将我村视为八路军'匪窝'，多次进村扫荡烧房子……"

对于彭家洼伏击战，老人们记忆清晰。

"欧阳波平带领第 1 营在彭家洼打死了 75 个鬼子，不幸的是欧阳营长被警卫员误伤牺牲了。战斗结束后，部队曾来我们小关休整。除欧阳营长外，他下边三个连长也特别能打仗，当时流传民谣：'一马骥，二马贤，三连连长吴作全。'"

"我看见战士擦拭刺刀上的血，那是怎样一场恶仗啊！"

"有战士在我家住了一天一宿，还将缴获的鬼子的饼干给我吃……"

笔者查阅冀东抗战诸多史料、档案发现，欧阳波平的履历大致如下：

欧阳波平，1912 年出生于湖南，早年参加红军，长征后到延安，进入抗日军政大学学习。毕业后，奉命与百余名老红军及"抗大"毕业生开赴平西，任冀热察挺进军随营学校军事教育科科长，随军挺进冀东开辟抗日根据地。1940 年 1 月，冀东八路军第 12 团正式组建，欧阳波平任参谋长，后改任第 1 营营长。他曾指挥过很多重要战斗，如全歼日本关东军一个骑兵中队的蓟县白草洼战斗，与数千日伪军鏖战、掩护军区司令部和教导队突出重围的蓟县十棵树（村）战斗，智取玉田鸦子港一带尖窝口等三个据点的战斗，首创击溃伪治安军一个团的迁安杨店子战斗……这些战斗中，有的是他独立指挥的，有的是他参与指挥的，他被誉为足智多谋的"伏击之王"。

1942年，冀东黎明前最黑暗的一年

通过史料调研和抗战老人介绍，笔者试图还原彭家洼伏击战那场震人心魄的战斗。

1942年3月30日起，在日本"华北方面军"指挥下，伪华北政务委员会利用两个半月时间推行第四次"治安强化运动"。日军第27师团实施了"冀东作战"（一号作战），成为第四次"治强"的主要组成部分。日伪采用"军事围剿与奴化宣传同步，野蛮屠杀与怀柔感化并举"的手段，妄图摧毁和瓦解基层抗日政权，扩大"无人区"，破坏抗日游击区根据地建设。

在日本公刊战史《华北治安战》中，笔者找到了关于"冀东作战"的记载：

第一期作战（4月1日至6月10日）：

> 根据方面军指示，新年度刚刚开始，师团就以彻底肃正冀东共军根据地及其地下组织为目的，于3月下旬抽调中部、南部地区兵力，进行了必要的准备。当时共军以遵化、玉田、丰润、迁安的山岳地带为根据地，组成小股游击队出没各地……冈村方面军司令官对该地区的肃正极为关心，4月6日赴唐山，视察了师团战斗司令部、治安军行营等，并予以鼓励。由于此次作战，共军第12、13团损失很大，从5月中旬前后逐渐越过长城线逃入满洲国境内。因此，师团于6月上旬大致结束了第一期作战，而后转入对该地区的肃正警备工作。

第二期作战（8月11日至9月上旬）：

随着兵力部署的变更，减少了对敌的压力，因此一度逃入满洲国境内的共军，又重新回到冀东，力图重建地方基干队，其行动逐渐活跃起来。特别是由于屡次袭击了治安军，因此北部防卫地区队（队长为第27步兵团团长铃木启久少将）大力开展了讨伐战。

总之，中共以该地区为其通往满洲的道路，极力设法扩大其势力。因而，对此种形势，方面军也是不容忽视的。

当时，迁青平三总区，是日伪第四次"治安强化运动"重点区。杨店子战斗后，伪治安军第20团与第10团残部合编为独立第20团进驻罗家屯，杀人不眨眼的大汉奸"高阎王"高首三调任团长，配合日军驻罗家屯的真方少佐大队在抗日基本区开挖封锁沟，构筑碉堡，实行"三光"政策，"蚕食"抗日基本区。驻迁安县城日军守备队长藤川、伪警备大队长汤鹏举指挥日伪军500余人对长城沿线建昌营以西百余个村庄进行疯狂"清剿"，制造多起惨案，使抗日基本区一度被蚕食，变成敌占区或游击区，县、总区、分区、村四级抗日干部遭受严重损失。李方州率领三总区民众配合八路军第12团第1营开展反"蚕食"斗争，实施复仇战役，破坏日伪通信和交通，瓦解、分化基层伪政权，使日伪"治强"计划未能得逞。

1942年7月16日，由于西陈庄八路军办事员秦海清叛变投敌及肖家庄"反共会"特务任凤楼告密，李方州被驻罗家屯日伪军抓捕游街，最后在王古庄、肖家庄村西交界处山坡下被当众杀害。这天，欧阳波平正带领第1营随第12团团部在丰滦迁联合县的干河草，一举歼灭了制造"潘家峪惨案"的刽子手佐佐木少佐及日伪军300余人。为粉碎敌人"扫荡"，根据上级指示，团长曾克林决定全团分散活动：第 2 营两个连在丰滦迁中心区活动，其余两个连进至都山、平泉（东南）地区；曾克林带团直在都山以南地区活动；欧阳波平率第 1 营渡过滦河，向东发展。

欧阳波平带队东渡滦河。此时，肖家庄迁青平三总区区委驻地被摧毁，汉奸高首三在滦河东建立 73 个村庄反共伙会组织，总会设在罗家屯据点，整个三总区遭遇抗战以来最严重的损失，地下情报传递陷入瘫痪状态。

自 9 月 17 日开始，日军第 27 师团又集结约 11 个步兵大队的兵力，实施了"冀东一号终期作战"。在所谓军事上的"肃正讨伐"之外，还"剔抉共军的潜伏分子、地下组织和秘密交通线，构筑隔断壕、碉堡、城寨等以防止敌人侵入和移动，设置无人区。为了隔断与满洲国的出入，在长城内侧由马兰峪（遵化西约 30 公里）到建昌营（迁安以北约 20 公里）附近，使宽约 4 公里、长约 100 公里的带状地区成为无人区，将原有的村庄迁到别处"。（据《华北治安战》）

敌我双方史料表明：1942 年，是冀东 13 年抗战中最艰苦的一年，是日伪军最嚣张的一年，也是黎明前最黑暗的一年。

鏖战彭家洼，全歼关东军原田中队

据《华北治安战》记载：在日军实施前述"冀东作战"第一期作战后期，"为了在冀东进行肃正工作，一部分关东军（几个大队）奉命配属于华北方面军，然后分别归属于第 27 师团及独立混成第 15 旅团指挥，主要参加了沿长城线山岳地带的肃正讨伐。根据 6 月 1 日的'大陆指'第 1170 号，关东军派出了一部分兵力……"

此次派来的关东军部队，就包括后来被欧阳波平营歼灭的第 8 师团步兵第 17 联队原田中队（中队长原田东两大尉）。

1942 年 8 月 7 日，欧阳波平率部队转移到迁青平联合县第三总区管辖的彭家洼村一带。虽然这里群众基础较好，但距迁安县城、建昌营、罗家屯等据点都不算远，敌人碉堡岗楼遍布乡村，部队随时有可能遭到敌人袭击。于是，欧阳波平将部队分散驻村，营部和第 1 连驻扎北戴营，第 2 连驻扎古松庄，第 3 连驻扎南戴营附近，龚发田游击队驻彭家洼。

欧阳波平从三总区武装干部郑香林处获悉李方州牺牲的消息后，这位湖南硬汉落下热泪，发誓一定为李方州报仇。欧阳波平与李方州两人性格、志趣相投，他们都是儒雅博学有修养的知识分子，都曾做过教员，不仅字写得漂亮，而且还能作诗，在战斗中结下生死兄弟情，欧阳波平曾表示将来要留在肖家庄。

8 月 8 日清晨，日本关东军原田东两中队和伪满军一个中队沿着迁（安）建（昌营）公路南行至彭家洼附近。在北戴营临时营部，侦察员跑来向欧阳波平报告："有一股敌人从建昌营出发，向我开来！"据报，这批鬼子兵全是"胡子兵"，武器装备精良。

"正想找他们呢，没想到送上门来了！狠狠打一下！"欧阳波平迅速部署战斗任务，命令第 1 连集合队伍，整装待命，另派通信员通知第 3 连，抢占彭家洼村东南龙子山高地设伏。

第 3 连连长吴作全接到命令，立即集合队伍。村子东南陶辛庄传来密集的枪声和手榴弹爆炸声。原来，日军耀武扬威行至陶辛庄时，突然遭到迁青平联合县韩少敏游击大队的迎头痛击。老奸巨猾的原田金蝉脱壳，留下伪满"讨伐"中队对付韩少敏大队，将日军分成两股，绕开陶辛庄，向北戴营、彭家洼一带流窜。

这时，彭家洼和北戴营方向同时响起激烈的枪声。原田万万没想到，当他带领日军刚接近北戴营村时，就遇到欧阳波平带领的第 1 连的猛烈阻击。这时，另一股日军占领彭家洼，两股日军对第1连形成南北夹击。欧阳波平带领战士，依托院落、街头有利地形，向日军进行猛烈射击，由于敌人武器精良，第1连被挤出北戴营。第1连连长马骥重新组织队伍，很快将阵地夺回来，但还没站稳脚跟，敌人又一个冲锋，北戴营得而复失……战士们与日军在北戴营进行三次拉锯式激战，终于将原田中队赶出北戴营。

第3连连长吴作全带领战士跑步赶到彭家洼东南的龙子山。这时，日军已经爬上龙子山南面半山腰一片洼地。日军在北戴营被第1连赶出庄，想抢占龙子山负隅顽抗，没想到未到山顶，第3连已捷足先登。

欧阳波平指挥第1连战士，在后面猛追不舍，他命令第1连将前面小股敌人吃掉，又派第2连迂回到大股敌人身后。欧阳波平亲自带领第1连、第3连冲到山上，从正面猛烈射击。

第3排排长邱成顺带着战士，迂回到敌人左侧一个高坎子上，这里是一小块高粱地，易于隐蔽，对敌人阵地观察得清清楚楚。邱成顺举起小旗一挥，"打！"字刚出口，敌人的子弹就击中了他的手腕，小旗掉在地上。顿时，战士们的机枪怒吼起来，朝敌群喷出愤怒的火舌。同时，战士们的步枪也朝敌人猛烈射击，手榴弹像冰雹似的倾泻入敌群。日军想从第3连占据的高地突出去，轻重机枪、小炮一齐向阵地开火。高坎上，硝烟弥漫，子弹和炮弹片从战士们头顶"噗噗"飞过，顷刻，几个战士负伤。战士侯占喜抱着机枪，冒着敌群密集弹雨"嗒嗒嗒"向敌群猛扫。这时，欧阳波平来到他身边："小侯，把机枪给我！""营长，鬼子的枪打得特准，这里太危险……""少啰唆，准备子弹！""是！"侯占喜知道欧阳营长不仅是一位出色的指挥员、身经百战的老红军，而且还是一名优秀的机枪射手。

日军被第1连、第3连压缩在一块谷子地里，成了瓮中之鳖，但仍作

1942年冬，冀东军分区司令员李运昌（前排左四）、政治部主任李中权（前排左三）和冀东部队主要干部合影

困兽斗。欧阳波平端起机枪，向敌群猛地扫了一梭子，故意暴露一下自己的火力点，随即迅速拖着机枪转移位置。敌人上了当，轻重武器一齐开火，这时，欧阳波平看准日军重机枪位置，连着几个点射，击毙敌射手，重机枪成了"哑巴"。

冲锋号刚响起，鬼子开枪打伤司号员，像疯子一样冲上来。欧阳波平把手中的驳壳枪一挥，喊了声"冲"，战士们端着刺刀，一跃而起，猛虎一样冲向敌群，与敌人展开白刃肉搏战。顿时，喊声、枪声、枪刺的撞击声混成一片，整个山洼里刀光血影，杀声震天。欧阳波平带头冲进敌群，手中驳壳枪不停地叫着，在他的周围，敌人一个个倒下……

经过3个小时激战，第1营胜利结束战斗，原田东两中队只有1人漏网逃回建昌营据点，中队长原田东两大尉以下75人全部被歼。同时，我军缴获1挺重机枪、1门小钢炮、6挺"歪把子"轻机枪和70余支长短枪。

彭家洼伏击战，发生在迁青平三总区主要领导人李方州牺牲后22天。此前，迁安城北、长城南、滦河东我地下组织被破坏，汉奸特务遍布城乡，鬼子伪军烧杀抢掠，根据地被严重蚕食，血雨腥风，一片白色恐怖。此次大捷，恢复巩固了迁青平三总区这块抗日基本区，震慑了县城、建昌营、罗家屯等据点的日伪军及各村的反共伙会，极大地鼓舞了迁安军民抗战必胜的信心。

事出意外，英雄之死令人扼腕

彭家洼属于半山区，村南的龙子山谈不上山高林密，南面距离迁安县城、高各庄据点都不远，东北距离建昌营、东西密坞等敌人据点炮楼更近，西北方向则是罗家屯、马兰庄据点，可谓危机四伏。特别是在三总区地下组织遭遇重大损失的时期，没有超常的军事指挥素质和魄力不敢打这个伏击战。

可以说，这一仗显示了欧阳波平过人的素质。据秦皇岛市党史专家杜士林介绍："欧阳波平营的1连长马骥跟我讲，欧阳波平是位神枪手，彭家洼伏击战中，欧阳营长一个人就打死了30多个鬼子……"迁西党史资料《威震滦东》一文则记载："欧阳波平枪打得更好，弹无虚发。每次被围，他都拿过警卫员手里的长枪，自己一个人打。他怕暴露兵力，不准别人打，就他一个人一条枪，一个一个地击毙敌人。如果敌人冲上来，他便端起机枪，边指挥边扫射。"

然而谁能想到,战斗刚刚结束,这位传奇英雄竟意外牺牲。

笔者从多方史料和亲历者口述中了解到当时的情况:时近中午,部队打扫完战场,来到彭家洼附近的南戴营村,欧阳波平站在队伍前给战士们讲话。这时,警卫员高立忠拿着一支缴获的"王八盒子"手枪(即南部十四年式)来到欧阳波平跟前说:"营长,我缴了一支好枪,给你吧!"欧阳波平刚要接枪,突然"啪"的一声,从枪膛里飞出一颗子弹,射进欧阳波平的胸膛,伴随"啊"的一声,欧阳波平跌倒在地上,鲜血染红了他脚上那双心爱的白鞋……

战士们顿时惊愕了。欧阳营长被抬进村民家里抢救,但那颗青春旺盛的心脏还是停止了跳动。天空阴云密布,突然飘起了蒙蒙细雨……

这天是立秋日,按冀东习俗家家户户要吃包子。欧阳波平的离去,令当地群众和第1营官兵咽不下一口饭,大家含泪就地掩埋了欧阳波平和牺牲战士的遗体,第1连连长马骥暂时任代理营长,部队迈着沉重的步伐冒雨向长城脚下的小关村转移。

在官方史料上,均记载是警卫员枪走火致欧阳波平牺牲。在民间还有一种说法:他的警卫员被汉奸特务收买,故意加害欧阳营长。

首先向笔者披露这一信息的是迁安党史专家刘绍友,但他称还没有定论。迁西老革命刘香普之子刘同、郑香林之子郑玉民证实:"欧阳营长的警卫员被汪派特务组织收买,混进第12团,害了欧阳营长。"刘绍友、刘同、郑玉民均称:"部队转移到长城脚下小关村,将警卫员挑死了。"处决肇事警卫员这一点,在华北军区烈士陵园管理处收藏的欧阳波平的档案里也有记载:"警卫员缴获敌人一支'王八盒子'当众摆弄走火,当时执行纪律将警卫员枪决了……"档案材料来自原第12团战士付文祥口述。无论欧阳波平牺牲是因为枪走火还是敌人故意谋害,警卫员高立忠被处决都是事实。但这在官方史料书籍中均无记载。

1943 年冀东八路军第 12 团迫击炮连在战斗中

彭家洼伏击战后，当地群众为了纪念这次战斗，缅怀欧阳波平烈士，将龙子山更名为"常胜山"。

大贤庄村，耄耋老人追述激烈战斗

如果说彭家洼伏击战因营长欧阳波平牺牲，在大捷后充满遗憾与悲情；那么时隔半年后发生的大贤庄伏击战，则令人欢欣鼓舞。这次战斗，发生在日军所谓"冀东一号终期作战"（9 月 17 日至 11 月 15 日）结束不久，由第 12 团团长曾克林亲自指挥。多年以后，曾克林曾在回忆中扼要记述：

1942年敌人发现我军过滦河后，急忙调兵遣将，妄图寻找我军决战，把我挤出滦东。当滦河开始结冰的时候，我和高敬之、曾辉、周家美等同志正在西牛山开会，不巧被敌人发现，团部和部队便转移到大贤庄。但敌人又获取情报，并暗中策划，调建昌营、迁安县城、大横河、包各庄四路兵马，准备包围消灭我军。我们得到消息后，便在大贤庄摆开战场，把建昌营来的日寇全部歼灭，打得鬼子血肉横飞，死尸遍野，再把迁安来的敌人击溃，然后甩开了大横河、包各庄的敌人，安全转移。

2015年6月7日正午，笔者来到迁安市杨各庄镇大贤庄村，正在村中大柳树底下乘凉的几位老人听说我们在采访70余年前伏击战的事，主动围上来介绍情况。

87岁的张海胜是一位老党员，他头脑清晰，介绍起当时的情况："1942年农历十一月初十夜里11点，八路军进驻我们村，马家沟、青山院、裴新庄、玄新庄都住了八路军。第二天早晨，下雾，我村张树旺去送情报，他在横道上见到鬼子'讨伐'队，赶紧跑回村子报告，很快，八路军和鬼子在村北后背山上打起来。我和同学正在村南小学上早学，听到枪响，师生赶紧跑向东南的青山院。那天打了一个小时，鬼子全部被歼灭。八路军伤亡两三个，其中一个牺牲在我家后门前的土堆上。"

正说着，81岁的张海亭走过来，也主动介绍起自己了解的情况："伏击战的前一天，先来了两个八路军交通员住进张老义家。夜里11点，八路军住进张树德家院。第二天早晨，张树旺报信后，八路军从后山坡上去向敌人开火，30多个鬼子一个不剩，全部被歼灭了。其中一个逃向村东北4里远的鸡鸣庄，藏进一个村民家的白薯窖里，被追过来的战士扔手榴弹炸死了。我还看见一个姓孙的翻译被押走了。战斗结束后，鬼子的尸体头朝南脚朝北摆在河滩上，都冻黑了。打扫完战场后，八路军撤出村子。我想参军，因年龄太小，部队没要。"

关于消灭鬼子的具体数字，两位老人一个说近百个，一个说30多个。两人都提到，在马家沟阻击县城前来救援的敌人时，八路军一个班的战士都牺牲了。

浅叶小队覆灭，数十鬼子尸体冻成黑肉干

结合老人讲述，笔者翻阅史料，试图还原那场战斗。

1942年秋季，日军纠集了约5万人的兵力，对冀东抗日根据地进行"清乡扫荡"，并强制推行壕沟堡垒政策。其间，我主力部队根据上级指示，转到外线作战，深入到都山一带开辟新区。当时，敌人造谣说在长城以南"全部肃清了共军"，冀东成了"王道乐土"。敌伪汉奸喧嚣一时。正当敌人得意忘形地陶醉于"胜利"美梦的时候，冀东子弟兵奉命回到关里，配合地方干部开始恢复基本区和开辟新区的战斗。

团长曾克林率第12团由长城冷口东侧回到关里，部队驻兵在迁安县东部一带村庄。在口外几个月艰苦生活，子弟兵的体质都有些下降，当地群众特意给部队做了些好吃的饭菜以表慰问。

12月17日，曾克林率第12团一部来到青山院、大贤庄一带。团部和特务连驻青山院村；第4连、第5连分别驻大贤庄南街、北街；第3连驻沙河东的高各庄，与大贤庄相距1.5公里。

大贤庄位于迁安县城偏东北方向，距离县城10余公里，往北至建昌营7公里，地处青龙河西岸，冷口沙河流经大贤庄、青山院东头，不远即汇入青龙河。由于年久冲淤，大贤庄村东头形成一片沙滩，沙滩地里长了些柳丛。大贤庄北靠后背山，山脚下有一条去建昌营的大道。凉水河绕过

1942年坚持在热河南部艰苦奋斗的冀东八路军在深山中燃起篝火取暖

后背山向东南汇入冷口沙河，河上建有一座小桥，是大贤庄去建昌营的必经之路。

时任第12团第4连指导员冯闻智回忆：

12月18日拂晓，驻建昌营日军50多人在中队长山本的带领下，到大贤庄一带"扫荡"。住在大贤庄北街的第5连岗哨发现了日军从北面向大贤庄方向而来，立即报告给曾团长。曾团长决心消灭这股日军。他即刻命令第4连跑步抢占大贤庄北的山头。命令第5连在村北街埋伏，准备消灭日军。日军刚走上大贤庄村边的小桥，突然埋伏在村北街一家独立院内的第5连机枪响起来。日军被突然的袭击打得晕头转向，顿时就乱了套，有的栽进河里，有的窜到河滩柳树棵子的坑里，有的退缩到河堤里用河堤做掩体向八路军还击。第5连连长张纯指挥全连全面出击，在村东头与日军展开了激战。曾克林团长在青山院村北的青风寺山头指挥战斗，不失时机地派出牧野连长率领特务连出击。特务连从山上往下压，沿着河边冲向日军。这时，第1营营长杨树元来到大贤庄北山上，指挥第4连由山西迂回到山东从北面夹击日军。当第4连迂回到日军北侧时，日军正用机枪向第5连射击。第4连连长赖大标带第1、第3两个排沿山向南冲；指导员冯闻智带领第2排由山东的开阔地朝日军猛冲过去。正在这时，住在河东高各庄的第3连在连长吴作全的带领下，由河东面冲过来。八路军以压倒多数的兵力将日军围在了河滩里。日军已处在被动挨打的局面，但仍困兽犹斗。八路军如猛虎下山般地冲向日军，与日军展开了肉搏战。经过一阵混战，被围在河滩的日军除一个骑白马的日军军官向南逃跑外，全部被消灭。

战斗胜利结束了，部队要撤离战场时，发现第4连少了一些人，后来知道他们在与日军混战时，发现有3个日军蹚过沙河向鸡鸣庄逃跑。第4连二排长马春亮带领一班人穷追不舍，一直追到鸡鸣庄。可一进庄，却不见了日军。马排长把一班人分为三组，逐院进行搜查。一组搜到王宝才家时，王宝才媳妇朝白薯窨一指，战士明白了她的意思。战士向日军喊，让他们出来投降。他们不出来。战士向地窨投了2颗手榴弹，结果了3名日军，缴获了2支步枪和1具掷弹筒。此次战斗，第5连生俘了2名日军。部队要转移，带2名日军走，他俩说什么也不走。战士们抬他们，他们垂死挣扎，无奈只好把他们枪毙了。

当部队来到曲河村时，群众认出来给部队运输战利品的一个"民夫"是日军孙翻译。孙翻译在建昌营霸占一个姑娘，明天就要结婚，今天随日军出来想抢东西准备结婚用，他趁八路军与日军混战之际换上了破衣混进了为八路军运送战利品的人群里，企图找机会逃跑，不想被群众认出来。在当地群众的强烈要求下，八路军将其就地处决。这次战斗，是八路军第12团回到关里基本区打的第一仗，全歼了日军一个中队50多名日军，缴获轻重机枪3挺，长短枪20余支，战马2匹。

这次大贤庄战斗，我军事先并未料到敌人会来得这样快，而敌人也没有发现这里驻有我军主力部队。

关于大贤庄战斗，在日军第27师团"中国驻屯"步兵第3联队中队长藤原彰所著《中国战线从军记》中，留下了详尽的敌方佐证：

驻扎在沙河驿那个时候给我留下最深刻的记忆，就是正好碰上浅叶小队全军覆灭的严重事件。1942年12月18日，中国驻屯步兵第3联队得到在迁安县东部发现八路军的情报，于是第2大队的主力立即从罗家屯出动；其中一部分，即第8中队以浅叶滋为队长率领的小队是从建昌营出发的。当第2大队听到从北方传来激烈的枪炮声后，不久即得到浅叶小队情况不明的报告。第2大队主力立刻编成救援队向北方急速行军，我也作为临时编成的救援队的队长参加了救援行动。

我们到达西南方向的义新庄（应为大贤庄）附近时，发现了浅叶小队36人以及配属的机关枪三枝分队的12人的尸体，横陈在村子前

打垮敌人"治安强化运动",八路军装备大大增强。
图为广大群众热烈欢迎凯旋的冀东八路军

面的小河的河滩上。由于冬天严寒,所有的尸体都变成了瘆人的黑色并浮肿起来,呈现出凄惨的样子,武器和装备全部被夺走了。附近的山野悄然肃立,寂静无声。我们连八路军的影子也没有看见。

八路军在全歼浅叶小队后,早在日军救援队赶到之前就已经越过长城撤退到热河省那边去了。八路军巧妙娴熟地运用其得心应手的伏击战法,将浅叶小队一个不剩地全部消灭。像这样表明冀东八路军战术成功、日军疏忽大意的事例,在冀东地区特别多。中国驻屯步兵第1联队也常有小部队被八路军全歼的事例发生。这是八路军得到民众的支持而在情报上占据绝对优势地位的结果。这也是一件让日军无法掌握中国民众之心的事。

浅叶小队被全歼后，我们中国驻屯步兵第 3 联队本部很快就来到建昌营，指挥所属部队在长城两侧扫荡作战。这也是根据北中国方面军的指示所进行制造无人区的作战。也就是说，在长城两线制造无人区，切断八路军翻越长城对日军进攻的路线。

青山不老，英灵含笑九泉

采访完几位耄耋老人，笔者在村民张海明带领下，实地察看当年的战场和拜谒大贤庄战斗牺牲的烈士纪念陵园。张海明指着山上一块大石头介绍："当时，八路军就是在那里向敌人射击的……"

烈士纪念碑坐落在青山院北山上。陵园门口刻着"革命烈士流芳千古"8 个大字；陵园内正中矗立着主体碑座，上刻"民族之光"4 个大字，庄严肃穆。后面刻着这场战斗的简介："1942 年 12 月 18 日，第 12 团第 2 营第 4 连、第 5 连将建昌营侵华日军山本中队包围于大贤庄，经激战，消灭日寇 30 余人。此次战斗，9 名抗日烈士为国捐躯。为缅怀先烈，激励后人，特立此碑，以为永志！公元 1996 年 3 月建。"

纪念碑周围柏翠松苍，两排墓碑整齐有序地矗立其中，刻有烈士姓名籍贯的 6 座，分别是：史林彦，河南濮阳人；王宪成，河北兴隆人；邢玉，河北宁晋县人；杨玉林，河南新县人；陈文韬，湖北大悟人；鲁文瑞，江西临川人。此外 3 座是无名烈士墓。

"我小时候就听老人讲这场战斗。上学时，每年清明节，我们都要到这里来扫墓。" 24 岁的大贤庄小伙子张译元说："躺在这里的战士大多是我这个年龄，为了赶走小鬼子牺牲自己的生命，有的家在哪里、叫什么都不知道，太可惜了……我们要永远铭记他们，珍惜和平幸福生活。"

迁安党史专家刘绍友说:"彭家洼、大贤庄打的都是遭遇战,但都全歼顽敌。这对关内根据地的巩固和发展及滦东地区的开辟有着深远影响,为迁安抗战最终胜利奠定了基础。迁安人民配合八路军主力第 12 团与日伪军浴血奋战,用鲜血和生命谱写了辉煌的战绩!"

冀东：他们是靠打歼灭战"发家"的

14年抗战，在敌后战场的19个抗日根据地，哪个根据地最艰苦，哪支部队最能打？我个人认为都是冀东。仅聚焦最艰难的1942年，日军在年初实施"剔抉"作战无果后，又实施了"冀东1号"第一期作战（4月1日—6月10日），冀东军分区针锋相对以"青纱帐复仇战役"回应；日军被迫又实施了第二期作战（8月11日—9月上旬），冀东军分区则以"恢复基本区战役"应对；日军的"终期作战"，是在长城沿线实行"三光"政策，搞起了400多公里"无人区"，最终仍然无法阻止冀东八路军在长城南北闪击……总之，冀东的反"扫荡"不是一般所谓的"跑反"，而是逮住机会就打仗，硬碰硬地打，打歼灭战。冀东八路军装备最好，这从他们的影集《冀热辽烽火》中也能反映出来，用他们自己的话说，冀东部队是靠打仗"发家"的。

而日方史料记载的日军被"全灭"之战，一直是我关注的重点。因为有双方的史料"互参"，基本史实就不会跑偏，很能说明问题。为此，我在本文中割舍了不少著名的战例，只是因为没有找到日方的旁证资料，担心读者可能不太信服。我没有想到的是，恰恰是在形势最艰难的1942年，冀东八路军打的歼灭战最多，对手都是日军第27师团——那支挑起卢沟桥事变的"中国驻屯旅团"的升级版。

大稻地伏击战、石各庄伏击战

这两次战斗，发生在日军"冀东1号"第一期与第二期作战之间，实际上也解释了日军第一期作战无果，被迫实施第二期作战的原因。日方史料中并举了这两个例子，正好给了一个做深度调研的由头，也放在一起来说。

日本公刊战史《华北治安战》第2卷载：

师团于6月上旬大致结束了第一期作战，而后转入对该地区的肃正警备工作……6月10日变更了军队部署，中国驻屯步兵第2联队第1大队奉调配属北部防卫地区，接替松井讨伐队（第2联队长松井真二大佐指挥的步兵2个大队为基干，并治安军第2、第4集团及后来的第7集团）的防务，松井讨伐队被调回师团防卫地区。

随着兵力部署的变更，减少了对敌的压力，因此，一度逃入满洲国境内的共军又重新回到冀东，力图重建地方基干队，其行动逐渐活跃起来。特别是由于屡次袭击了治安军，因此北部防卫地区队大力开展了讨伐战。……但是，7月4日在遵化县，日军1个中队，8月4日又有2个小队与数十倍的敌人交战，终于遭到了全军覆没的悲惨命运。

发生在7月4日的，是大稻地之战，日军《中国驻屯步兵第2联队志》载：

7月4日，松浦中队主力在遵化县大稻地与中共军第13团1营

冀东：他们是靠打歼灭战"发家"的 | 211

军容严整的冀东八路军

700人交战中全灭，松浦中尉以下23人战死。

中方资料1：十三团团史

7月4日，第13团3营于遵化大稻地设伏，毙伤日军数十人，缴轻机枪2挺、掷弹筒2个、长短枪31支。

中方资料2：大稻地村胜利桥西侧广场纪念墙铭文

1942年7月3日下午，八路军第13团3营营长赖邦得到情报，将会有几十名日军从大稻地村路过，随即组织召开军事会议，以第 7 连、第 8 连两个连的近百名战士为战斗主力，分别设置 4 个设伏地点。营长赖邦带领 30 余名战士在太平桥北侧的白家坑设伏；第 7 连指导员带领 20 名战士埋伏在太平桥西侧老乡家中；第 7 连连长带领 20 余名战士在太平桥东侧沙子坑内设伏；第 8 连连长王荣带领本连 30 余名战士埋伏在太平桥南侧的唐王庙。各分队秘密进入伏击地点，随时做好战斗准备。

7 月 4 日上午 9 时许，日军松浦威难大尉率领 30 名日军乘军车沿燕各庄至石门镇公路进犯，途经村东太平桥时，进入第 3 营 7 连、8 连伏击圈。第 3 营营长赖邦发现敌人后马上鸣枪，令第 7 连予以猛烈阻击。日军见势边打边撤，撤至太平桥东南方约 150 米的郑家坟地，依托坟冢负隅顽抗。此时，埋伏在唐王庙内的第 8 连全体战士迅速投入战斗，与其他各分队对日军形成包围圈。经过 1 个多小时的激烈战斗后，双方展开了白刃战，最终全歼日军 30 余人。此役缴获日军指挥刀 1 把、望远镜 2 个、轻机枪 2 挺、掷弹筒 2 具、手枪 4 把、步枪 20 余支，我军大获全胜。

【史料解读】

大稻地村今属天津市蓟州区。伏击战场位于村子东南道路进村处，至今仍残存的老太平桥已改名"胜利桥"，并立有镌刻桥名的巨石一座，桥作为历史文物保护起来。周边没有任何山丘，八路军完全依托村落房屋设伏，战场中心就在老桥及周边。据该村党支部副书记介绍，前几年村里修浚河道建新公路桥时，还曾在老桥下淤泥中挖出一支"王八盒子"手枪，已经锈迹斑斑。在老桥东侧现建有一个纪念广场，主碑题名"大稻地惨案遗址"，记述战后该村遭日军报复情形；纪念墙以文字和绘画记录八路军战斗经过，内容翔实。日军吃亏必定疯狂报复，在冀东尤为突出，"潘家峪惨案""潘家戴庄惨案"是两个大的典型案例，"大稻地惨案"则少为人知。纪念碑和纪念墙上记录了惨案详情，日军焚烧全村250户房屋，大部分村民由八路军掩护离家避难，但有七八位滞留在村庄的体弱病残老人，先是被日军强迫为松浦中队收尸，而后被全部杀害。

发生在8月4日的，是石各庄之战，日军《中国驻屯步兵第2联队志》载：

8月4日，第1中队田中、日野两小队向三女河北方客庄之敌攻击，因众寡悬殊导致全灭，田中见习士官、日野准尉等32人战死。

中方史料1：十一团团史

第11团在军分区首长指挥下，于7月31日进驻丰润西南的石各庄村。由该村情报员送假情报，谎称八路军为区小队，骗取日伪军纠集老庄子等据点170余人，于8月3日清晨向第11团驻地扑来。这次战斗击毙日军小队长以下150余人，俘伪军20余人，缴轻机枪3挺、步枪38支。

中方史料2：彭寿生《冀东军民是怎样恢复基本区的》
（彭寿生时任冀东军分区参谋长）

随后，分区机关和第11团部队又进入丰玉遵恢复地区，在石各庄全歼了从三女河出犯的日军50余人。

中方史料 3：王文《冀热辽人民抗日斗争史军事工作资料（下）》

（王文时任第 13 团第 2 营教导员）

8月3日，第11团在丰润西部石各庄、老庄子打击丰润出扰的日伪军，歼敌100余名，缴轻机枪3挺、步枪38支。

【史料解读】

石各庄今属唐山市丰润区。日方记录地名"方客庄"，应是对民国老地图上"石各庄"三字的错认。这种情况在日方史料中经常出现（后文还有一例），由此也可判断日军盗用翻印中方地图的情形。中日史料记录的交战时间差了一天，这种情况在史料互参中也不鲜见，分队规模的战斗如果没有在阵中日志中及时记录，在事后补记时难免出现差错。此处，倾向于以中方记录的8月3日为准确。第11团是7月份才新建的主力团，系抽调第13团第1营1连、2连和第3营8连及部分地方游击队组成，采行"小团"编制，团直辖4个步兵连和1个特务连共500人，团长赵文进。石各庄之战是第11团首战，即打了一个漂亮的歼灭战。

经寻访得知，伏击战场位于石各庄村南大石桥附近。据街上一间烟酒店年过七旬的张姓老板介绍，当年大石桥以南是一条沟道，通往三女河村，如今是唐山机场。在民国老地图上可辨认出这条沟道。日军是由南向北沿沟道行进，即将进村时伏击打响。冀东的村落伏击战，八路军一般都在村庄边缘设伏，这既便于部队隐蔽，开打后又能减少对民房的损坏。据介绍，八路军的一处重要阵地，设在石桥西北侧的一座地主大院，机枪火力可从房顶瞰射。大院今已不存，鲜为人知。我认为在大石桥附近应建有纪念设施，但没有发现，询问村民也说从来没有过，这很遗憾。

赵店子伏击日军师团巡视团

此战非常值得详细介绍，因为日方史料浓墨重彩，而中方虽有零星记述，却语焉不详，这就很有挖掘史实"增量"的价值。

日军《中国驻屯步兵第1联队史》载：

昭和十七年（1942年）7月11日，原田师团长在第1号第一期作战结束后，视察了冀东警备地区。

一、视察路线

唐山—丰润（第1联队本部）—遵化—迁安—沙河驿（第3联队本部）—古冶

二、视察团成员

师团长原田中将，随员福间参谋

步兵团长铃木少将，随员炭江副官

天津特务机关长雨宫少将

第1联队长田浦大佐，本部随员田岛大尉

护卫部队：中野第1中队主力；重机枪、大队炮各1分队，长吉野少尉；治安军1个营，该军顾问鹰羽大佐

三、战场及战斗经过

视察团一行由唐山出发，经丰润、遵化抵达迁安。在该地午餐后，预定经沙河驿至古冶，然后乘火车赴辎重第27联队地区。视察团由迁安出发，正沿迁安—野鸡坨—沙河驿道路前进途中，发现大杨官营—邵家营之间道路被破坏得七零八碎。为此，视察团车辆经西侧田地向沙河驿前进。尖兵登上小台地（二三米高）时，立刻发现前方

约100米附近发出信号弹。步兵团长马上要去指挥尖兵,正在下车前进时,尖兵已与相当优势之敌开始了交战。遂即命本队后面的后续部队停止前进。步兵团司令部紧随尖兵前进,炭江副官想到侧面土馒头形小台地,侦察尖兵中队（中野第1中队）的交战情况,在桑田中前进到20米处时,敌从土馒头之间一齐投掷手榴弹,并从尖兵的空隙处穿插过来。司令部直接受到敌之攻击。炭江副官与四五名士兵一起在桑田匍匐后退,回到司令部的位置。最后被夹在我方重机枪与敌步枪的火力交叉中苦战。敌手榴弹击中炭江副官的肩上,幸未爆炸,得免于难。

在此以前,望见治安军于西北方高地约3公里附近与敌交火,战况对治安军不利,正逐步后退。步兵团长命田岛大尉向正与前面之敌交战中的中野第1中队传达支援治安军的命令。田岛大尉冒弹雨从容穿过阵地,向中野中队进行了传达。

中野中队长已经听到司令部方向的激烈枪声,并独自决断向本队方面转移,于是中野第1中队对正与我尖兵交战敌人之侧面进行包围攻击。为此,中野第1中队的返转攻击,解救了司令部的危机。

此外,吉野少尉将行军纵队后尾的重机枪、大队炮急速调到前面。他隐瞒了身上的战伤,冒着敌人的弹雨,指挥两分队作战。吉野少尉当时奋战的情景,至今记忆犹新,对于及时收容尖兵、使敌遁走颇有成效。同行的治安军为投入战斗,部队展开中,军事顾问鹰羽大佐身中流弹,不幸阵亡。

敌逃跑后,立即打扫战场。视察团在下午5时后穿过约200米长的耕地,开往沙河驿。抵达沙河驿时,已是日暮时分,暗红色的云层笼罩着西方天际的山岭。视察团受到第3联队长小野（修）大佐的迎接,并在该地宿营。当晚将战死者尸体火化。次日清晨,视察团携带

> 原田中将はトラックに積んであった長椅子を砂の窪地に降ろし、これに横たわって寝始めた・火器の音からみて敵はせいぜい二～三〇〇名までと思われたが、既に青紗帳（高幹作物の一面に伸びた状態）は身の丈に余り河原以外は見透し不能、敵は青紗帳の中を巧妙に移動しながら各所から撃って来た。
> 高羽大佐は双眼鏡を手にして窪地の背の砂山に立って戦況を見ておられた・私はお供をして二米程横に立っていた・「ウムウ」といううめき声に振り返えると高羽大佐が両腕で胸を抱え体をネジルように横倒しになった・当番兵がすばやく窪地に引ずり降ろし、すぐ衛生兵が馳けつけたが右肺をやられ、胸ボタンの下側からブクブクと泡が出ていた・誠に一瞬の出来事で眼鏡もかけたままであった・大佐は半ば意識を失ない「熱い熱い」と苦しまれた・

日方资料记录高羽麻二被击毙情形

骨灰返回唐山。

　　判断敌人是李运昌部队，约四五百人，但所属何团不明。

　　敌曾一度冲至师团长近前，师团参谋当即拔刀，保护了师团长。

　　此次战斗中，第1中队的塚田溪中尉、山本庄五郎曹长、今井升兵长、田中广吉伍长4人战死。第2机枪中队铃木一正伍长阵亡。

　　以上记录，系步兵团炭江秀郎提供资料。

伪治安军第 3 集团司令部日军顾问佐佐木惇中尉记述：

师团长把卡车上的长椅子卸下来放到洼地里，然后躺在上面开始睡觉。

从枪声判断，敌人至少有二三百人。但是青纱帐已超过了人的身高（眼前尽是高秆庄稼）。附近除了河面外，视线是无法穿透的。敌人在青纱帐里巧妙地移动着，从各个方向发动攻击。

高羽大佐手持望远镜，在洼地背面的沙山上观察战况。我在他两米外。突然，耳边传来"哇"的一声，我回头一看，只见高羽大佐双臂抱胸蜷缩着倒在地上。勤务兵迅速把他从沙山上拖到了洼地里，卫生兵跑过来救护。他的右肺中弹，胸部衣扣下面冒着血泡。这是一瞬间发生的事，他还戴着眼镜。大佐已经意识恍惚，痛苦地喊着"热啊热"……

中方史料 1：李楚离《坚持冀东游击战争，为创造大块游击根据地而斗争》

（李楚离时任冀东军分区政委）

（7月16日）在赵店子打齐燮元巡视工作团汽车23辆，毙高宇（羽）麻二大佐。

中方史料 2：王文《冀热辽人民抗日斗争史军事工作资料（下）》

1942年6月上旬，冀东军分区司令部下达命令实施"青纱帐复仇战役"，这也是对敌人"蚕食"的一次反击。从6月15日至30日为战役第一阶段,"七七"以后实行第二步作战计划,各地武装提前于 13 日进行"破交"。根据作战部署,第 12 团 1 营、2 营恢复丰滦迁。

【史料解读】

"冀东 1 号"第一期作战结束后,日军最高指挥官第 27 师团师团长原田熊吉来冀东视察,现地了解第四次"治安强化运动"成果,却遭到八路军伏击险些毙命。这无疑是一次非常失败的视察,也是日军旋即实施第二期作战的动因之一。日军联队史记录巡视团从唐山出发时间为 7 月 11 日,且已经视察了丰润、遵化的驻军,当日准备经迁安到沙河驿视察第 3 联队。一般来说,指挥官视察部队都会有所逗留,推测这天至少是 7 月 13 日以后,因为八路军为妨碍日军机动能力于 7 月 13 日开始破坏交通,才有大杨官营至邵家营间道路"被破坏得七零八碎"的状况。原田巡视团大小 23 辆汽车被迫改行"西侧田地",说明"破交"达到了效果,战机也就有了。李楚离于 1943 年 2 月所写的这份报告,后来成为冀东抗战重要史料。报告中叙述了 1942 年 6 月中旬开始反攻的重要战斗,扼要提及这次战斗,但内容有不尽准确之处。推测出自第 12 团的事后报告,此仗是杨思禄第 2 营打的,且可能是听说打死了伪治安军总顾问才补报的。因为此仗打得有头无尾,不算是取得了很大战果,所以在冀东军事工作资料及第 12 团团史中并未提及。但李楚离的记录极为可信,因为伪治安军总顾问高羽麻二大佐确实死于此次战斗;而日方记录反倒错记其姓氏为"鹰羽",这很可能是资料提供者日军步兵团副官炭江不熟悉伪治安军系统的人事。高羽麻二应该是为接待师团长而过来参加陪同的。高羽麻二是伪治安军的总顾问,也就是伪治安军总司令齐燮元的顾问,那么齐燮元本人是否也在现场?李楚离报告提到打的是"齐燮元巡视工作团",很可能是从高羽麻二被打死而做的推定;由炭江提供资料而作的日军联队史未提到齐燮元,则其本人当时应该不在场。

第 12 团应该为此次战斗而遗憾，因为他们很有可能创造一个比晋察冀军区第 1 分区在黄土岭战斗中击毙阿部规秀中将更为辉煌的记录：打死 1 个日军中将师团长原田熊吉、1 个少将步兵团长铃木启久、1 个少将特务机关长雨宫巽，外加田浦竹治、高羽麻二 2 个大佐。如果当时情报更准确一些，知道伏击目标是日军师团长，第 12 团部队会不会不顾伤亡拼死一战，在乱战之中对原田成功"斩首"？从日方史料看，此次原田巡视团的护卫兵力并不算多，一个日军中野第 1 中队，加伪治安军 1 个营，治安军向来不敢打硬仗，只要全力对付中野中队即可。事实上也是治安军营先与八路军交战，步兵团长铃木派中野中队去支援，造成师团长身边兵力空虚，而步兵团副官炭江无意间发现另有八路军 1 支小队正潜伏接近巡视团核心。应该说炭江之举立了功，否则八路军小队很可能抵近袭击成功，因为投出的手榴弹已经砸在炭江的肩膀上。中野中队"独自决断"及时回援，吉野指挥重机枪、步兵炮予以掩护支援，终于让原田巡视团摆脱了危机。高羽麻二可能比较关注治安军作战，站在沙山上观战，目标显著，因而遭狙击，死后被追晋了少将。战斗期间，师团长原田熊吉竟然搬个长椅躺在洼地里睡觉，那不是"心大"，而是有丰富的保命经验。

赵店子村今属唐山迁安市。我是从迁安出发沿着原田巡视团的路线前往战场的。到大杨官营打听了一番，在村庄东侧老公路边发现了一块纪念碑，正面碑文为"抗日死难群众纪念碑"，但后面的铭文已经被风雨侵蚀，完全不能辨认。此碑不是记录战斗情形，而是纪念该村屡遭日军报复而被杀的民众。日方史料记述，因大杨官营向南经邵家营至野鸡坨的大路被破坏，因而改道"经西侧田地"向沙河驿前进，这就必须绕至岚山西侧，走赵店子、郑店子、东周庄、武各庄、山港村、小杨官营、沙河堡这条小道，或者从东周庄向西南经朱庄子、轩家坡直插沙河驿。李楚离记录的战场是赵店子，应该就是与伪治安军营交战位置。那么，八路军潜伏小队袭击日军司令部的位置，推测应该在岚山北侧某处。为了查看整个战场，我沿大杨官营、邵家营、山港村、武各庄、郑店子、赵店子路线，围绕岚山转了一圈，未打听到当地人知道此次战斗，看来这确实是一次在我方看来不甚重要的小战斗。我想，第12团参战老兵若能看到日军这份记录，一定会在惊讶之余恍然大悟，而后心生一丝惋惜。

干河草伏击战

我认为，八路军袭击日军"师团巡视团"一周之后发生的干河草伏击战，才是把日军打急了，促使其决定实施"冀东1号"第二期作战的关键动因。中日双方的史料，都把此战作为重要战斗而不惜笔墨予以记录。

日军《中国驻屯步兵第1联队史》载：

> 昭和十七年7月19日上午，第1联队结束了对李运昌部队的紧急讨伐战。下午，联队命令各讨伐队返回驻地，同时命令中野第1中队、小川第7中队（第7中队长河野筹夫大尉因公归国，由小川平少尉代理）在归途中，顺路护送昨日受敌攻击，在沙河驿避难的治安军给养驮马队至王店子村。
>
> 命令要点如下：
>
> 中野第1中队　前卫（赴丰润归队）
>
> 治安军驮马队　本队
>
> 小川第7中队　后卫（赴榛子镇归队）
>
> 按以上队形，沿沙河驿—榛子镇道路，护送治安军给养驮马队到上五岭的岔道口王店子村后，各自归队。

根据上述命令，后卫部队由第7中队代理中队长小川平少尉指挥，该队除指挥班外，并配属2个小队及秋山武之助见习士官指挥的第2机枪中队的1个小队，共约70人。下午3时许，后卫部队乘卡车，由沙河驿出发，当行至左望可见白云山的干河草庄村前时，治安军给养队突然受到右侧高粱地中敌之攻击。治安军的给养护卫队放走驮马，争先恐后地往白云山方向逃跑。小川第7中队的后卫部队立即展开，留1个分队（渡边军曹指挥）下车保护卡车。中泽小队在右，永井小队在左，机枪小队在永井小队的左侧部署1挺重机枪、在中央指挥班前部署1挺重机枪，向干河草庄村之敌开始攻击前进。

担任前卫的中野第1中队，看到去上五岭的岔路口王店子村就在干河草庄前方约500米处，因而认为已经完成护卫任务，于是加大卡车速度开走，顺便在榛子镇作短暂休息，并说："小川队很快就会从后面跟上来。"但是，当小川第7中队与敌遭遇时，中野中队已经从榛子镇出发开往丰润去了。

开始时，治安军护卫队曾积极射击，但很快就纷纷向白云山逃去。第1小队长中泽惣一见习士官在小队展开时脸部中弹，无法指挥。小川第7中队指望数百名治安军应战，当即冲进干河草庄村，占据了有利地形，但因治安军逃跑，以致部队完全陷入约2000敌人包围之中。激战数小时，终于耗尽了全部子弹。在这次战斗中，第7中队的小川平少尉、永井正雄准尉、达田利胜伍长等46人，第2机枪中队的秋山武之助见习士官、根岸文治军曹等12人战死。

护卫卡车的1个分队摆脱敌人的攻击，随卡车一起回到了沙河驿。第2机枪中队的昭和上等兵等2人，不顾受伤，把枪埋在土中，于次日清晨挣扎走到榛子镇第7中队本部，报告了小川第7中队覆灭的消息。传令兵新井周治一等兵经过殊死的努力，背负中泽中队长直到深夜才挣扎走到沙河驿。

中方史料 1：李楚离《坚持冀东游击战争，为创造大块游击根据地而斗争》

（7月18日）在干河草伏击去上五岭大车百余辆，敌百余押送，毙敌90余，伤10余，刘化南（五集司）重伤；缴重机2、轻机5、掷筒2、步枪75、手枪12、大车百余辆、洋面1600袋、煤60车。

中方史料 2：彭寿生《冀东军民是怎样恢复基本区的》

到了7月上旬，敌人经过两个多月的频繁"扫荡"，已经损兵折将，疲惫不堪，为此，我分区部队和地方武装利用青纱帐的有利条件，立即开展了一次恢复被敌"蚕食"的基本区的战役行动。7月17日，我第12团部队进入干河草、太平庄一带设伏。第二天上午，敌以伪治安军的1个营开路，2个营和1个团殿后，110多个日本鬼子居中，押着140多辆大车的粮食，运往上下五岭伪治安军据点。鬼子进入我伏击圈后，遭到我军轻重机枪火力的猛烈打击，顿时人仰马翻。当我部队向敌人发起冲锋时，伪治安军丢弃日军逃窜，日军则进行顽抗。经过白刃格斗，110多个鬼子被我消灭得干干净净。曾经血洗潘家峪的刽子手佐佐木二郎也一命呜呼。

中方史料 3：王文《冀热辽人民抗日斗争史军事工作资料（下）》

7月18日，沙河驿日军百余，伪军二百余，押送给养车开往上五岭，行至干河草，被我12团伏击。激战两小时，我全歼日军百余名，缴重机枪2挺、轻机枪5挺、掷弹筒2个、长短枪百余支、满载给养的大车150余辆。

中方史料4：十二团团史

7月16日，治安军第5集团司令刘化南率两个团，由沙河驿向上五岭送粮，在铁局寨附近被第12团击溃。刘化南被打瞎一只眼。次日，制造潘家峪惨案的罪魁佐佐木率领100余名日军开到沙河驿，扬言要"扫荡"滦河以西地区。7月18日，佐佐木以治安军1个营开路，率180名日军，押送100余辆大车粮食向上五岭开进。日军进入滦县干河槽（村）时，遭到事先设伏的第12团突然攻击，伪军抱头逃跑，日军就地顽抗。第12团在集中强大火力进行杀伤以后，端起刺刀冲杀，经6个小时激战，将日军全部歼灭。缴获轻重机枪7挺、长短枪77支，给养大车100余辆，佐佐木当即毙命。

中方史料5：冯闻智回忆
（冯闻智时任第12团第4连指导员）

……敌人的前队进了王店子村，后队到了干河草村东北的时候，团部发出战斗信号，我第2营营长杨思禄发出了出击的命令：第6连向王店子出击，歼灭其先头部队；第5连向干河草村东出击，打击敌人的后队！梁振宇连长带着第6连指战员，像离弦之箭，一口气冲到王店子，迅速与敌人展开巷战。张纯连长带领第5连，冲到干河草村东，向敌人后队猛烈开火。当敌人的先头部队与我第6连在王店子打响之后，日军指挥官指挥鬼子兵迅速跳下汽车，占领了干河草村东公路南侧的廖家沟，凭借沟沟坎坎展开了火力，我第5连被敌人的火力压制在干河草村东的开阔地上。

7月中旬的天气，正值盛夏，骄阳似火，我们的子弟兵从驻地出发，一口气跑了几里路，因出汗过多，天气闷热，有的晕倒在半路上，有的刚与敌人交火就晕倒了。附近的群众，看到这种情况非常着急，他们冒着枪林弹雨，冲向战场，把中暑晕倒的和受了伤的同志背下来。孟店子村的王恩柱一连背下来几名伤员；韩辛庄子的孙玉奎老大爷冒着生命危险给战士们送水，解救中暑晕倒的战士；孟店子村女共产党员王云英同志，在战火中给子弟兵送水送饭；韩辛庄子的180多名群众参加了战斗。往前去的送水送饭，往回来的背伤号，运敌人丢在公路上的粮、煤。有的大车打坏了，就用人往回扛粮食。

第6连的出击非常顺利，攻进王店子村不久，一个营的伪治安军便全部溃乱。除前边的在打响后逃跑了一部分外，剩下的全部缴械投降。伪治安军第5集团司令刘化南负重伤后逃跑。

日本鬼子利用廖家沟的有利地形负隅顽抗，我第5连几次冲锋都被敌人的密集火力压了回来。部队虽有伤亡，但指战员们都打得非常顽强，紧紧咬住这群鬼子兵不放。在这紧急关头，曾团长命令一营向公路北迂回，迅速占领大高庄，从北面向敌人背后出击。第1营营长欧阳波平率领部队很快绕到敌人背后，利用管河河套的有利地形，向敌人猛扑。第1连连长马骥率部攻占了廖家沟北面的一个坟地，从背后向鬼子兵猛烈开火，使鬼子受到南北两面夹击。当第1连在北面跟鬼子打响后，杨思禄营长一方面命令第5连准备冲锋，一方面命令炮兵班的老邓同志向敌群打炮。随着两颗炮弹在敌群的爆炸声和南北夹击的枪声，廖家沟的残敌乱了阵脚，慌作一团。第1、第2营的阵地上几乎是同时响起了冲锋号声。"向鬼子讨还血债！"……同志们的喊杀声、冲锋号声响彻云霄。第1营和第5连的同志们，首先冲进廖家沟，随后团部特务连和第6连也冲了上来。顿时，廖家沟内，杀声震天，刀光闪闪，子弟兵与日本鬼子展开了肉搏战。这时，天空出现了一片乌云，下了一阵雨，闷热的天气凉爽了许多。战士们被雨一浇，人人精神抖擞，杀敌的勇气倍增，刺刀闪处，鬼子兵嚎叫着倒在血泊中。经过一场激战，100多名鬼子兵，全部被我消灭，无一漏网。

中方史料6：周楫《潘家峪惨案》

（因原文渲染笔墨太重，以下为节略大意）

1942年6月初，我军消灭上五岭伪治安军1个连，并合围据点使其断粮。7月16日，伪治安军第5集团司令刘化南亲自带2个团伪军押车运粮，援救上五岭的日军，在干河草附近遭我伏击，刘化南被打瞎一只眼。次日，侦察员报告称，佐佐木带着100多名鬼子到了沙河驿，说要扫荡滦河以西地区。部队领导研究后认为，扬言扫荡是虚，仍想解救上五岭据点是实。于是准备在原地再次伏击敌人。

7月18日拂晓，部队埋伏在干河草附近的高粱地里。日上三竿时，一队伪治安军开来，团长曾克林认为是开路的，不打。一营伪军过去后，是150多个鬼子，押着140多辆粮车。鬼子的后面又是伪军，大约有两个营。鬼子全部进入我伏击圈后，我伏击打响。第4连一个猛冲，击溃了伪治安军的先头营；第5连冲向鬼子和殿后的伪军接合部，将敌人分为两段。开路的和殿后的伪军扔下鬼子四散逃命。日军企图占领路边的小山，我第5连7班抢先一步登上山头，以手榴弹击退日军。日军又蹑回公路，退到路边一个坟圈子里，架起重机枪向我军扫射。我军连续组织几次冲锋均未成功。

急切中，第1营和团部警卫连赶到了。第1营从正面攻击，团部警卫连、"潘家峪复仇团"和第5连部分战士趁机插到敌人背后。警卫连第1排排长李学良绕到敌人重机枪后面，先投出一颗手榴弹，接着又一个箭步蹿上去，踢翻机枪射手，夺过打得通红的重机枪。这时，第1连、第2连和第5连的战士一跃而起，端着刺刀冲进敌群，与敌展开白刃战，最终全歼鬼子。打扫战场时，发现制造潘家峪惨案的罪魁佐佐木的尸体，证据是其身上的六角银质勋章及身下的一把蓝穗军刀。

【史料解读】

干河草村今属唐山滦州市，不同史料中也叫干河槽、甘河草。日本公刊战史中所附战斗经过示意图，系据日军第7中队逃出战场的士兵奥富春吉叙述所绘制，图中的"白云山"应为"青龙山"之误。据推测，逃出的日军士兵所说的"左望可见白云山"，是指古冶镇西北的白云山，日军从沙河驿西行至干河草村后，正好能避开南方青龙山的遮蔽，望见西南方向约9公里的白云山。而青龙山从沙河驿出发时即可望见，故而不会是文图中所指的白云山。在现地寻访中，77岁的干河草村村民方保元告诉我，他曾听他姐夫杨德清（当年21岁，在干河草村）说，战斗打响前曾克林的第12团团部带特务连驻孟店子，杨思禄的第2营驻韩新庄，欧阳波平的第1营驻鲁家庄、张家庄、龙坨。当时经过干河草村的是一条老沟道路，从西新店（与太平庄紧邻，今属太平庄镇）西行约500米，沟道南侧有洼地叫"廖家沟"，背后小高地叫"石岗子"，这是伏击战场中心。7月16日八路军第一次伏击伪治安军，因伪军一排长钻入沟道边高粱地大便提前发现我伏兵，伏击草草收场。日军史料记录治安军给养驮马队"在沙河驿避难"，就是挨打后不敢继续前行了。治安军第5集团司令刘化南应是在此战被打瞎的。

没想到由日军两个中队护送，命运更悲惨。而在大致同一地点敢于二

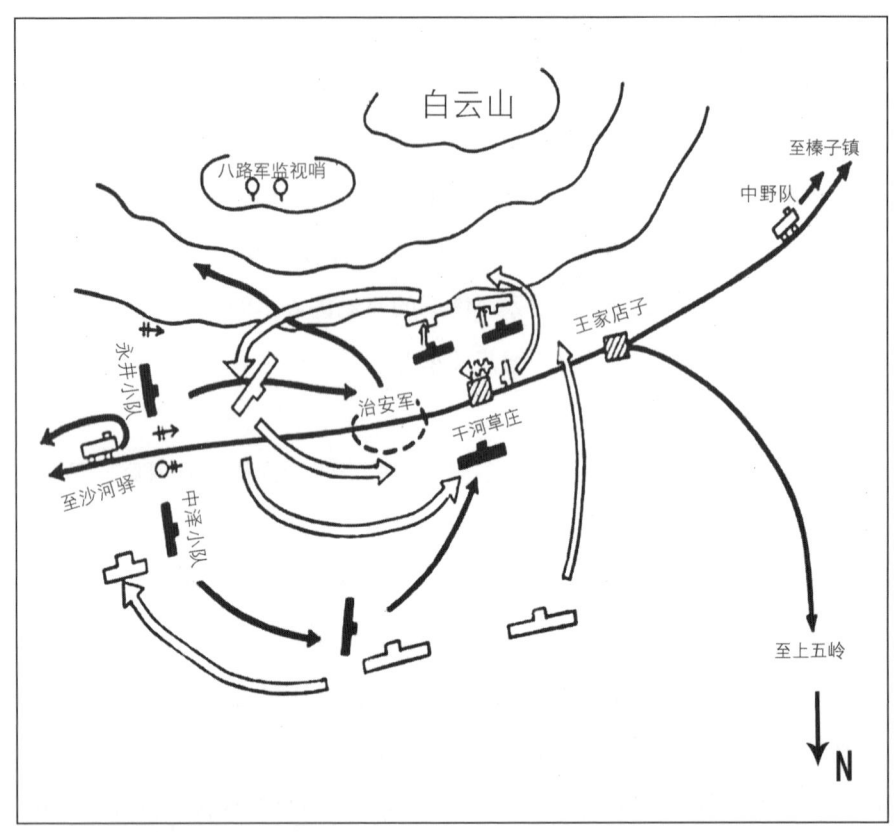

日军所绘干河草战斗示意图（据日本公刊战史《华北治安战》）

次设伏，显示了第 12 团指挥员的智慧和勇气。从日军所绘战斗经过示意图看，第 12 团合围范围在西侧至少包括整个干河草村，沟道南北两侧都有伏兵。转身逃出战场的，是队尾由渡边军曹指挥一个分队保护的卡车（卡车属师团辎重联队，有押车军官），这辆卡车未在中方史料中提及，可见是及时调头向沙河驿遁逃。日军的两个小队原指望伪治安军一个营能原地固守，但该营在刚遭打击后就转向左后方的青龙山脚溃逃，日军只能拼死力战，最终因弹药耗光转为白刃格斗，被八路军全歼。战斗结束时天色已暮，由于八路军打扫战场时疏忽，使得 4 个人利用夜暗逃出，传令兵新井背负受伤的中队长中泽逃向沙河驿，昭和上等兵等 2 人（另一人可能是奥富春吉）逃向榛子镇中队本部。在日军记录中，对丢下第 7 中队先行离开的中野第 1 中队颇有指责，若继续护送约 4.5 公里到王店子镇，伪治安军即可沿岔路向北前往上五岭据点。中野第 1 中队居然还在途经榛子镇时在第 7 中队本部歇息，提前给人家报平安，想必后来会令第 7 中队伤心欲绝。

关于此战战果，缴获方面各种记述基本一致，这个需要查验不便夸张，但歼敌数字普遍带点水分。最可信的是较早的李楚离报告，即毙敌 90 余人（应是在日军第 1 联队的 58 人之外，还包括了辎重联队和伪治安军的数字）。中方史料一般认为，此战打死了制造潘家峪惨案的罪魁、日军顾问佐佐木，为潘家峪 1230 名死难群众报了仇。但此事仍存在悬疑。参考潘家峪惨案纪念馆馆长周学军及冀东抗战研究者王建忠等人的研究成果，目前获得的信息是：在潘家峪惨案中有两个佐佐木，一为伪丰润县署日军顾问佐佐木，本名佐佐木高，向老百姓训话；一为日军第 1 联队第 1 机枪中队长佐佐木，本名佐佐木信三郎，是其下令开枪。佐佐木信三郎任职到 1943 年退役回日本，逃脱了制裁；佐佐木高在日军联队记录中未提及，且其人为丰润县署日军顾问，置身于滦县日伪军系统中也不好理解。周楫文中提到的"潘家峪复仇团"，是在"潘家峪惨案"中逃出的 30 多名青年，在潘化民带领下加入了第 12 团，参加此战时入伍仅 4 个多月。

第 12 团团长曾克林说，干河草战斗是青纱帐复仇战役中最漂亮的一仗。但全团参战兵力不过四五个连。冯闻智与周楫的文章中，参战连队番号不尽一致，经与曾克林《戎马生涯的回忆》核对，先打响的是第 2 营 4 连、5 连，随后投入战斗的是第 1 营 3 连和团部警卫连、特务连以及"潘家峪复仇团"。传闻在打扫战场时，第 1 营与第 2 营因争抢重要战利品重机枪发生争执，第 2 营的一名战士被第 1 营打死了。营长杨思禄与欧阳波平红了脸，团长曾克林有些偏袒欧阳波平，因为欧阳曾兼任团参谋长。此事在杨思禄女儿杨争所写的《轻声细诉》中被隐晦提及。据干河草村民方保元介绍，杨思禄曾来过干河草战地，其心愿是为此战立碑纪念，如今心愿已了。因为战场核心区所在的旧沟道已废弃且难以接近，纪念园另设于干河草村南约两公里的一处台地，由花岗岩砌就的纪念碑体量较大，由杨思禄题写碑名"干河草战斗胜利纪念碑"，但反映战斗经过的铭文还没有刻。

大贤庄伏击战

日军"冀东 1 号"第二期作战从 8 月中旬开始，仅铃木启久少将指挥的"北部防卫地区队"的日军兵力，已增加为第 2 联队本部及第 1 大队（田中），第 1 联队第 1 大队（中谷），及转调来的第 110 师团第 163 联队第 1 大队（大江）、驻蒙军的面高战车联队、第 27 师团山炮兵联队高桥中队、辎重联队汽车队及宪兵一部。第 1 联队主力和独混第 15 旅团，同时在东线丰润、蓟县配合行动。

紧跟着，又从 9 月中旬起实施"终期作战"，一直延续至 11 月，其间最大的动作是在长城线内侧搞了 400 多公里"无人区"。与此相伴的是，"华北方面军"从 10 月 8 日至 12 月 10 日实施第五次"治安强化运动"，且宣称要在 12 月上旬配合"大东亚战争"一周年纪念活动，掀起本次运动的"最高潮"。但在这个"最高潮"10 天后，八路军又在大贤庄兜头给日军浇了一桶冰水。

日军《中国驻屯步兵第 3 联队战志》载：

昭和十七年（1942 年）12 月 18 日，第 3 联队第 2 大队主力根据收到的情报获悉，昨日迁安以东东牛山附近出现敌人集团。当即于半夜从罗家屯驻地出发，经迁安东进。同时命建昌营的第8中队的1个小队（浅叶中尉指挥）、1个机枪分队（三枝少尉指挥，分队长为花木伍长）由驻地向南前进，以便夹击敌人。

拂晓时分，天色尚暗，大队主力经过迁安附近正向目的地行进时，北方突然响起了激烈枪声，得知浅叶小队正与敌人遭遇。

大队主力立即离开道路，直线穿过农田朝枪声方向急行，不久与敌相遇，开始攻击。

由于大队主力的攻击，占领义新庄南边高地之敌向北方逃遁。此时，已听不到最初响起的激烈枪声，大队担心浅叶小队的战况。追击敌人进入了高地，并努力与浅叶小队取得联系，但为时已晚。在高地北侧斜坡下流过的小河滩一带，发现小队长以下全体官兵战死，突击的痕迹历历在目。大队长等第2大队官兵悲愤交加，泣不成声。第8中队的浅叶中尉等36人、第2机枪中队的三枝少尉等12人战死。

藤原彰《中国战线从军记》的记载。（史料原文见本书第205页。藤原彰时任第27师团中国驻屯步兵第3联队旗手）

中方史料1: 曾克林《在滦河东岸的战斗岁月》

（史料原文见本书第200页。曾克林时任第12团团长）

中方史料2: 高敬之《开辟滦东》

（高敬之时任中共迁卢抚昌联合县工委书记兼办事处主任）

1942年底的一天拂晓，曾克林同志率第12团一部在建昌营东南大贤庄。抗日的保长张述旺发现日寇奔来，他边跑边喊，告知第 12 团。曾克林亲自指挥我军抢占了有利地形，一举消灭了建昌营的鬼子 50 余人，而我们只伤了 1 名同志。

记得 1942 年 12 月 18 日大贤庄战斗后不久，几个遇险商人为了感谢我们保护了他们，给我们拉来了一车年货，并给我们 500 元现金。我们把年货包成蒲包送给 12 团，里边有松花蛋、海参、干贝等。这一年春节，我们跟 12 团一起过的年，吃的海参干贝馅儿饺子。

中方史料 3：冯闻智回忆

（史料原文见本书第 203 页。冯闻智时任第 12 团第 4 连指导员）

【史料解读】

大贤庄村今属迁安市。在民国二十一年（1932 年）12 月版 1∶5 万地图迁安县幅中，"大贤庄"被标注为"戴新庄"。62 岁的大贤庄村村民张会来向我介绍说，过去本村戴新庄、大贤庄都叫过。日军当时是盗用翻印中方地图作战，将"戴"字错认为"義"而造成误记，就在其史料中出现了"义新庄"这个写法。第 12 团与地方领导开会的西牛山，与日军掌握的东牛山，就隔着一个山头，都在大贤庄南方约 5 公里处。日军有汉奸通风报信，八路军更有人民群众支持，且提供情报更为及时、准确。假设，日军及时得到情报，说八路军已经从东牛山北进至大贤庄，其第 2 大队主力就不必从罗家屯先南返迁安县城，再东进奔向东牛山，而会从罗家屯向东直插大贤庄，且很可能与从建昌营南下的浅叶小队会合，那样第 12 团面对的就是一个全建制的日军大队，啃不动事小，恐怕还有危险。万幸，第 12 团转移到了大贤庄，只遭遇了从建昌营南下的浅叶小队，且得以从容设伏，一举歼灭了 48 个鬼子，打了一个干净利落的胜仗。

1942 年 12 月 18 日那天清晨，张会来的爷爷刚给八路军熬好粥，鬼子就从建昌营来到了村边，很多战士没吃上饭就进入了伏击阵地……80 多年下来，这场战事从爷辈、父辈口口相传到了孙辈，而张会来如今也是六旬老汉了。看到我们远道而来打听这事儿，他放下农具就带我们上了青山院后山，也就是当年曾克林的指挥位置。山上的清风寺早已不存，如今建有一座烈士陵园，掩埋着团部特务连通信排牺牲的 9 名烈士，他们是在大贤庄村南侧高地打援阻敌而牺牲的，日军援兵应该就是从南边听到枪声赶来的第 2 大队主力。难得的是，在署名华北理工大学迁安学院联合杨各庄镇政府、青山院村委会所立的纪念碑碑文中，还提到了藤原彰《中国战线从军记》中的旁证资料。

伏击的主阵地在大贤庄北山，民国老地图上标注的"1299 高地"。如今沙河仍在山前静静地流淌，京秦高速公路高架桥从山河之上凌空而过。藤原彰等人赶到时看到的摆在河滩上乌黑浮肿、冻得硬邦邦的日军尸体，被日军强迫大贤庄老百姓归拢在村庄北街上，横七竖八地摞叠在大车上运走了。此事对联队旗手藤原彰的影响是深入骨髓的——联队最优秀的军官才能担任旗手，藤原彰出身陆军士官学校，且为"军二代"（其父同在华北，任第 41 师团大佐经理部长），战后成为具有左倾思想的历史学家，大概有大贤庄阅历的影响；不仅如此，几个月后，他又见识了更为"悲惨"的一幕。

后官地伏击战

日军第五次"治安强化运动"黯然落幕，1943 年开年冀东军分区的任务就是"恢复基本区战役"，从 2 月初起三个主力团以三分之二兵力，分三路由热河进入关内，寻机打仗。关外日军趁机扩大在燕山山区的"清剿"，进一步推行"集家并户"政策，八路军主力部队大部又北返打击日军"扫荡",一部仍不失时机地在冀东基本区游击作战,又创造了数次全歼日军分队的记录,尤以后官地伏击战战果最为突出。

藤原彰《中国战线从军记》载:

> 就任第 3 中队长之后的 1943 年 5 月 1 日,我们第 27 师团接到了近期内转移到满洲境内的命令……在转移到满洲之前,在中国驻屯步兵第 3 联队里发生的重大事件就是木下中队的全军覆灭。第 12 中队的队长木下五郎,是在我之前的联队旗手,他是从干部候补生到特别志愿军官最后转为现役军官的。第 12 中队驻扎在卢龙县。1943 年 6 月 7 日,木下中队长在结束新兵集中教育后,为了对分配到本中队的新兵进行严格训练,正计划在本中队所警备的区域内搞一次行军。木下中队长亲自率领包括助教、助手和新兵在内的约 50 人为本队,另外还有一个护卫兼警戒的分队。但是,这一行军计划被八路军侦察到了。
>
> 八路军在木下中队行军途中的一个叫作后官地的村子设下了伏击圈,先让日军老兵组成的自行车队通过,然后等跟在后面、以新兵为主的日本军队来到村子前 50 米的近距离时,从三个方向一齐开枪射击。刹那间,毫无防备的木下中队自中队长以下的 50 余人就被全部击毙了。接到紧急报告的我们第 3 中队立即乘坐卡车前往现场支援,傍晚前后赶到现场的时候,已经连对手的影子都看不见了。村子前的壕沟边上杂陈着日军的尸体,他们的武器已被全部夺走。日军没有任何开枪还击的迹象,完全是在毫无防备的情况下受到了出其不意的猛烈打击。
>
> 我直接目睹了浅叶小队和木下中队的全军覆没,但实际上,在八路军的游击区,日军小分队被全歼的事例多得很。八路军的战术是,

如果看到日军拥有优势兵力就撤退回避，发现日军处于劣势时，就预设埋伏，全歼日军士兵，然后夺走他们的所有武器装备。无论是浅叶小队，还是木下中队，都只留下了日军官兵的尸体，全部武器装备都被拿走了。这就说明，八路军与日本军队……作战的目的之一，就是要夺取对手的武器来装备自己。

中方史料 1：曾克林《在滦河东岸的战斗岁月》

卢龙后官地战斗，是我团返回口里恢复基本区的第一仗。

这天，从昌黎增援卢龙双望镇据点的日军一部，沿着公路经陈官屯据点向燕河营集结。我们即令第 2 营在后官地打伏击，并针对后官地地处交通要道，战斗打响后敌人会迅速增援的情况，要求部队速战速决。营长杨思禄、教导员刘光涛接到任务后，布置第 6 连埋伏在后官地村东端十字路口东侧，从正面阻击敌人；第 5 连埋伏在村西端公路两侧居民院落里。不一会儿，敌人钻进了我们的包围圈。营指挥所发出战斗信号，顿时，手榴弹和子弹像暴雨飞向公路。敌人被这突如其来的打击打乱了阵脚。接着，第 5 连从隐蔽的院落一跃而起，端着明晃晃的刺刀冲向敌人。鬼子招架不住我军的凌厉攻势，龟缩到公路一侧的一块洼地里，用机枪扫射抵抗。第 2 营进行几次冲锋和殊死的搏斗，终于取得了胜利。这次战斗，共消灭 108 个鬼子，俘虏 3 个鬼子，缴获敌人重机枪 1 挺，轻机枪 3 挺，手枪、步枪 80 支。在战斗中，虽然第 2 营牺牲了 20 余名同志，但是在日军据点林立的交通要道上歼灭日本鬼子，充分显示了我军的威风，狠狠地打击了敌人的嚣张气焰。从此，日军将附近一带据点逐步收缩。几个月后，连燕河营、陈官屯的日军也撤走了，其他据点日军也不敢轻举妄动。而我军从北向

日方史料中的木下五郎及后官地战场

南，逐渐向铁路沿线活动。

中方史料2：高敬之《开辟滦东》

1943年春，第12团2营的两个连又在卢龙县后官地设伏，歼灭日寇百名，缴获轻机枪4挺、三八式步枪几十支。

中方史料3：十二团团史

（1943年）6月7日，从昌黎增援卢龙的日军一部，沿着公路经陈官屯据点向燕河营集结。第12团2营在后官地设伏。经激烈战斗，歼灭日军108名，缴获重机枪1挺、轻机枪5挺、掷弹筒3具、长短枪80支。第2营牺牲20余人。在据点林立的交通要道，歼灭这样多的日军，充分显示了冀东八路军的作战能力。

【史料解读】

八路军的伏击战术已经是炉火纯青，先放过骑自行车担任护卫的分队，待以新兵为主的本队进入伏击圈后猛烈开火。杨思禄女儿杨争在其《轻声细诉》中，补充了此战中一些细节：骑自行车的日军老兵是7个，放过去没打。开打后，日军重机枪驮马被打死，1挺重机枪枪衣未解丢在公路上，没被打死的日军被我火力压制在路旁的水沟里。敌我双方都想抢夺这挺重机枪，第5连连长张纯让连里的神枪手阎甫狙击日军，打死多名匍匐接近的日军，掩护营部通信员梁凯轩抢到了重机枪。最后，日军撤至公路北侧的洼地里顽抗，激战中我方牺牲了3名排长和1名副连长，杨思禄情急之下带着营部通信班也加入了战斗，最终全歼日军。

从日军方面来说，50多个刚刚从日本千叶县的联队区应召来到冀东卢龙县的年轻人，被一个志大才疏的中队长木下给祸害了——上面已下达第27师团转隶关东军的预令，后面的事就应交给接防部队独混第8旅团等部。再说，已完成新兵的集中教育，那就分配到各个据点的炮楼里熬着算了，这时候八路军的攻坚能力还不强，很少发生围攻炮楼的情况；木下非要搞什么"警备区行军"，也就是我们所说的"拉练"，而担任护卫的老兵漫不经心地骑着自行车潇洒而过，让几十个新兵蛋子在"战地一日游"中被包了饺子。经历此劫，日军第3联队就知道怎么熬后面的日子了——"从此，日军将附近一带据点逐步收缩。几个月后，连燕河营、陈官屯的日军也撤走了，其他据点日军也不敢轻举妄动。"杨争曾与杨思禄讨论过这场战斗，认为此战父亲损兵折将，打得最艰苦。杨思禄承认此战付出的代价较大，他向杨争如此解释："那一仗我们是在鬼子的据点中心，也就是他家门口打的。那也是我们刚从口外回老区打的第一仗。一下子就收复了老区一大片，吓得鬼子没了底气，老百姓的腰杆子立刻硬了起来。你能说它没有意义吗？"

后官地今属秦皇岛卢龙县。村西公路旁最后聚歼日军的大坑仍在。据杨争在书中披露，20世纪90年代到现地采访时听说，每年清明节都会有许多日本人来后官地祭拜，大坑里堆满清酒、香烟和白色的花卉。2012年清明节，当地政府在村东洋河边修建了"后官地伏击战抗日烈士纪念碑"。

一桩桩典型案例，最终会叠加为一个整体认知。按个体才智的愚钝程度，有的人先知，有的人后觉，也有终生执迷不悟的。日军联队旗手藤原彰无疑是一个"先知者"，不妨以他回忆录中的感言作为本文的结尾——"在浅叶小队之后又看到了木下中队被全歼的现场，给我留下了深刻的印象。我感到，八路军由于得到了中国民众的拥护，所以拥有强大的抗日战斗力，从本质上说，日本军队是不可能战胜他们的。"

阜平和海阳："铁西瓜"货源充足

"我们用黑布把眼睛蒙上进行埋雷训练,从早练到晚……"

2015年,笔者到阜平和海阳采访,一提起地雷战,已经92岁的郑作仁,两眼闪出兴奋的光。这位抗日老民兵几年前已经大脑萎缩、半身不遂,但谈起往事,思维仿佛瞬间就开始了"重启",满脸的皱纹花一般绽开,哆哆嗦嗦扯过笔者手中的纸笔,一边解说一边画起了各种地雷及埋雷的方式。虽然口齿不清,画出的线条也扭曲得不易辨认,但很显然,在他的心里,关于地雷的一切以及那段烽火生涯,并未因时间的流逝而淡漠。

稍有不同的是,90岁的孙纯秀身子骨还相当硬朗,说到埋地雷打鬼子的事,总是笑眯眯的,带着一种又骄傲又享受的惬意表情:"一听到爆炸声,我们的心里就乐开了花,咱的'铁西瓜'又开花啦!"

当年,郑作仁是河北阜平的民兵爆炸队员,孙纯秀是山东海阳的民兵爆炸队员,他们代表着抗日战争时期最著名的两个地雷战模范区。两位老民兵分别向笔者讲述了用地雷打鬼子的精彩故事,他们回忆战事时的激动神情,他们发自内心的那种慷慨与热烈,像一部老电影,再次映射出曾经的战斗岁月。

"铁西瓜"边区制造

1938年春,冀中军分区司令员吕正操找到毕业于清华大学的高才生熊大缜,给他的任务是研制地雷。此后,被任命为冀中军区供给部长的熊大缜着手筹建技术研究社,展开烈性炸药、地雷和雷管等爆炸武器的研制工作。随着研制成果频出,队伍不断壮大,冀中根据地炸药厂扩展成了较大规模的兵工厂,拥有2000多人,能大批量地制造地雷、手榴弹、复装子弹、掷弹筒弹,并能修理各种枪械。他们的一些主要技术和经验被写成书面材料,散发到各抗日根据地。

在使用自己生产的爆炸武器打击敌人方面,他们屡有斩获,战绩不凡。吕正操在晚年所作的回忆录中写道:"熊任职后通过关系和各种渠道,购买了几十部电台的原材料,装备了部队。为解决部队黑火药威力小的问题,他动员了有专业知识的大学生和爱国知识青年到冀中军区参加各方面的工作,还成立了技术研究社研制烈性炸药,炸毁日寇火车。同时他还为部队购买了不少医药和医疗器械。熊大缜为创建抗日根据地作出了重要贡献。"

到1938年12月,八路军山东纵队成立后,也很快筹建起两个兵工厂,并逐渐发展为后来的山东纵队兵工总厂。1939年开始地雷研制,由原先研制手榴弹的石成玉负责。石成玉通过研究收集到的地雷图样,琢磨各部分的结构和用途,利用手榴弹的拉发引信,很快制造出了10公斤的拉发地雷。

接着,八路军总部军工部也开始研发便携式地雷。1941年,八路军军工部共制造了10000余枚10公斤地雷和"5斤雷",供不应求。中央军委及时提出"炸弹生产要力求充足"和"普遍设立炸弹制造厂"的指示,

晋察冀军区兵工厂生产的大量地雷

时任军工部部长的刘鼎向彭德怀副总司令提出了各根据地分散发展军工生产的建议。据刘鼎回忆，他根据早年在闽浙赣边区组织地雷生产的经验，要求军工部各厂集中精力生产对技术要求较高的炮弹、火炸药、掷弹筒弹等，重点供应主力部队；由各军分区自行设立炸弹厂，八路军军工部出技术骨干和干部，各县政府组织手榴弹和地雷的生产。于是，在太行山区，一场全民爆破运动红红火火地开展起来。当时，毛泽东主席对此发出号召："民兵的重要战斗方法是地雷爆炸，地雷运动应使之普及于一切乡村中。普遍制造各式地雷，并训练爆炸技术，成为十分必要。"

1941年3月，八路军军工部在山西武乡县温庄村和黎城县东崖底开办了第一届地雷培训班，分期分批培训武委会主任和民兵队长，刘鼎、石成玉等专家亲自向学员传授地雷制造和爆炸物知识，并编写下发了《地雷制造使用法》《各种地雷触发装置法》等小册子。经过培训的"种子"回到各地再进行层层培训。1942年1月，北岳军区武装部由周耀先、陆平川、刘锦章任教，开办了第一期爆炸训练班，主要教授地雷的制造、埋设等技术，聂荣臻还亲自讲过地雷战术课。随后第二期、第三期训练班也陆续开办。

1942年5月24日，延安《解放日报》发表《保卫冀中坚持平原游击战争》的社论，号召所有男女老幼，用洋枪、土炮、手榴弹保卫自己的土地房屋，把每一个洼地、坟地、房屋、树林都变为狙击敌人的阵地。应该"主动袭敌"，使其坐不安席、食不甘味、寝不安枕，要用"麻雀战疲劳敌人，扰乱敌人，用地雷战使敌人寸步不敢移动"。于是，华北大地上掀起了一场大规模的"地雷热"，一时间"村村会造雷、户户有地雷"，涌现出了一大批民兵爆炸英雄。

民兵的特点：既是民又是兵，是一种不脱离生产、不穿军装、不吃"皇粮"、劳武结合的群众武装。

地雷的特点：则是一种防御性的隐蔽武器。用它可不与敌面对面作战，便可大量杀伤敌人，还可对敌造成精神威慑。因此，民兵最喜欢使用地雷，保卫自己的家乡。

在一本已经成为文物的名为《冀察区的爆炸教材》的小册子中，笔者看到上述对民兵和地雷的特点的介绍，而其中对地雷及其使用的全方位的描述，堪称完整、系统和详尽。教材中详细介绍了地雷的种类与组成，地雷的制造，地雷的作用、特点和使用原则，地雷阵的场地选择和布雷方法，地雷的埋设和伪装，布雷作业的组织指挥，应记取的经验教训等共 7 大项内容，每一大项里又细分若干小项，连雷组的基本形式和配置形式都用了图形来标识，每个内容都与实际相结合。

群众智慧催生出杀敌利器

虽然地雷是由专家研发出来的，但真正赋予它无穷威力的却是广大抗日民众，它充满了群众的智慧。

最初，地雷都是清一色的铁雷。起爆方式有踏发（也叫触发、压发）、绊发、拉发三种。踏发雷碰触到压盘就爆炸，掩埋便捷，便于伪装，但命中率低，不碰不炸；绊发雷一般用绳子连接引爆装置，触碰到绳子即爆炸，命中率比踏发雷有所提升，关键点在于绳子的隐蔽性（粗细）上，开始用过麻绳、细铁丝等，后来出现过用头发和马尾代替的——这在电影《地雷战》里有很好的诠释。孙纯秀老人告诉笔者，他们埋下的绊发雷有时还会炸到兔子和狗，可见其敏感度。当时，绊发雷也是使用最多的一种。拉发雷是通过拉火绳人工控制爆炸，可以针对特定目标引爆，命中率最高；但缺点也很明显，就是拉雷手过于靠近敌人，爆炸后不容易逃脱，所以要找行动敏捷的人担任，爆炸后借山形地势迅速撤离。

后来，日军使用了地雷探测仪，让铁雷的应用受到威胁。看到亲手埋的雷一个个被敌人取出，民兵的心里非常郁闷。怎么办？金属能探测，难道石头也能探测？于是山东海阳民兵赵同伦、赵守福等就地取材，研制出了石雷：将漫山遍野的花岗石砸成圆球或方块，在中间凿出直径三四厘米的装药孔；把木炭、火硝、硫黄三样东西按比例搭配，用石碾子碾成面儿，在大锅里炒匀后灌入孔中；再插上起爆管，一枚简易石雷即告完成。当时，

把地雷埋在日军必经的小道上

民兵们编了顺口溜,进行推广宣传:"一块青石蛋,当中凿个眼。装上四两药,安上爆发管。黄土封好口,弦子拉外边。事先准备好,到处都能安。鬼子来'扫荡',石雷到处响。炸死大洋马,留下机关枪。保卫老百姓,保卫公私粮。石雷真顶用,大家赶快装。"

地雷造出来还不算完,让它能随心所欲地爆炸,才真见群众智慧。

探雷器失效,敌人只得使用探雷针,原本十几分钟的行军常常延宕几个小时。如果探到"踏雷",敌人便撒上一圈白石灰或插上小旗做标识,但那可能是民兵布下的用来迷惑敌人的假雷;看到"绊雷",敌人想退至远处用钩子引爆,不料却踩上了未发现的地雷;敌人刚取出一个雷,以为没事了,谁知却拉响了挂在下面的另一个雷(子母雷);好不容易找着个雷带回去研究,刚拆除了外壳就爆炸了,原来此雷有两层皮,外层皮的导火管不起作用，一旦揭开外层皮，就要爆炸，此乃"仙人脱衣"雷。

狡猾的敌人又想出新招，让老百姓在前面开道。让敌人没想到的是，同样的路，老百姓走过去没事，他们还是被炸得屁滚尿流。难道地雷能识别人？原来民兵又制造出了"长藤雷"，老百姓在前面走过后，埋伏在旁边的民兵迅速拉动长线引爆地雷。此外，阜平的民兵还创造出了缓燃起爆雷和前踏后发雷：前一种是群众在前面踩上引爆装置，延缓一段时间后地雷才爆炸；后一种是触发器和地雷在前后区域分别安置，前面一触发，后面的地雷就爆炸，把敌人炸得血肉横飞，老百姓却安然无恙。

八路军军工部的技术人员还研制了一系列反工兵地雷，比如在地雷底部加上弹簧击针，日本工兵在排雷时触发击针导致爆炸。因为这种地雷上有多个触发和拉发引信，民兵觉得这些引信密如胡须，于是又称"胡子牌"地雷。海阳的民兵还创造出了"空中绊雷"，专打敌人的指挥官和骑兵。还有一种"土化学雷"，这种雷内部装有敞口硫酸瓶，稍有翻转硫酸就会流出引燃炸药。

群众的智慧催生出杀敌利器，这又大大调动了群众参与的积极性。白孟宸在《红色军工传奇》一书里生动介绍了当时的火热景象：

> 在制作地雷的过程中，根据地军民逐渐进行了分工。青壮年都参加了青救会、青年抗日先锋队等民兵组织，白天劳动生产，晚上打铁制作钢钎，挑选搬运石块还有验收石雷也是青年民兵的活，老人们则负责碾制炸药和制作引信爆发管，年轻的妇女和儿童一边放哨，一边给石雷掏洞。石雷战之前，妇女放哨都是拿针线活，后来全都改拿钢钎敲石头，山上山下沟里沟外，叮叮当当响成一片。

地雷能"看门",也能向敌人进攻

毛泽东说过:"战争的伟力之最深厚的根源,存在于民众之中。"能制造出威力无穷的地雷的民众,自然也能把地雷运用得出神入化,并发展出系统的地雷战战术。

起初,地雷主要用来防御,人们称它为"不睡觉的哨兵"。1943年5月18日,日伪军偷袭山东海阳县赵疃村。民兵赵同伦、赵守福预先获取情报,即率村民摆下地雷阵,敌人刚闯进村北的树林里,便碰响了绊雷;转而扑向十字街口,又踏响了"箱子雷",死伤16人。次日,日伪军又组织500余人侵扰五虎村,踏响地雷20多颗,5小时走了不足5里,死伤30多人。还有一次,日伪军"扫荡"河北蠡县三区,全区民兵预先埋下400多颗真假地雷,有的埋雷处用自行车轻轻压上轮印,不埋雷的地方则故意捣起新土,虚中有实,实中有虚,使得敌人无所适从。"扫荡"到一个街道,18个日军竟吓得走成了一条线,忽而往前传:"地雷,小心的!"忽而向后喊:"小心的,地雷!"就这样还是踏进了雷区,一次被炸倒13个。不敢进村子的敌人只得连夜转移到村外的山沟去宿营,在村外的河滩里,敌人仅靠一层干草度过了寒夜。胶东平度县城东北杏庙村,只有100多户人家,与日伪据点大田相隔仅一条河。抗日军民以500颗地雷摆开地雷阵,与大田守敌隔河对峙。日军曾试图绕弯偷袭,结果被埋在路边的连环地雷炸死多人,从此再不敢来犯。正如电影《地雷战》主题曲中唱的,"用地雷筑起钢壁铁墙,炸得敌人寸步难行,炸得敌人无处躲藏"。

随着经验积累,民兵们又探索出了新战法:地雷不但可以"看门",而且能向敌人进攻;即便敌人龟缩在碉堡里,也可以让地雷成为囚禁敌人的罗网。在吕正操回忆录中笔者看到下面几个生动的事例。

民兵们在战斗间隙总结埋设地雷的经验

　　1944年11月9日，山西省宁武县民兵英雄赵尚高率领民兵到宁化堡据点里埋地雷，在城门口、街道上及无人走的地方挖了许多地雷坑，还把大粪和煤烟倒进敌人的饮水井里，在井口埋了地雷。敌人一看到处都像埋过地雷的样子，吓得连门都不敢出。乘此机会，赵尚高又在12日带领民兵破坏了离宁化堡据点5里地的两处煤窑。经过动员，100多个老百姓拿着铁锹赶来参战，4个小时便把窑口填平。从那天起，敌人就没有煤烧，也没有水喝。13日，有一股敌人到水井边和煤窑上侦察，又被民兵埋的地雷炸得逃了回去。敌伪军及其家属的五六十个炉灶无法生火做饭，一场大雪使得敌人的住房都变成了冰窖，他们就强拆民房当柴烧。敌人不堪这种饥寒交迫的生活，最终弃堡出逃，退出宁化堡据点。

　　山西省静乐县民兵曾经截获日军曹长小原写给朋友的一封信。信里写道："思想起来娄烦镇，泪泣泣。"原来，敌人据守的娄烦镇被民兵的地雷阵围得严严实实，鬼子想出出不去，想进进不来。县城的敌军妄想救援，一天夜里调集百余名敌伪军到相距不远的丰润，企图侧面迂回打开通道。哪知遭到早已潜伏在路边的民兵子弹和地雷的迎击，40多个钟头才走完30里路。这股敌人一到丰润，又被包围，挨了好一阵子弹和地雷，没过几天便逃回了城里。第八分区的民兵围困孤孤山敌人据点时，27天时间在据点四周大规模埋雷10次，共爆炸地雷27颗，炸死炸伤敌伪军51人，平均每颗地雷死伤2个，使孤孤山和外界完全断绝了来往，成了真正的"孤山"。

在我灵活多变的地雷战术逼迫下，敌人活动的范围越来越小，慢慢地，给养成了问题，他们经常趁黑到碉堡下偷老百姓种的洋芋和萝卜充饥，时不时还要"吃"上几枚地雷。春天地里没有青菜，只能挖苦菜吃，有个日军小队长曾到老百姓家里偷吃糠炒面，后来甚至拿子弹到老百姓家里换吃的。朱化据点碉堡里的敌人每次挑水要爬过5里长的一条山路，还要用机枪掩护，担来的水要先逼迫老乡喝一口，看有没有毒。后来民兵把粪水倒进井里，不久又把水源堵塞，敌人连臭水也喝不上了，整天龟缩在碉堡里。敌小队长苦闷地说："我的开路的不行，什么地方溜达的不敢。"就这样，日军每次出来活动，都先找一个伪军当替死鬼，命令他在队伍前拿铁锹试探着走，偶尔铁锹陷在软土里，一伙人吓得扔下铁锹就逃命。

抗日军民发动的地雷战，对敌人在沦陷区的统治形成了致命威胁。静乐城的敌人被地雷炸得失魂落魄，又怕民兵摸进城内，一日数惊，每天只开城门3次，每次1小时，后又减到每天只开1次，每次1小时。敌人的"军令"原来就是出不了城门的，这时连静乐城关都被划成"匪区"，只有日军司令部驻守的寺坡上的一小块地区，才算是所谓的"治安区"。自从使用地雷围困敌人的据点后，静乐北关、南关两次响起地雷的爆炸声，民兵还捉走两名伪军；就连敌人常去打靶、出操的大操场，也被民兵埋上了地雷。被民兵围困的山西神池县八角敌据点，伪组织人员整日提心吊胆，困居愁城。有次敌军向伪区长要 30 头牛、10 辆大车供其抢粮，伪区长无法交账，对敌人推说要到义井去"借牛"，一溜烟逃了。伪县公署又调义井伪区长前来八角继任区长，他因听说地雷的威力，始终不敢赴任，坚辞这个注定送命的差事。伪县公署强迫他去上任，他便在"上任"的途中逃跑了。

尝到甜头的抗日军民，边学习制雷技术，边研究埋雷方法，边总结经验教训，边创新不同"炸法"，很快，"引诱爆炸""驻地封锁""迎头爆炸""尾追爆炸"等战术应运而生，埋雷技术也日益改进，创造出"连环套""迷魂阵""梅花群""空中跳""金蝉脱壳"等方法。一时间，各种地雷阵的运用以及晋察冀"爆炸英雄"李勇的"大枪和地雷结合"战术开展得如火如荼。

1944 年 12 月的晋察冀边区第四届群英会上，还总结了开展地雷爆炸的经验，在技术与战术方面，得出了"造、埋、看、疑、拉、打、起、晒"八字诀。"造"指的是制造地雷的方法。"埋"是如何使用地雷，也就是地雷的战术问题。主要经验有八点：第一是"到处有"；第二是"遍地是"；第三是"找不着"；第四是"起不走"；第五是"不怕风雨"；第六是"炸面广"；第七是"埋得快"；第八是"埋成雷阵"。"看"是埋了雷，必须派人看守。"疑"是斗智，让敌人摸不着真假。"拉"指拉雷。"打"是枪雷结合。"起"是要求自埋自起。"晒"是经常晒干，防止潮湿。在这八项里，"埋、疑、拉、打"四项的密切结合，就产生了地雷在战术上进攻的性能，如此去进行破击、围困、袭击，特别是伏击，就会起到更大的作用。

1944 年 6 月 24 日，山东海阳民兵组织联防保卫麦收，在文山后村、赵疃村一带布下"八卦地雷阵"。所谓"八卦地雷阵"，是由八片大地雷网组成：盆子山主峰北坡，由三片大雷网组成倒"品"字，敌人一进阵，就

民兵把地雷送到埋设区

有来无回；在盆子山左右的二峰和三峰北坡，各布一个倒"八"字雷网，阻击敌人前进；最后，在盆子山后村的南沙河，布置一个长扇式大雷网，专炸敌人退路。另外还在敌人必经的路两旁，设置8个子母雷，在每个雷上插一个草人或纸人，上有"绞死裕仁天皇""枪毙东条英机""勒死冈村宁次""刺死汪精卫"等字，以作诱饵。来犯的日伪军直到日上三竿，才到赵瞳村，原来一路上他们不断受到阻击，再加路上真假雷难辨，行军速度每小时不到1里。一进赵瞳村便遇上八卦地雷阵，伤亡60余人。

河北阜平是北岳区的中心，又是边区首府，是敌人"扫荡"的重点。民兵们四处埋下地雷，一路奔袭的日军被嘲弄得气急败坏，走大道，大道炸；走小道，小道也炸；庄稼地、渠道、沙滩等无处不挨炸。足足半个月，日军才到阜平城下。这时城里的百姓早已安全转移到山里，只留下民兵和早已布好的地雷阵。日军一到城门，迎面立着一个草人，手举标语，上面写着"城里地雷五百三，看你小子哪里钻"。一路上饱受惊扰的敌人害怕被炸，于是绕道而入，哪知枪声、爆炸声还是此起彼伏。结果，日军在阜平城一夜也没敢住，当天下午就出了城。

在各抗日根据地开展的地雷战中，山东海阳、河北阜平是个中翘楚。为此笔者分别走访，一探究竟。

海阳："不见鬼子不挂弦"

海阳地处胶东半岛南部，南临黄海。1940年日军占领了海阳，1941年1月许世友司令员率八路军第二旅独立团挺进胶东，统一指挥五旅五支队，展开了5个月的反投降活动，打响了榆山大会战。1943年5月，瑞宇村民兵副队长于凤鸣在村西公路埋下两颗地雷，炸死炸伤5名日伪军，拉开了海阳地雷战的序幕。海阳地雷战虽不是最早开展的，却沸腾了整个胶东，涌现出赵疃村、文山后村、小滩村3个特等模范爆炸村，赵守福、于化虎、孙玉敏3人荣获"全国民兵英雄"光荣称号。许世友赞海阳地雷战："英雄造雷乡，雷乡出英雄。"

汽车经过当年日军驻扎过的行村，自南向北朝赵疃村驶去。我们走的正是当年日军进村的路线，10分钟、6.6公里，不知当年的日军要走多久？

赵疃村在海阳县城西南30公里，隶属行村镇，北扼行村据点和夼里村、孙家夼村据点的咽喉，是日寇下乡"扫荡"、抢粮的必经之路。这里地处盆子山区，多山石丘陵，山势很低，一进村左手就是全村最高的信号山（原名为盆子山）。山高不过20多米，山顶上原先设立"消息树"的地方，高耸着一座巨大的纪念碑，迟浩田亲笔题写的"地雷战精神永存"7个大字赫然在目。在纪念碑的四周埋葬着赵守福、赵同伦、于凤鸣等15位民兵英雄。在这些墓旁，还有一个特殊的墓碑引起了笔者的注意——元末起义领袖赵均用之墓。经了解才知，当年赵均用隐居本县孙家夼，其五世孙赵冕迁此建村取名赵疃。

在这里，民兵是抗日的主力军，地雷成为主要武器。1962年，八一电影制片厂拍摄的电影《地雷战》中的赵家庄，拍摄外景地和原型之一就是山东海阳县赵疃村。影片中赵虎的原型，就取自文山后村的于化虎和赵疃村的赵守福，而玉兰姑娘的原型就是小滩村的孙玉敏。这三位"全国民兵英雄"不仅战功赫赫，还各自发明了石雷（赵守福、赵同伦）、"飞行爆炸雷"（于化虎）、水雷（孙玉敏）。地雷战纪念馆里，对三位英雄进行了如下介绍：

> 钢胆铁骨赵守福，用地雷、土炮、土枪伤亡敌伪百余名，他一身钢胆铁骨，令小鬼子胆寒，令乡亲们敬佩。
>
> 巧雷、活雷于化虎，是全国人人共知的民兵英雄，在无数次激烈的战斗中，他设雷巧妙，布雷灵活，毙伤俘敌171名（许世友将军亲自为其改名叫"化虎"，原名于进生）。
>
> 巾帼英雄孙玉敏，以准确的射击及沉着的爆炸毙敌17名。

西小滩村地处海阳、莱阳交界，三面平原，南与黄海相望，距行村日伪据点5里，位于行村至青岛交通要道上。2015年，笔者一行看望了和孙玉敏同村的孙纯秀老人。90岁的孙老是海阳县参加过地雷战唯一健在的老民兵。一见面，精神矍铄、行动敏捷、思维清晰的孙老，让笔者禁不住赞叹连连。

"孙玉敏是十五六岁参加的民兵。我是14岁参加的儿童团，负责站岗放哨、传递消息。"

我军缴获的日军照片（日军在写"注意地雷"的标牌）

"如果传递消息中途碰上鬼子，该怎么办？"

"那当然吃掉！"回答笔者疑问时，老人说得斩钉截铁、毫不犹豫，"我们专门训练过的，不能一把塞进嘴里，要先撕碎了再放进嘴里。"老人边说边比画着。

"当时鬼子在行村据点驻扎，有炮楼……我们白天边干活边观察鬼子行动规律，晚上就偷偷跑去埋雷。如果过十天半个月鬼子还不来，再把雷取出来，换个地方。"

"地雷埋这么长时间，不会误伤老百姓吗？"

"不会，我们是不见鬼子不挂弦！不用的时候把弦上的钩子取下来，压在石头底下，鬼子啥时候来啥时候挂！"

为了把鬼子引出来，村边海莱大公路上的大崖桥，成了民兵们最爱埋雷的地方。

"我们经常白天混在群众队伍里帮鬼子修桥，借机观察鬼子的动向，看他们喜欢在哪儿抽烟，在哪儿休息，在哪儿溜达，摸到规律后就在夜里赶紧下雷。"这座大崖桥就成了民兵们开展地雷战的"诱饵"，隔些日子就利用夜暗拆毁掉。鬼子监督民夫修桥时，民兵们就混在里面边干活边观察敌人活动规律，而后晚上把雷埋下去，第二天干活时往往就看到地雷爆炸。在孙老的记忆里，围绕这座大崖桥的拆和修，地雷曾经炸过很多次，有一次炸死了十几个日伪军。

"鬼子不会报复吗？"

"每次被炸，鬼子都会把全村的人聚集到一起，追问谁是八路。但我们村没出过一个汉奸，任鬼子问也问不出啥来。"

> 海阳的铁西瓜，
> 威名传天下。
> 轰隆隆，轰隆隆，
> 炸得敌人粉身碎骨开了花。
> 这是爆炸大王于化虎，老牌英雄出了马。
> 只吓得敌人闻名丧了胆，跪下连声叫爹妈！

这首在海阳广为流传的民谣生动地演绎了当时的情景，民兵们把地雷亲切地称作"铁西瓜"。正如孙老回忆的那样，当时最开心的就是听到"西瓜"开花的声音了。

海阳博物馆地雷战纪念馆资料记载，海阳民兵利用地雷村村布防、户户备战，先后作战 2000 余次，毙伤俘敌 1800 余人，有力地支援了胶东其他地区的抗战。海阳民兵不仅在海阳境内大显身手，而且还奉上级武委会之命，多次组织远征爆炸队，到周边县配合当地部队作战，为当地民兵和部队培训了若干爆炸能手，推动了整个胶东地区的抗战，为胶东地区的抗战胜利做出了杰出的贡献。

阜平："李勇要成千百万"

1943 年 5 月 12 日，敌人集结 700 余人"扫荡"，李勇带领的民兵爆炸组在阜平五丈湾布成地雷阵，用大枪引诱敌人进入布雷区，先后共击毙击伤敌人 36 个，迫使敌人撤退。战斗胜利后，晋察冀边区授予李勇"晋察冀边区爆炸英雄"的光荣称号。不仅如此，李勇游击组还曾创下在两个多月里歼敌 364 名、炸毁敌车 5 辆的成绩，时任晋察冀军区三分区政委王平特意致函慰勉并将自带的驳壳枪予以赠送。北岳区党委公布他是模范共产党员，武装部和晋察冀军区聂荣臻司令员分别给予了嘉奖，并号召全体民兵向他学习。

不怕敌人疯狂进攻，
我们民兵有的是英雄，
满山遍野摆开了地雷阵！
啊！聪明勇敢的要算李勇！
五月十二那天早晨，

敌人向那五丈湾前进，
敌人走进了李勇地雷阵！
啊！聪明勇敢的要算李勇！
李勇拿走了他的快枪，
一枪就打死了一个敌人，
敌人乱跑就爆发了地雷阵！
啊！聪明勇敢的要算李勇！
李勇要变成千百万，
千百万的民兵要像李勇，
敌人要碰上千百万李勇地雷阵，
管教他一个一个、一个一个都送终！

一时间，这首《李勇要成千百万》的歌声响彻北岳区。年仅22岁的李勇，创造出了"大枪和地雷结合"的战术，在日伪军的报纸上也登出了"李勇爆炸战"。这种战术的核心就是：在敌人步入部署的地雷阵时，用开枪射击的方式驱使敌人阵势大乱，慌乱中踏响地雷阵，造成大规模杀伤。李勇还常常在敌情紧急的情况下埋设地雷，甚至敌人离得很近了，还要埋上一个雷。敌人的前哨部队刚中了李勇的雷往前蹿去，孰料李勇又在炸坑边上埋上了地雷，迎接敌人的后队……

晋察冀军区广泛开展了"李勇爆炸运动"。阜平的民兵天天相互问答——"你村响了几个？""俺村炸了几个鬼子。"当附近的王快村游击组向五丈湾李勇游击组挑战后，两村的民兵每天都静听着地雷的响声，常常因为说的数目与声响数不合而引起热烈的争论。晋察冀边区文艺工作者还编写了《李勇对唱》《爆炸英雄李勇》等歌曲歌颂他的英雄事迹。

五丈湾，如今是拥有11个自然村的行政村。在东边的庙南自然村，

晋察冀边区阜平一区土岭村民兵进行射击训练

笔者见到了92岁的郑作仁老人，郑老曾是当年李勇民兵中队爆破组的组长。老人向我们回忆起了当时参加地雷训练的情况："1938年冬月的一天，李勇从阜平县城赶回来，通知我们几个民兵骨干连夜赶往罗峪村学习地雷爆破。"当时，北岳上级武装部门在阜平罗峪村开办了地雷训练班。教学中既有理论又有实践，主要学的是合箱雷式和橛板式的埋法。"合箱雷里面有个暗锁，鼓捣不好很容易引起爆炸，特别是往外起雷，稍有不慎，就会出危险。"为了掌握埋雷起雷的方法，郑作仁他们从早练到晚，并用黑

被誉为"爆炸大王"的晋察冀边区
阜平民兵英雄李勇

山东胶东根据地海阳民兵女
英雄孙玉敏

布把眼睛蒙起来以增加熟练程度。逐渐地,"绊雷、踏雷、横扫雷、开裆雷、爆天雷、急火雷、慢火雷……在我们手中像把玩'小泥人'一样,民兵们一个个摩拳擦掌群情激奋:小鬼子敢来,我们五丈湾就是他们的葬身之地"。

作为晋察冀边区的首府,阜平是晋察冀根据地发展壮大的重要根基和中流砥柱。1937年聂荣臻司令以阜平为起点创建了晋察冀抗日根据地,是我党我军创建的第一块敌后抗日根据地,阜平也被誉为"模范根据地的模范县"。为了捍卫这块土地,阜平人民付出了巨大的牺牲。抗战时期,阜平县总共9万人口,却养活了7万兵,有2万余人参军,5000名烈士为国捐躯。阜平的"每个村庄都是堡垒,每个人民都是战士,这片土地绝非轻易撼动的地方"。在纪念抗战胜利 70 周年的大阅兵上，阜平县有 5 位老民兵（3 男 2 女）参加支前民工阅兵方队。

地雷战：来自"他方"的证言

硝烟远去，处在和平中的人们已逐渐忘却那段历史。有人开始质疑甚至诋毁曾经的历史：一个土地雷能有那么大威力吗？靠那铁疙瘩能保卫家园？为此，笔者找到部分来自外国记者和日方的记述：

使日本人不出来的顶顶常用的一个方法，是在一切据点的附近安放好千百个地雷。我记得有一个乡村，那边的地雷战术进行得如此成功，甚至使他们决定要根本把附近的据点的威胁一扫而空。据点四周是一片地雷阵地，民兵日夜守着哨，防止日本人突围出来。他们连出来取水都办不到。当我们在围城的第三天赶到时，显然他们最后的水源已经非常缺少了。我们问村民要不要我们的军队停下来，帮助他们攻城。"不，不，我们自己会干的。"回答是这样。10 天之后，我们听见了他们自己干的消息：他们进攻了被围的据点，脆弱不堪的警备队简直就没有做什么抵抗。他们的人一半被杀死，还有一半投降了。

那个村庄是我所见的抗战气氛最浓的一个。每一条过路，每一条山道，都密密匝匝地安下了地雷；地雷不仅安放在道路上，还安放在田野里，那里恐怕是细心的日本人会绕道经过的。这为的是防止日本人的救兵来到。每一处安放地雷的地方，土里都插着警戒牌，敌人一逼近，很快地就可以拿掉。这使你担心得要起鸡皮疙瘩，你的马必须弯弯曲曲地穿过那些竖着警戒牌的地雷——你希望不要遗漏了才好！

连乡村的街道也埋下了地雷。村民毫不在乎地走来走去，似乎已经忘记了脚下埋伏着的死神。每人身边都带着一种武器——背上背着来复枪，或在屁股后面挂一只捣杵一样的手榴弹。这里的人都习惯带家伙，连男女孩子们腰间也挂着手榴弹玩具。

在战前，这村子在当地是以制造爆竹闻名的。现在居民却把制造爆竹的技巧用来制造地雷了。在一个院子里，我看见男人女人、孩子们都在制造黑色的炸药，熔铸地雷的模型，把装好炸药的地雷有次序地堆起来。因为缺乏金属做地雷的外壳，有些人挖空了石头来做成石头地雷，还有人满装瓶子、水壶甚至茶壶；有一个人别出心裁，做成一个木质大炮。

这一切现象值得人注意之处，不在这些原始武器的效率优良；而在它们所反映出来的人民的战斗精神。一个人须有莫大的勇气，才能对敌人的可怕的近代武器想出这些微不足道的抵抗方法来。

——《来自红色中国的报告》（又译《北行漫记》）〔美〕哈里森·福尔曼著，陶岱译

1943年4月，日军独混第5旅团以17、19两大队为主力，讨伐在毕郭等地建立根据地的八路军5旅第14团。我随柏崎讨伐队18日偷袭据说暗藏八路军部队的莱阳县姜家庄，结果因为向导带错了路，到达时八路军已经转移。我作为卫生班长，记录这次行动毫无战果——"虽然向远处转移中的八路军发射过迫击炮和重机枪，但双方没有实质性的交火。敌方遗弃的尸体一具也没有，讨伐队却有两人重伤，可以说日方损失更大些"。两名重伤者之一是第17大队第4中队群马县出身的三轮一等兵。他看到老乡家有一筐鸡蛋，伸手去拿，却触发了鸡蛋筐底下设置的诡雷，当即被炸断一条手臂。

1943年5月21日，日军第17大队命令我们第1中队从招远移

驻栖霞县塞里，作为青烟公路上的一个警备据点。这次移驻过程颇为艰难。

在一个叫郭家店的村子附近，路中央竖起了一个高 2 米、宽 20 厘米的木牌，上面写道："山本联合舰队司令长官，已在南太平洋战死。"有士兵想去移动木牌，被有经验的中队书记官桂曹长制止——"别碰它！"他猜到木牌下必有地雷。桂曹长从路边的水沟摸过去，靠近木牌，用绳子将其拉住，从安全的地方一拖，果然"轰"的一声，如他所推测的那样发生了爆炸。

连续参加讨伐已经达到了 2 个月，这次作战渐近尾声。5 月 31 日夜（次日凌晨）3 时，部队再次从大辛店向西南方出发。我因为过于疲惫，在行军中居然睡着了，而且在昏昏沉沉的状态中走了大约 1 个小时。突然，"轰"的一声巨响把我从梦中唤醒，惊异中抬头看去，正看到眼前一根 10 米高的巨大火柱腾空而起。与此同时，感到我身边有人倒地并发出叫声。但是，夜暗中我无法看清他们。三木卫生军曹急忙从军医背囊中取出手电，光线下可以看到约有 10 名官兵倒在地上痛苦挣扎。经过确认，无线电通信班所有人员，包括北拮班长以下 9 人均为地雷所伤。

在伸手不见五指的黑暗中，仅依靠一支手电的微光进行抢救之困难简直无法想象。和枪弹伤、刀伤不同，地雷不规则的破片造成的伤口异常复杂，处置起来可不是简单的事情。匆忙中，尽其所能地给所有受伤的官兵注射了破伤风血清和坏疽血清。9 人的情况全部清查处理完毕，东方的天空已经放亮。此时，才能够从附近的村子招来保安队并弄来一些门板充当担架，由两个小队护送伤员后送到大辛店。

由于这一事故，这两个小队返回之前，整个讨伐队只能留在原地休息。这样又足足等待了 3 个小时。仅仅两三名八路军，就把一个大队的讨伐队折腾得狼狈不堪，真是不知如何形容才好。

昭和十七年（1942年）12月，第三次鲁东作战中，第19大队的讨伐队在锯齿牙山的山麓就遭到拉发地雷的袭击，当时大队部被炸个正着。虽然大队长池田增雄大佐幸运地没有负伤，但大队副官吉田正中尉（死亡）、军医官冈志豆雄中尉（重伤）、书记官村田藤信军曹（战死）等7人均被杀伤……

这次事故之后，5月31日下午3时，在塞里进行了这次扫荡行动的结束仪式。在部队解散的时候，近藤大尉发表了讲话，说："长时间的作战，各位辛苦了。"但是话说得有气无力。如果能在讨伐中取得出色的战果，当然大家都会有精神，在最后一天却一下伤亡了9个人，没精神，是很正常的事情吧。作为大队而言，连一具八路军的遗体都没有见到，在招远的霞鸣缴获的两匹被遗弃的中国马，算是最大的战果。

——《华北战纪》〔日〕桑岛节郎著，萨苏译

地雷效力很大，当遇到爆炸时，多数要骨折大量流血，大半要炸死。地雷战使我将官精神上受到威胁，使士兵成为残废。尤其是要搬运伤员，如果有5人受伤，那么就有60个士兵失去战斗力。

——摘自日军独混第3旅团独立步兵第6大队代理大队长菊池重雄的日记

车桥：雷霆万钧之"围点打援"

车桥，是一个在全国行政区划地图上小到几乎可以忽略不计的乡镇。抗战时期，这里发生了一场令国人振奋、令日军丧胆的战役——车桥战役。这次战役不仅是抗战以来新四军在华中地区歼灭日军最多的一次战役，而且打通了苏中与苏北、淮南、淮北抗日根据地的联系，使华中抗日根据地连成一片，从此揭开了华中地区战略反攻的序幕，是华中敌后战场由相持转入局部反攻的重要标志。

2015年笔者探访了车桥。车子沿着宁连高速公路，不多久就到达了1944年那场战役的中心点——江苏淮安车桥镇。车桥古镇曾以"五桥十八庵一百零八巷"在唐宋闻名于世。想探访旧日繁华和战场遗迹的我们一无所获，却有幸与当地一位93岁的老人进行了交谈。老人告诉我们，现在战役的遗址上只剩下车桥战役纪念馆了，以前古镇四周筑有土圩子（古城墙）、城楼、壕沟，周围有四城门，各门分别有"东寰瀛海""西临长淮""南映邗江""北观大河"的匾额。除了土圩子和壕沟，当时镇子里还筑了不少岗楼，建了飞机场，因为这里也是国民党顽固派韩德勤江苏省政府所在地。后来鬼子又盖了50多座碉堡和炮楼，驻扎着几十个鬼子和几百个伪军，他们经常出来"清乡""扫荡"，抓一些鸡啊猪啊回去。后来车桥战役一打响，鬼子和伪军要么被灭了，要么被俘了，镇子又慢慢恢复了往日的宁静。

山雨欲来——打，还是不打

笔者走进车桥战役纪念馆，迎面就是叶飞为纪念碑题写的"车桥战役英烈永垂不朽"碑铭，仿佛在向每位前来瞻仰的人叙说那场并未远去的战争。

"这场决定华中敌后抗战战略走向的战役，当初在打还是不打上，新四军内部是存在分歧的。"纪念馆馆长曹晶晶对笔者娓娓道来，"当时华中局的一些人认为，现在打还不是时候，要等华北抗日根据地形势进一步稳固后再打。主持新四军军部和华中局工作的饶漱石力阻开打，他说'打了会过分刺激日寇，会遭到更加疯狂报复的'。后来，延安来电，'打与不打一切要以前方实际情况而定'。"

其实，组织车桥战役的构想早在苏中军区司令员粟裕的头脑里酝酿了许久。

1943年6月，粟裕奉命去新四军军部驻地（黄花塘）参加整风会议和汇报工作，他带着师部侦察科负责人严振衡、测绘参谋秦叔等人前往军部。他们在东台以北穿过通榆公路，经兴化南下江都，从昭关坝伪军据点中通过扬淮公路，偷渡运河，泛舟邵伯湖，在扬州城北30里的黄珏桥上岸，到达黄花塘军部。此番行程历时一个月。

严振衡回忆：

返回苏中前，粟裕司令员特意把我找去，布置回苏中的准备工作，并说：这次来淮南，我们走的是南线，兴化、江都、高邮地区和淮南路东的南部、中部都去了一下，情况比较了解了。现在要回苏中了，我不想再走老路，想从北面绕回复查，从龙岗坐帆船经闵家桥到黎城镇的淮河口，再视情况乘船或步行到淮安、宝应以西地区看看，争取在平桥以南、泾河附近过运河，再向南、向东南回三仓地区去。(《八路军新四军征战传奇》)

对于粟裕这种"绕路"的做法，严振衡一度不明就里。直到后来才恍然大悟，这是粟裕为构想中的车桥战役作现场实地勘察！

关于当时的背景，曹馆长介绍说，1943年，我苏中军民在与敌伪的"清乡""扫荡"进行的严酷斗争中，保存了力量，顽强地坚持了原有阵地，度过了最困难的时期。

粟裕在《对"清乡"与反"清乡"应有的认识》(据《新四军和华中抗日根据地史料选》，原载《党风》1943年5月15日第3期)一文中谈道：

> 我们应该知道整个局势对我们虽然有利，敌人的困难与矛盾的增多对我们更为有利；然而胜利的决定，不在于敌人的强弱而在于我们主观力量的增长，和以此主观力量为基础，对敌人的孤立和对敌人力量的削弱与歼灭，才是我们靠得住的胜利；那种等待胜利和被胜利条件所麻痹的过于乐观，最后是要归于失败的；因为胜利决不能自己送上门来，还是须要我们以全部力量排除一切困难，战胜当前的敌人才能取得。

进入1944年，形势开始好转。日寇由于在太平洋战场作战不断失利，为保持其本土与南洋的交通线和逼迫蒋介石投降，于1944年春发动了以打通大陆交通线为目标的"一号作战"(即豫湘桂战役)。为此，从解放区战场抽走了部分兵力。这为八路军、新四军开展攻势作战，开始局部反攻

苏中军区部队在行军途中

提供了良机。

日伪军官兵也士气低落，一蹶不振。他们中的一些人见形势不利，开始主动与新四军、共产党地下组织、抗日民主政府秘密联络，寻求个人出路。

在南京的大汉奸周佛海于1944年2月11日深夜写下了这样的日记：

> 八时半起，先后赴财部（指伪财政部）及中储（指伪中央储备银行）。下午赴国民政府，代为主持清乡会议。五时半散会，返寓稍憩。七时宴出席各代表于国际俱乐部。国际战局如此变化，清乡不仅不能

新四军部队"迎接 1944 年，积蓄力量，准备反攻"

确立治安，恐兵力上、物质上、精神上均将江河日下，大乱之情形恐今年内即将逐渐实现也。焦虑万分。(《周佛海日记》)

1944 年 2 月下旬，在苏中区党委和军区主要领导同志参加的一次会议上，大家正兴致勃勃地谈论着当前的形势和未来的发展。当时粟裕考虑再三，认为机不可失，提出在一分区高宝地区即车桥、泾口、曹甸地区组织一次大规模的战役，以打破日军"扩展清乡""强化屯垦"的计划，彻底解放这个地区，使之成为我军战略反攻积蓄力量的基地，又可作为新四军整训主力，干部轮流整风之用。

人民出版社出版的《新四军抗战纪实》一书中详细记载了这次会议的情况：

他就着木炭火盆暖了暖手，走到军用地图前，拉开布幔，手指按在淮安以东的车桥、曹甸说："我们是不是可以在这里打一个大仗？"粟裕的炯炯目光告诉大家，他早就未雨绸缪，胸有成竹："这里正好是我第1、2、3、4师的接合部，打下车桥，我苏北、淮北、淮南根据地将连成一片，各部队主力能够互为依托，敌如不集中强大兵力绝不敢来犯！"

粟裕详细分析了当时的局势、该地区的战略地位及我军取得胜利的可能性，并提出了一个重要的军事论点，即"在战略相持阶段，争取有利时机，推进局部的战略反攻"。

好一个"争取"和"推进"，而不是静候和坐等，这位抗日战争的知名战将、日后共和国的第一大将，深得抗日战争持久战的真谛，率领他的官兵一把抓住由战略相持到战略反攻的历史契机，适时筹划发起车桥战役，加快了历史转折。这便是车桥之战的军事政治意义！

时任苏中军区第二军分区司令员的管文蔚在回忆录中也对这次会议的情况进行了叙述：

粟裕接着说："车桥、曹甸是敌第64师团和第65师团的接合部。这两个师团分属于不同的领导体系。第64师团属于华中派遣军序列，第65师团属于华北派遣军序列，两部之间配合差，对我很有利。我们可以楔入其接合部，然后扩大战果，胜利是有把握的。"（《管文蔚回忆录续编》）

笔者此前就听说，日军曾叫嚣"新四军若能打下车桥，皇军宁愿撤出苏中回归大海！"日军在车桥到底部署了什么机关，有什么绝招，竟如此猖狂？

淮安市委党史办主任郭家宁回答了笔者的疑问：车桥是淮安东南约20公里处的一个乡镇，位于苏中、苏北、淮南、淮北四区交界的战略机动枢纽地带，同时又在日军"华北派遣军"与其"华中派遣军"的分界线附近。淮安、车桥、泾口、曹甸、泾河之间地区，是日军"华北派遣军"第65师团第72旅团所属独立步兵第60大队（三泽大队）和伪军吴漱泉的部队（约1500人）及四个伪保安大队的防区。三泽大队主力远在淮阴城，只以少量日军支持伪军分别驻守淮安、车桥、泾口、曹甸、塔儿头、泾河等大小据点。车桥由于处在淮安通往泾口、曹甸等地的中间，为敌所倚重，以日军一个小队（约40人）和伪军一个保安大队（部分兵力驻车桥附近各小据点）以及补充大队、别动队等（共600余人）驻守。

令驻车桥日军狂妄不已的还有另外一个原因，那就是车桥特殊的地形及工事。从淮安过泾口，是自西向东的涧河和沿河通向泾口的公路，水陆都要经过车桥。车桥跨涧河两岸，如果从公路通过车桥，在车桥西北的芦家滩地段将遭遇阻碍。公路南侧的涧河岸陡且水深而急，无法徒步涉水过河；公路以北是宽约1公里、长约2公里的沼泽芦苇荡，淤泥很深，人员车马无法通过，是淮安与车桥之间的咽喉地带。所以当地人把这条路叫作"鸭脖子路"。

车桥的工事，一部分是顽军韩德勤所部构筑的，日伪军大力整修后，比较坚固完善；另一部分是日伪军进驻后修建的。整个车桥都被围在一个东西长约2公里、南北宽约1公里、高约5米到8米不等的大土圩子里。土圩子的外边，是宽约7米、水深约10米的外壕沟。大土圩子套小土圩子，小土圩子外边又各自都有外壕沟，水深5米到10米不等。伪保安大队的一个排驻守于大土圩子东南方向的一个小土圩子内,日军的一个小队驻守在伪军保安大队西侧的一个小土圩子内。其余伪军分别驻守在大土圩子内的各处。他们在大、小土圩子上和镇内各处,共修建了53座碉堡,各碉堡之间构成密集交叉火力网,一旦发现情况,各火力点能相互策应。大、小土圩子的出入口,全部设置了大量铁丝网和拒马。这种部署,虽算不上固若金汤,但也可说是易守难攻、异常坚固了。笔者不禁感叹:车桥不仅水网纵横,而且火网交错啊!攻打车桥,果真不易!

军地联动万事俱备——何须待东风

知己知彼,百战不殆。

1943年底,苏中战场县以上的地区都建立了抗日民主政权,区一级政府都经过局部改选,半数以上的乡有了共产党的支部和群众组织,基层群众优势基本确立,并开始进行以乡政权为重点的基层政权改造。地方武装已经能独立担负打击、歼灭日寇伪军和坚持原地斗争的任务,主力部队随时可以用于机动作战。粟裕当时对敌我态势进行了深刻分析,及时作出科学判断:苏中敌我力量的对比,我们在军事及技术等方面虽处于劣势,但不是绝对劣势;我们在政治上特别是在群众条件上,有着极大的优势。

在攻打车桥的构想得到华中局和新四军绝大多数领导的认可后,粟裕随即制定了三个作战方案:一是由东向西,先攻泾口后攻车桥;二是车桥、泾口同时攻击;三是先攻车桥,后取泾口。

在召开的小型作战会上,粟裕对三个作战方案进行了逐一分析。他说:"执行第一方案,虽背靠新四军第3师地区,便于我军运动和开进,但不久前我攻泾口未克,敌伪防备甚严,而且即使攻下泾口,还需要再攻车桥,

新四军第 1 师师长、苏中军区司令员粟裕

新四军第 1 师副师长叶飞

付出代价较大。第二方案,不仅兵力分散,而且如一处攻击不得手便会陷入被动,甚至使整个战役失利。第三方案的优点是明显的。首先,打下车桥后,敌人可能放弃一大片地区,我们可以得到最有利的战役效果;其次,车桥处敌中心地区,是敌人的心脏,工事坚固又有日军驻守,敌人自以为安全,而敌人认为安全的地方,正是我军最容易得手的地方,这是战争的辩证法,我们可以采取掏心战术,隐蔽接敌,突然进攻,必能收出奇制胜之效;再则车桥周围的地形也较有利于我。为此决定选择第三方案。"(《粟裕回忆录》)

1944 年 2 月,粟裕的分析和抉择在苏中区党委扩大会上得到其他领导的一致赞同。大家认为,全苏中骨干武装力量已达 20 个团 3 万多人,

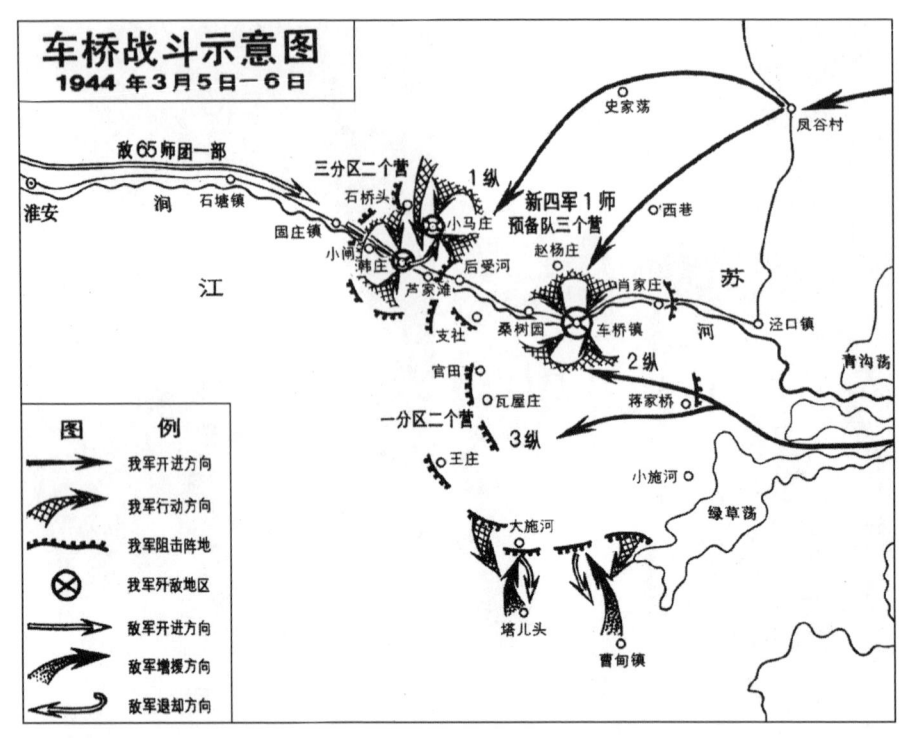

新四军第 1 师车桥战斗示意图（1944 年 3 月 5 日至 6 日，据《中国人民解放军历史资料图集》）

士气正旺，主力部队集中进行了冬季练兵，战术、技术都得到新的提高。只要组织和指挥得当，车桥战役的胜利是有很大把握的。就在这次会议上，苏中区党委会形成一致意见：决定由粟裕负责车桥战役全面组织指挥，副师长叶飞负责车桥前线战场指挥。

攻打车桥的最终决议形成前，粟裕部署和指挥 1 师部队在苏中广大地区进行了充分的战前准备。

为了分散和迷惑敌人，首先，1944 年的 1、2 月间，在高邮、兴化、宝应、东台、泰州和如皋等广大苏中地区发动攻势，攻克日伪军据点 17 处。还在南线东台三仓地区进行牵制作战，有效麻痹了敌军，增添了车桥战役的突然性。

其次是开辟新区、加强训练。2月下旬的一天，粟裕亲自到三仓河北岸的北行镇，向驻扎在那里的第1师第7团交代任务，在团长严昌荣、政委彭德清、参谋长俞炳辉和政治处主任蒋新生的陪同下，冒雨检阅了第7团部队，并现场动员向宝应进军。要求第7团打好仗，开辟新区，在新区建党建政建设地方武装，发动群众有计划地改造水网地区的地形，在河道中筑明坝、暗坝、封锁坝、交通坝等，使敌人的汽艇难以通行。同时还要求部队普遍学会游泳、划船、撑篙以及组织船队进行水上行军作战和水网稻田地区行军作战的本领。

最后是动员地方武装协同作战。粟裕早就布置宝应县委动员3万多名民兵和群众，在曹甸、安丰等地筑路打坝，筑起了顶宽3米、高出水面5米，穿越湖荡，绵延约15公里的5条大坝，便于我攻击部队隐蔽接近敌人，奔袭车桥。同时，还组织了数以千计的小船，穿越宽阔的马家荡、绿草荡水面，把部队、云梯和其他器材以及担架队运送到车桥附近。组织精干民兵，利用黑夜开沟挖塘，破坏敌伪据点之间的道路、桥梁，协助部队埋设地雷、放哨和监视敌人。

在摸清摸透地形、敌情，包括敌伪军工事构筑、火力配置及与之有关的一切详情后，制定了详尽的作战方案：围点打援，把参战部队分为3个纵队，围点、打援并举，以1个纵队担任围点，2个纵队担任打援。调集主力部队5个多团的兵力，还有地方武装参加，以第7团并配属师炮兵大队，担任主攻车桥的任务；以第1团、第3军分区特务营和泰州独立团1个营，在车桥西北芦家滩附近构筑防御阵地，担任淮阴、淮安方向的打援任务；以第52团及江都、高邮独立团各1个营，在车桥以南崔河附近构筑防御阵地，担任曹甸、宝应方向警戒；另以师教导团第1营及第4军分区特务团两个营组成预备队。此外，第3师兼苏

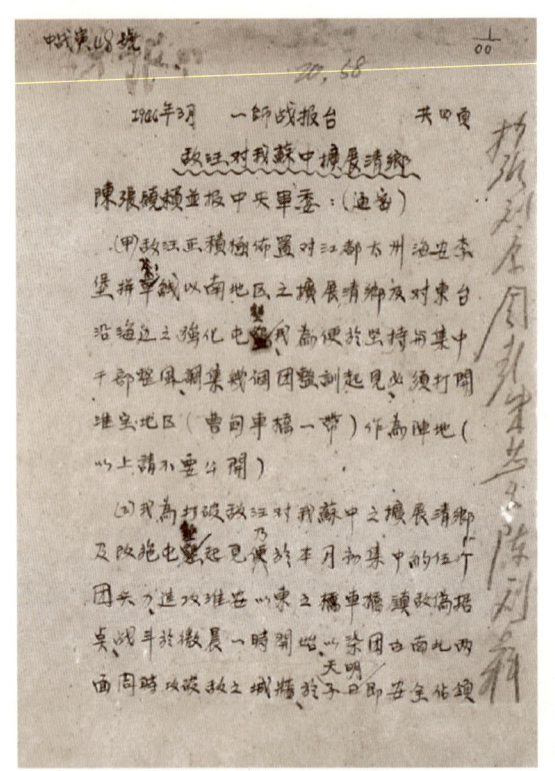

1944年3月8日粟裕、叶飞关于车桥战役战斗经过致张云逸、饶漱石、赖传珠并中央军委电

北军区部队在淮安县东北顺河集、凤谷村一线积极活动，保障攻击车桥部队的北面安全。利用攻打车桥前的最后15天时间，进行战前模拟练兵和目标明确、目的清楚、要求具体的针对性训练。担任主攻车桥任务的7团，还挑选干部进入车桥据点进行现地侦察，把车桥周围地形与开进路线勘察得清清楚楚，并加强了情报侦察，随时掌握周围敌人的动向。

万事俱备，不待东风。

神兵天降——围点打援同时展开

　　来车桥战役纪念馆参观的人们总会在一座主题浮雕前久久驻足：粟裕、叶飞和几名战士站在一起，他们的面前是炮火连天的战斗场景，身后是茫茫芦苇荡和滚滚涧河水……那恢宏史书的一页仿佛也在徐徐打开，而此时的我们则默立在昔日的战场，静静聆听着时光中回荡的惨烈和豪迈。

　　时任淮宝独立5团第1营第2连连长的金天祥对笔者回忆起战斗情形——

　　1944年3月3日下午，各纵队和总预备队按照战役部署分别向作战任务区域开进。

　　担负主攻任务的第7团在向车桥机动过程中还阴差阳错地发生了一个小插曲。团直率领第1、3营及机枪连、教导3连，于3月3日下午由蒋营以南的肖家庄出发，经马家荡、老舍、罗家桥于当日晚上12时到达凤谷村东南的小王舍安家舍一线宿营。第2营则3日仍驻扎肖家庄，4日下午才移驻太仓，并于4日下午从太仓出发向车桥进发。

　　4日下午5时，北路部队从小王舍出发，经凤谷村薄礼沟西港于12时左右到达刘庄。因为架桥过河耽误了近50分钟，结果到达郭家舍小兴庄时，规定攻击时间已过。怎么办？团长严昌荣急得团团转，满头大汗地一边叫通信员快取地图，一边焦急地不时伸腕看表。突然南路部队传来消息，说他们也因故未能按时到达攻击地域。得知这一消息，严昌荣稍稍舒了口气，立即命令部队按原计划就地展开。事后才知道北路主攻部队摆开战斗队形的时候，南路部队也刚刚到达攻击地域。这一错却错得正巧，结果南北部队几乎是同时发起进攻，动作取得密切协同，造成同时突破与同时进入土圩的绝妙配合。

4日深夜，月明如昼。如水的月光映照在车桥土圩子外的壕沟里，大地一片沉寂。5日1时50分，第二纵队突然对车桥发起攻击，车桥战役就此打响。

担任主攻任务的第7团北路队伍蛇形猫腰、急速跃进、涉水浮渡的声音惊醒了远处的群犬，狂吠声过后，车桥镇的土圩子里复归沉静，说明我军的行动尚未惊醒睡梦中的日伪军。

突击队遂迅速浮水渡过外壕，各架云梯，以各种方法爬上围墙，等敌人哨兵察觉时，第1、第3连已经全部突进了土圩。当时西北角的敌人首先向我射击，进攻受阻，怎么办？这时第1连9班战士蔡心田突然飞步上前，身子紧贴碉堡，迅速把一颗手榴弹从机关眼里塞进了碉堡，瞬间便解决了敌人的一个班，其余的伪军纷纷缴了枪，碉堡也被我军占领。战士们在突进土圩后，东北角一个碉堡突然向他们发起猛烈射击，外号"飞将军"的战士陈福田（即叶飞《华中反攻的序幕战——车桥之战》文中的陈稻田）以惊人的动作，搬着云梯靠近碉堡，利用敌人碉堡枪眼的空隙，迅速架好云梯，飞快地爬上碉堡顶部，用十字镐在碉堡顶部打了一个洞，接连扔进去几个手榴弹，敌人顿时慌了神，拼命逃出碉堡，随即被我军全部消灭。

这时，南路的第6连部队也由正南方向接近围墙，刚浮水渡外壕时就被敌人哨兵发觉了，连问了三声口令。看第6连浮渡突击队员无一应答，仍然在快速前进，于是敌人开了一枪。我突击队员仍奋不顾身，更加快速地飞奔到围墙脚下，敌人见状又开了一枪，我突击队员对着哨兵扔去一颗手榴弹，随即快速爬过了围墙。敌人还没来得及打第三枪，就已经做了我军的俘虏。部队随即向纵深发展，当跃过第二层围墙时，迎面、侧面有三个碉堡对我猛烈射击，这就越发激起战士们奋勇杀敌的劲头，于是派出三个班，趁着天还未亮，每个班负责攻击一个碉堡，敌人顽强抵抗，死不缴枪，形成了暂时对峙状态。

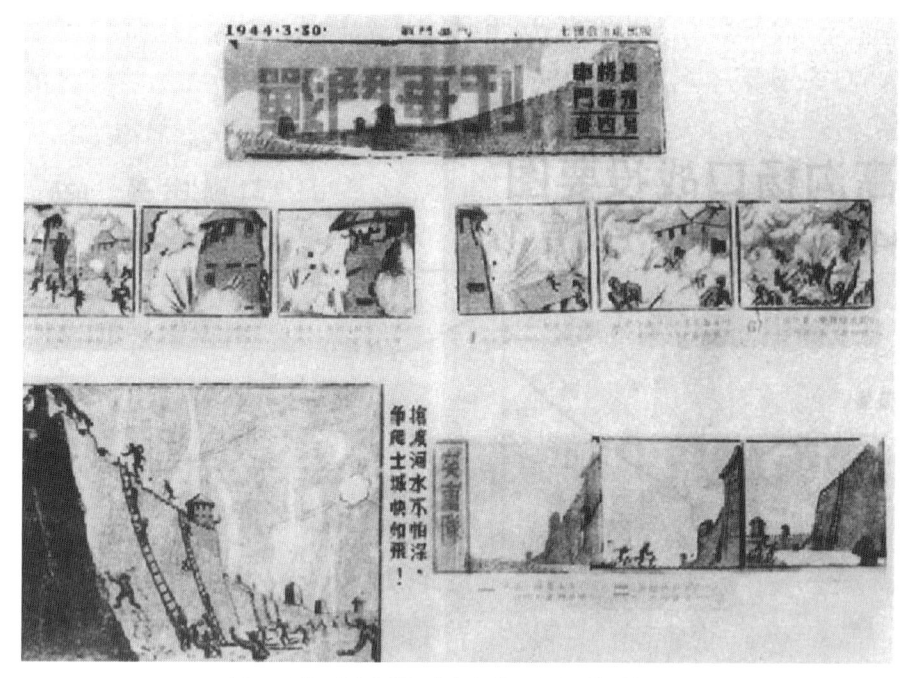

新四军战时出版物《车桥战斗特刊》第四号

第4连的任务是突破围墙后，即向纵深发展，攻占伪警察局的大碉堡。从西南角进攻的第4连，浮过了宽10米、水深近3米的外壕后，接着爬过近6米高的围墙，向敌碉堡前进，刚到碉堡旁边却被一处木栅门挡住了去路。这时，碉堡里的敌人已经发现了第4连的突击队员，于是开始放枪，一个战士不幸中弹，突击队员迅速打开了木栅门，冲到了碉堡旁边。敌人满口喊着缴枪，却乘机扔过来一颗手榴弹，一个战士眼疾手快，飞起一脚把手榴弹踢到了几米外的沟里。敌人用猛烈的火力封锁了第4连的进攻道路。四周无处可依托隐蔽，怎么办？第4连战士急中生智，进行近迫作业，在房屋里墙上开洞，一间房接着一间地打通了，一直到达伪警察局的房屋。几十个勇士，沿着弯曲的街道，穿过一个洞接一个洞，接近伪警察局的背后时，突击队员们又用十字镐砸开墙壁，迅速突进，当战士们从敌人室内的床后走出来时，敌人惊恐万分，不知所措，以为天降神兵。在刹那间的紧张中，这个屋子里的敌人便乖乖地举枪投降了。这时，外围的突击队员张福春也趁机迅速地架好云梯爬上碉堡，接连几个手榴弹扔进去。最后，碉堡里没死的敌人被全部缴了枪。

第2连部队因为向导带错了路，由西面泅渡了两道外壕沟，虽然进攻时间有些延误，但也迅速地突进了围墙。第2连部队向街中心地带突进，将慌乱中向旁边碉堡逃跑的日伪军大部歼灭。

5日下午，战场上呈现暂时的沉寂，没有枪声，没有炮声，大家都在为攻击最后的日军据点忙碌准备着。日军的工事碉堡，比任何伪军的工事都要坚固：小围墙7米左右高，南北长约200米，东西宽约100米，外壕有近10米宽，南北都有涧河环绕，东西南三面，外壕有2米多深的泥水，围墙四周有5个隐蔽射击碉堡，正南面有进出汽车的大门，围墙里是2座瓦房，相距30米左右，中间还筑有一座大碉堡，旁边又有隐蔽射击碉堡，高约10米，周围以铁丝网环绕，四周均有相通的壕沟连为一体。如此坚固的据点，令指战员们颇费心思。

过去新四军虽然也有围点攻坚的经验，但攻击日军碉堡，还是第一次。以当时我军的优势兵力来看，是有把握消灭敌人的，不过值得考虑的是如果使用少量兵力，恐怕无济于事，不能解决问题；如果使用兵力过多，又恐部队遭敌火力杀伤过大，反而会影响战斗力。因此决定先集中炮火摧毁工事，协助步兵先行攻击其一角，再扩大战果。下午3点半，按既定方案开始对日军工事炮击。炮声一下接着一下，迫击炮弹呼啸而下，日军工事在隆隆的爆炸声中分崩离析。2个多小时的猛烈轰击，使日军陷入一片混乱之中。黄昏时分，炮声戛然而止，可紧接着就是攻击的冲锋号划破长空，我军部队潮水般向日军据点冲去。负隅顽抗的日军的枪声、掷弹筒声也一齐响了起来。

第8连向北进行佯攻，在各路火力掩护下，突击队员迅速从西北方向奔来，很快冲到日军碉堡下，并从枪眼处扔进两颗手榴弹，随着轰轰两声，没被炸死的敌人逃出碉堡，仓皇退入后面的瓦房。突击队员占领碉堡后，立即向纵深扩展。但残余日军异常狡猾，见无法继续抵抗，便向东南方向逃窜。我军迅速占领周围三座碉堡、一座仓库。敌人的工事阵地被我军占领了大部分，敌人孤守一隅，且伤亡很大，只作着最后挣扎，以争取救援时间而已。我军随即重新选择了炮兵阵地，准备午夜时分发起总攻，将残敌一举全歼。但却在当晚11时接到停止攻击、撤出车桥外围待命的命令。后来才知道，原来芦家滩、泾口、曹甸等多个方向出现大批日军增援部队，暂时撤出，以防日军里应外合。随着外围打援部队不断传来捷报，第二次向车桥发起总攻的时机（6日凌晨3时许）终于到来，最后全歼车桥日伪军守敌，围点取得重大胜利。

在车桥的围点战斗打响不久，打援战斗也随后展开了。最为精彩的打援战斗当数芦家滩打援了。

新四军第一纵队在4日夜间进入打援地域后，以第3营在芦家滩以西构筑阵地，在前沿敷设了地雷，负责正面阻击来援之敌；以第4营配置于第3营侧后，在后依托涧河构筑阵地，负责纵深防御；将主力3个营隐蔽配置在石桥头及其附近地域，以侧面阻击来援之敌。

5日下午，日军三泽金夫大佐率驻淮阴、淮安、泗阳、涟水等地的日军第65师团第72旅团的第60大队，乘车增援车桥，并催调各据点敌人陆续驰援。15时许，三泽所率第一批增援日军抵达我军芦家滩阵地前，在对第3营阵地实施正面攻击的同时，以一部分兵力对第3营的右翼进行迂回。我军则在第3营进行正面抗击的同时，以第2营的1个连对敌之侧翼实施突击，将敌击退至韩庄附近，敌人闯入我军预设的地雷阵，伤亡60余人，锐气大挫。16时与17时30分，又各有日军百余人赶来增援。我军均以正面抗击结合侧翼突击，阻敌于阵地之前，使之无法越雷池一步。20时许，三批援敌倾全力猛攻我第3营阵地，我军也以主力从侧方猛攻敌人所据守的韩庄阵地，双方展开激战。据叶飞回忆：闽东红军老战士、3排长陈永兴，在手榴弹爆炸声中，率先冲入敌群；6班长许继胜端枪紧跟，率领战士与鬼子拼开了刺刀。日军横尸60余具。第4连和特务营1连分别由北、西两个方向攻入韩庄，随后第5连也自东面突破，把日军截成4段，和敌人展开白刃战。10时许，第3营俘虏的日军军官中，有一名身负重伤而又狂呼乱叫的军官，身挂银鞘指挥刀，战士们把他抬到包扎所时，已经死了。经俘虏辨认，正是三泽大佐！（据2015年7月6日《新华日报》报道，1944年车桥战役新四军曾击毙日军独立步兵60大队大队长三泽金夫大佐，其被追晋少将，追晋文件及战斗概述等3份日本新解密档案确认该战果。此前中方资料或缺漏全名，或记作"山泽"，不知曾击毙一名将领。）

三泽一死，敌寇大乱！

日军在对我芦家滩阵地进行多次攻击仍无法突破的情况下，以一部兵力由伪军淮安保安团30余人带路，企图从草荡边缘偷越至草荡东北，遭到第1团第7连和泰州独立团第1、第2连的堵击。敌人部分陷入草荡中被歼，部分窜至小马庄被第1团第1营发现，日寇亦发现了我军，双方同时鸣枪。小马庄三面环绕险陡河道，一面是毫无隐蔽的开阔地。部队急速越过庄北小桥，沿河飞绕到敌占房屋后面，叠罗汉上屋。敌人集结全力与我抗击。我军挖墙洞，投掷手榴弹，抢占房屋。鬼子见势不利，手端刺刀想夺门而去，一部分被战士们以排子榴弹轰回，一部分冲至巷内与我展开了白刃肉搏。几经反复冲杀，又把巷战的鬼子逼进屋内。战士们一面上屋顶开洞，一面挖开墙洞以手榴弹开路，逐屋争夺。突然，屋里的鬼子大声嚎叫起来。第3连有个绰号叫"三袋黄烟"的战士，懂得日语，这时向

车桥战役纪念广场

连长报告："敌人动摇了！"连长马上要他向鬼子喊话。那战士喊了几句，房屋内一时安静下来，但稍停后，又向屋外猛烈射击。我军数次冲击都无法逼近，便架起高粱秆数堆，准备火攻。顷刻间，小马庄内烈火熊熊……（据廖政国《芦家滩痛歼日军》一文）小马庄内侥幸逃出的鬼子均被我俘虏。

6日凌晨2时至3时，又有日军120余人赶来增援，被特务营和第2营拦路阻击，敌随即回窜至周庄据点。

当我第一纵队在芦家滩地区打援时，第3师的骑兵部队在淮安至车桥的公路以北地区佯动，迫使一批援敌只能沿公路东进，钻进芦家滩这个"口袋"，为我第一纵队的打援作战创造了有利条件。

芦家滩，就这样成了日寇援军的坟墓。

7日，车桥战役胜利结束。这次战役，歼灭日军大队长三泽金夫大佐（后被追晋少将）以下官兵465人、伪军483人，生俘山本一三中尉以下 24 人，摧毁敌碉堡 53 座，缴获九二式步兵炮两门及其他大批武器弹药。敌寇慑于我军威力，仓皇从曹甸、泾口、泾河、周庄、塔儿头、望直港、张家桥、扬恋桥、蚂蚁甸、蛤拖沟、鲁家庄等 12 个据点撤退。淮安、宝应以东地区全部为新四军控制，在敌寇奴役下的几十万人民群众获得了解放。

捷报传到延安，毛泽东盛赞粟裕："这个从士兵成长起来的人，将来可以指挥四五十万军队。"战斗胜利的第二天，新华社向全国播发了新四军收复车桥的消息——《苏北新四军大捷，收复车桥》，赞扬这是新四军"以雄厚兵力"打的一个"大歼灭战"，第三天又详细报道了车桥战役的经过。延安《解放日报》发表了祝贺这一胜利的社论。时在延安的陈毅军长也发来了嘉奖电。车桥战役后敌人未敢进行大的报复行动。叶飞在《华中反攻的序幕战——车桥之战》一文中说：自那以后，华中敌后战场的敌我态势开始转化，我军逐渐取得了战略上的主动，转入反攻作战。在战法上，也逐渐由以游击战为主转入以运动战为主。

"皇军日暮途穷了"——被俘日本兵如是说

就要离开车桥战役纪念馆的时候，笔者思绪难平：那场令中国人民遭受重大灾难的侵略战争，也同样让一些爱好和平的日本国民痛恨不已。

在纪念馆陈列的史料中，笔者发现了 1944 年 3 月 25 日《苏中报》上刊发的一封题为《日人反战同盟苏中支部等祝贺车桥大捷致新四军电》的电文，内容如下——

参加车桥战斗的同志们：你们在此次车桥战斗中，捕获日本帝国主义的将校和士兵达 24 名之多，这在新四军的战斗史上创造了惊人的纪录。由于你们的光辉胜利，我们向你们谨此表示敬意！

这封电文的落款是日人反战同盟苏中支部长滨中政志、苏北支部长古贺初美、淮北支部长后藤勇以及淮南支部长高岛江志。

这个"日人反战同盟"究竟是一个什么样的组织？

在抗日战争时期，一些经教育和感化而觉悟了的日本士兵和日本俘虏，脱离日军，成立了"在华日本人反战同盟"，加入中国人民抗战的行列。1939年11月，杉本一夫等7名被改造的日本战俘在山西省辽县（今左权县）麻田镇八路军前方指挥部创建了在华日本人最早的反战团体——觉醒联盟。

1940年11月，在新四军根据地先后成立了以坂谷义次郎为支部长的"在华日本人反战同盟"鄂豫边支部；1942年3月15日，在新四军第1师（苏中军区），由香河正男、滨中政志等建立了反战同盟苏中支部；7月15日，在新四军第3师（苏北军区），由古贺初美等建立了反战同盟苏北支部；10月，在新四军第4师（淮北军区），由后藤勇等建立了反战同盟淮北支部；11月，在新四军第2师（淮南军区），由高岛江志、加藤肇等建立了反战同盟淮南支部。这些反战同盟组织活跃在抗日战场的前线，这些特殊的日本友人在阵地上开展了大量的反战宣传活动。

在车桥战役烈士纪念碑上，有一个叫"松野觉"的烈士总会引起瞻仰者们的沉思：这个日本人的名字怎么会出现在烈士纪念碑上？

淮安军分区政治部主任周春发给我们讲了日人反战同盟苏中支部宣传委员松野觉烈士的故事。

松野觉生于广岛县宇品，1940年被迫入伍，为丸山旅团平间大队押川中队上等兵，1941年12月，在江苏如东县双灰山战斗中，被新四军第1师第3旅第8团俘虏，后经新四军敌工人员教育，于1942年参加了新

叶飞题写的车桥战役纪念碑

四军并加入了日人反战同盟苏中支部，还加入了共产党。

松野觉有战场喊话的经验。在泾口战斗时，他埋伏在敌军据点不远处进行喊话，敌人开枪打他，他针锋相对地喊道："你们打出的子弹，都是你们父母的血和肉，你们要考虑自己和家庭的生活，不要替天皇和军阀卖命。"敌人指责他"丢掉大和魂"，他更义正词严地反驳说："大和魂是日本民族精神，这种精神就是要以自己的勇敢、正义给日本人民带来和平与幸福。你们想想看，伴随着你们枪声的是你们的父母、妻子的咒骂和哭泣声，你们屠杀中国人民并不能给日本人民带来真正的和平、幸福，而是一场可怕的灾难，丢掉大和魂的是你们而不是我。"（据《回顾新四军军部》）

在车桥战役中，松野觉不顾个人安危，不停地进行阵前喊话，宣传政策，不幸被日军击中头部，英勇牺牲。

1944年6月22日，军委总参谋长叶剑英在会见到延安访问的中外记者参观团时，高度赞扬了松野觉同志献身于中国抗日战争事业的崇高的国际主义精神。

作家萨苏在日本考察抗战史料时发现了一套叫《给孙辈的证言》的书，是一位日本老人福山琢磨编写的，书中是经历过二战的日本人的回忆文章，其中有一篇《走向觉悟的证言——S.J.先生访谈录》，这位化名为S.J.的日本老兵在中国所用的名字是"山本一三"，他就是车桥战役中被俘的山本一三中尉。文中较为详细地记述了车桥之战中日军惨败的场景："昭和十九年（1944年）3月6日，战斗在江苏省淮安县爆发。我的部队以不过200人的兵力试图解救被新四军包围的一个小队级分遣队。但是，新四军出动的是兵力3000至4000人的大部队，将我们围困并发生了激烈的战斗。因为我们兵少，不得不向附近的村庄逃避。但是，新四军穷追不舍，我们遭到集束手榴弹的猛烈攻击，房子都起了火。这种情况下只好四处寻找逃生之道，因为日军残兵在被烧毁的房子里隐藏存身，新四军可能认为日军都被烧死，一度撤离。但是，日军残兵试图突围的时候，终被发现，再次陷入重围。最后，我们十四五个人都成了俘虏。其中包括清水、宫本两个军官，还有梅村等。我们才知道攻击我们的是新四军在苏中的第1师。第1师的敌工部长陈先生是广东人，曾在日本留学，日语非常好而且待人宽厚，即便有所责备，态度也从来不会生硬……""被俘之前，在部队里已经有'共产党军抓了俘虏不会杀，如果愿意还会被放还'的说法。如果是这样，那么能活下来的话，溜到南京或者上海做点小生意，不是也可以吗……"

在芦家滩打援一战中被俘的一等兵水野正一说："我佩服新四军作战

巧妙，惊叹新四军士兵攻击精神旺盛。"伍长石田光夫说："我现在清楚知道了，日本兵战斗意志完完全全比新四军低下。"他们凄然哀叹："皇军日暮途穷了！"（据叶飞《华中反攻的序幕战——车桥之战》）

如今，枪声不再，炮火不再，甚至往日镇上熙熙攘攘的迎来送往，也变作了参观者端着相机在纪念馆里的沉思喟叹。喧嚣之后，倘若你仔细观察、用心聆听，一定还能感受到昔日的枪声阵阵、炮声隆隆，而这声音，不来自桥庵，不来自镇中，只来自每一个人心里——这是关于车桥战役不灭的记忆。

水道：反攻收复胶东的序幕之战

1944年8月24日夜晚，在胶东一座被八路军团团围住的日军炮楼外面，一名干部正拿着用洋铁皮卷成的话筒，用流利的日语向里面喊话。最初，他的努力起到了一定的作用，碉堡里面的日军一下子沉寂了下来。但是没过多久，随着以日语"国贼"作为回应，碉堡里面的机枪又响了起来。见此情景，这位嗓音略带沙哑的"日本八路"竟气得一边摇头一边冲着里面嚷道："八格牙路……大大坏了的……"说罢，他用手指着碉堡，扭头冲着身边的中国同志激动地吼道："打打！消灭消灭……死啦死啦的！"由此拉开了胶东地区大战的序幕。

记述眼前这段战争场景的，就是参加这场战斗的原海南军区司令员、时任胶东军区第16团第3营第8连连长的江雪山同志。正是这段生动的文字促使笔者决定拿起行囊，到当年的战场上去一探究竟。而那个向碉堡里喊话的"日本八路"不是别人，正是日本人民解放联盟胶东支部长渡边三郎。他们当时正在参加胶东军区发起的秋季攻势中的一场战斗，其目标就是要端掉敌人楔入我根据地腹地的水道据点。

"铁打的水道，纸糊的牟平"

2015年，笔者一行从北京坐高铁6个小时便到达了烟台，再乘车赶往当年战斗的发生地——烟台市牟平区水道镇。司机介绍说,这里是革命老区,至今都流传着"铁打的水道,纸糊的牟平"这种说法,但是具体怎么讲他也说不清。破解疑问也就成为笔者此次寻访之旅的开端。

在烟台市胶东革命史陈列馆里,陈列着一份印制于 1947 年的《胶东区地图》。在这幅地图上,笔者很容易就找到了这个当时叫作"水道集"的地方。此地位于当时胶东牟平县南部,距县城约 27 公里,只是一座有 300 多户人家的小集镇。别看此地不大,当年却是扼守烟(台)青(岛)公路的战略要点,如今也是两条省道的交会处。当地镇政府的同志告诉笔者,水道镇的东面产黄金。沿镇政府前面一条叫作金政街的马路放眼看去,镇子东部的街道、小区还多以黄金命名。这让笔者想起了在查询资料的过程中,曾经多次发现新中国成立前胶东地区向延安上缴黄金的记录。出了镇子沿着公路向北走大约 10 公里处是一个叫尺坎的地方,水道战斗的打援之战就是在这里进行的;沿着尺坎再向北 15 公里就是紧邻烟台的牟平县城,因此水道在当时也被看作是牟平的"南大门"。日军从 1940 年踏入水道那一天起,就开始在这个地方大兴土木,修建碉堡炮楼以图长期据守,且水道据点工事强于牟平城防,"铁打的水道,纸糊的牟平"的说法即源于此。除此之外,笔者还在当地的走访中了解到,我党在胶东地区的根据地分为东、南、西、北四个海区,而水道正是连接我胶东各海区根据地的交通要点。敌人在这里修建的据点,在保障牟平安全的同时,也切断了我各根据地之间人员和物资的流通,阻碍了敌后抗日武装力量的发展和壮大。据记载,每当日军组织"扫荡"的时候,这里都是敌人集结兵员、储备后勤物资的供应基地。而日伪对胶东地区的历次"扫荡"也是从这里出发的,因此水道对敌我双方都具有重要的战略价值。

"这么重要的地方,为什么不从一开始就把它打下来呢?"和笔者一

1944年8月24日，胶东部队第16团和东海独立团攻克牟平县以南水道敌据点，全歼日军38人，伪军2个中队。这是我军迫击炮向前沿阵地运动

同前来的一位同志忍不住提出了这样的疑问。其实面对这根搊入我根据地的"毒刺"，我方也感到"如鲠在喉"，总是想找个合适的机会将其彻底拔除。但是在当时那种情况下不是要不要打的问题，而是根本打不下来，若细说起来那就要从水道所在的整个胶东半岛说起了。

从地图上看，胶东半岛三面环海，一面连接着冀鲁平原，水路交通便捷，物产资源丰富。抗日战争期间，这里是日军往来海上与华北平原的交通要道，更是敌人"以战养战"的重要补给基地。因此从一开始，日军就对此地非常重视。自从占据水道后，日军竟在这个不大的村镇内外先后修建碉堡炮台11座，派数百名日军和伪军警分别驻守。其中坐落在镇东北面的日军据点不仅在围墙内筑有碉堡2座、平顶炮台1座，而且还在围墙

八路军摆开沙盘研究攻击敌据点战术

外挖了堑壕，拉上了铁丝网和鹿砦。从水道镇党史办获取的资料记载：在平时，这里常驻有日军1个加强小队以及重机枪班、迫击炮班各1个。一旦有风吹草动，从烟台和牟平增援的敌人在一小时之内就能出现在据点周边地区。除此之外，镇外的西山上和镇北及东南部另修有伪军警据点3处，内有大小碉堡8座，里面分别驻扎着伪军两个中队以及伪警察若干。因此，这里的日伪军装备精良，工事修建坚固，一旦遭到攻击，四处据点可以相互支援，瞬间就可以构成数道立体交叉火力网。这种严密的防御体系在当时整个华北地区都非常少见。

为了考察当年的战场，尽可能地探访历史的本真，笔者特意拿着一份当时的地图，与军分区的同志一道在水道镇走访。从图上看，与当年相比，这里的地形地貌基本保持了原样，虽然整个镇子向四周扩展了不少，但是镇中心的主干路以及两侧的河流走向没变。遗憾的是由于新中国成立后村镇建设的需要，地图上的据点碉堡大多已经拆除，即使站在原址也找不到当年的半点痕迹。当地镇政府的一位老同志告诉笔者，如今镇政府的旧礼堂北墙就是伪军第4中队碉堡（即当时镇北伪军据点）所在地。好在距离此处不远的西山上还有一座碉堡保存完好。由于笔者曾有过在机枪连服役的经历，因此站在这座砖石砌成的坚固碉堡里向当年水道的位置望去，感到一挺"野鸡脖子"（当时根据地军民对日军九二式重机枪的习惯称呼）就足以居高临下地控制大半个集镇。试想以当时连"老套筒（汉阳造）"都不能做到人手1支的八路军而言，要想趁敌立足未稳之机去拔掉敌人的据点，全歼此处守敌，显然有些不切实际。除了上述武器装备等方面的差距外，时机也不成熟。

"迈步上公路，抬头见炮楼"

1940年，正值世界反法西斯战争最为艰难的时期。在欧洲，法西斯德国继闪击波兰之后，纳粹的坦克又横扫整个西欧。在亚洲战场上，自武汉会战（1938年6月至10月）结束之后，中国的抗日战争也进入到相持阶段。侵华日军掉过头来，在其后方大力推行"治安肃正计划"，开始对中国共产党领导的敌后抗日根据地实施残酷的"囚笼政策"。在"扫荡"中，敌人以"铁路为柱，公路为链，据点为锁"，不仅对我抗日武装活动的地域进行分割包围，还像过筛子一样对我广大乡村反复进行"铁壁合围"，使我方遭受了重大损失。1941年，刚刚被授予陆军大将军衔的冈村宁次出任日本"华北方面军"司令官。这个早年曾在军阀孙传芳部队中担任过军事顾问，还顺手偷过中国军用地图的"中国通"，不仅变本加厉地对我敌后抗日根据地进行更加残酷的"扫荡"，还于1942年冬亲赴胶东地区就近指挥。据史料记载，当年有上千辆卡车载着数万敌人在这片土地上穿梭而行，数以千计的炮楼随之拔地而起。"迈步上公路，抬头见炮楼"不仅是那会儿的真实写照，更是水道镇老一辈人脑海中难以磨灭的记忆。

面对这严峻的形势，进入山东的八路军第 115 师在罗荣桓的带领下，紧密地团结依靠当地群众，粉碎了敌人一次又一次的"扫荡"，在胜利中不断壮大自身的力量，使日军的图谋始终无法实现。在我抗日军民的打击下，从 1942 年秋季之后，冈村宁次所发动的"华北治安战"就已经进入尾声。到了 1943 年，日军在华北地区所开展的"秋季扫荡"也成为强弩之末。太平洋战争爆发后，随着日军侵略地域的不断扩大，东京方面也逐渐感到力不从心，开始着手将后方有作战经验的师团悉数派往太平洋地区作战，日军在华北战场上的兵力开始出现不足。1942 年珊瑚海海战和中途岛海战结束后，日本不仅丧失了对战争的主导权，也被美军切断了连接本土与东南亚各地的海上补给线，开始在内外交困中"疲态尽显"。而八路军却已经在若干地区逐步占有了局部优势，就连敌占区的人民也开始传唱起了"1943 年哟，环境大改变……八路军主力下山来哟，下山来……"

1944 年，垂死挣扎中的日军开始集中兵力执行旨在打通大陆交通线的"一号作战"（又称豫湘桂战役）。为了配合此次作战，日军将原先驻防山东的 2 个师团、3 个旅团，调得只剩下 1 个师团、2 个旅团（即第 59 师团、独混第 5 旅团、独立步兵第 1 旅团）。在这种形势下，为了迎接即将到来的对日反攻，同时也为迎接和配合盟军在胶东南部沿海的登陆作战做准备，胶东军区在配合滨海地区粉碎敌人的"扫荡"后决定向日军发动秋季攻势，水道自然就成为此次行动的重点目标。

"铁打的水道"绝非浪得虚名

参加攻打水道战斗的，是胶东军区第16团第3营和东海军分区独立团，由于第3营参加过回龙山、大夼攻坚战，因此攻打日军据点的重担自然就落在了他们的肩上。第3营的干部们在受领任务后，找到了团部侦察队的王队长。如今这个王队长的名字已经无法查证，但是他的情报工作显然做得非常出色。他告诉第3营的干部们，水道据点内原有日军1个加强小队，伪军2个中队以及40多名伪警察，日伪总兵力300多人。自我军开展秋季攻势以来，从烟台又增援了30多名鬼子，这样一来日军的总人数就超过了60人。不过这些日军士兵中新兵居多，原先那些留胡子的老兵早已被调往南方战场。由于预感到形势不好，日伪军都在到处抓民夫赶修工事，平日里双方矛盾很大，互不来往。由于敌人戒备很严，因此据点里面的实际情况我方掌握的也只有这么多，当然就当时的侦察手段而言，能获得这些资料已经很难能可贵了。

综合多方资料可以看出，水道据点的日军应该隶属于驻扎在文登的侵华日军独混第5旅团独立步兵第19大队第2中队（该大队下辖4个中队，分别驻守在寨里、文登、栖霞和大辛店）。该大队的指挥官吉山二郎大佐早年毕业于日本陆军士官学校第25期（1913年）。侵华战争开始后，此人曾以迫击炮大队队长的身份在华南地区作战，回国后就任北海道旭川军管区司令部管理主任一职。与同时期的日军官佐相比，他属于资历较老但升迁无望的那种人。太平洋战争爆发后，由于前线日军基层军官的伤亡率居高不下，因此后方很多原本应由大尉军衔出任的大队长职务转而由少佐或更高军阶的二线军官担任，年过半百又对八路军的战术并不熟悉的吉山应该是在这种背景下再度来到中国的。为了配合秋季攻势，当时胶东地区的公路大都已被我方破袭，分散驻防在各据点的日军不仅交通基本断绝，而且粮秣、弹药等辎重给养也完全不能补给。自 4 月以来，日军原先所控制的青（岛）烟（台）公路要冲松山据点、福山县高瞳据点、蓬莱县大黄家据点等都被我军相继攻陷，连第 4 中队设在大辛店的中队部也被我军多次袭击。在这种情况下，为了防止被逐个击破并获得机动兵力，日军已经开始将据点交由伪军负责，将兵力收缩到较大的县城固守。当时水道据点的日军已经在战斗发起 4 天前的 20 日接到了回撤的命令，只是由于道路不通而作罢。当然这些内容在当时我方并不掌握。

3 营副营长张超在王队长的带领下，又在水道镇附近整整活动了 3 天。通过实地观察，大家感到"铁打的水道"绝非浪得虚名。从搜集到的资料上看，该镇地处丘陵平原地区。在这座东西走向的农村集市东侧，有一条几十步宽的小河。日军的据点就坐落在镇子东北面一块平地上。该据点占地约 20 亩，呈正方形构建。据点南面与镇子相接，唯一的出口留在了西北面。据点的东南角和西北角用砖石各修建有 10 多米高的四层圆形碉堡一座，从远处看去很像如今发电厂的大烟囱。绕着碉堡走一圈大约 50 步，碉堡的外侧与围墙相接。外侧的围墙也是砖石结构，高约 6 米，碉堡和围墙上面都密布着射击孔，顺着围墙向外延伸 50 米还修建有数道防御工事。其中最外侧为一道宽 10 米、高 2 米多的鹿砦，鹿砦的里面是一条宽 3 米、深 2 米的壕沟。壕沟的底部有 1 米左右的积水，这给我方挖洞爆破带来了一定困难；壕沟的内侧有两道呈单列桩和屋脊形排列的铁丝网，其中单列桩铁丝网高 3 米，屋脊形铁丝网宽 10 米、高 3.2 米；在铁丝网与围墙之间还有一条宽 2.8 米，与外壕深度相同的内壕，不同的是，这条内壕的底部还密布着削尖了的竹木桩，而且内壕正处于围墙和碉堡的火力直瞄范围内。这 5 层防御体系纵深达

攻克水道据点的战斗模范合影

到了 50 余米。在围墙的内侧有十几座房屋，其中正中的一座半截炮台甚至比碉堡的占地面积还大，上面部署有迫击炮、掷弹筒、机枪等重型火力，炮台下面修有地堡和暗道。两座碉堡相距百余米，日军的兵力主要集聚于此。白天里，围墙上通常站着 4 名哨兵担任警戒，到了晚上除了探照灯外，只要周围稍有动静便立即开枪。为了获得更好的视野，在据点周边半里内敌人都不允许种植高秆作物，故而此地视野开阔，易守难攻。日军的防御工事如此，伪军的碉堡也不容小觑。在日军据点的西南侧即水道北面建有伪军第 4 中队的据点，内有 3 座碉堡和围墙等工事；在鬼子据点正南约 100 米的水道东侧也有伪军驻守的一座碉堡，内有一个伪军小队（当时隶属于伪军第 4 中队）；除此之外，在距离水道约 2 里、被当地人称作西山的丘陵上，也修有伪军的据点，内有伪军第 3 中队百余人。这些伪军的工事虽然都逊于日军,却比较坚固,据说在后来拆除的时候还颇费了一番气力。从水道日伪据点的建设可以看出,敌人的据点不仅工事坚固,火力搭配合理,而且据点本身也形成了一个完整的防御作战体系。

正当笔者站在现场,按照上述的这些内容努力地"还原"着当年的这些场景时,当地党史办的同志告诉笔者,当时日伪的据点中还豢养了大批狼狗,这些军犬大都经过专门的训练,不仅在夜间负责巡逻放哨,而且常常被日军用来追踪引路。就在水道战斗发生前不久,牟平县的一个民兵中队在水道附近被狼狗带领下的日军打了个措手不及,损失很大。也曾经有一位苏姓侦察员在被日军抓到后,被狼狗活活地开了膛。因此要想顺利完成攻击任务,打敌人一个出其不意,就必须提前除掉这些狼狗。

"熊式盔甲"

在抗日战争期间,战前实地侦察做到知己知彼虽然已经成为我军必不可少的一项"好传统",但是按照攻击目标来搭建原尺寸的建筑并进行实地演练却非常罕见。在这次实地考察过程中笔者了解到,当时第3营的干部在做了较为详细的实地考察后,便在距离水道镇100余里的驻地按照日军水道据点的样子搭建出了与其完全相同的工事、鹿砦、壕沟,并组织参战部队进行反复演练,直到动作娴熟、配合默契为止。

攻坚战通常离不开炸药包。前文提到过当地出产黄金,当年很多同志在入伍前就会摆弄炸药。为了检验爆破威力,战士们还特别制作了含药量和体积重量大小不等的炸药包和爆破筒,并通过反复试验来找到爆破的最佳方法。

在走访时笔者发现,"熊式盔甲"这个词的出现频率很高,通过询问当地老乡以及查阅资料后我才明白,这其实是战士用4层以上的棉大衣淋上水,土法制成的防弹衣。穿上它以后爆破手的体形比熊还要肥大,因此大家都管它叫"熊式盔甲"。在笔者获取的一份材料中还记述,有一位参加进攻的东海分区独立团徐连长为了检验防弹效果,竟让战士们对他投几颗手榴弹进行试验。

在考察过程中有一个问题始终困扰着笔者,那就是此战歼灭日军的人数。由于水道战斗是围歼战,里面的日军应该是非死即俘。但是不论如何查证,此战中歼灭日军的数字都是38人,这与日军曾向此处增援过30余人的实际情况不符,也与资料中王队长所介绍的60余人的总人数相去甚远。难道原来驻守在此处的日军只有不到10人不成?正当笔者困惑不解时,互联网上流传的一份日方资料突然令我茅塞顿开,原来就在我军即将发起攻击前的8月中旬,水道据点的指挥官狄野准尉率部试图打通水道通往烟台的道路,结果在半路遭到了八路军的伏击,混战中包括狄野在内的10余名日军被击毙,多人受伤,1人被俘,随行伪军也全部溃散。除了这条公路外,水道镇通往日军第2中队所在地文登的道路也被我军同时切断。自此,据点里的敌人再也无法补充损失的兵员,这就是水道战斗打响后据点内原有的60多名日军只剩下38人的原因所在。看到这里笔者也明白了为什么在日方的资料中,水道据点"玉碎"时的指挥官是小林县雄曹长,而在我方参战官兵以及日本人民解放联盟成员小林清的回忆中却认为是狄野少尉(死后被追授少尉军衔)。

还要提一下的就是当时日军据点里的狼狗。为了达成战斗的突然性,第3营的干部和东海军分区独立团第1营的郑珊营长、刘教导员曾经试着将掺有砒霜的面饼扔进日伪的据点中。谁知这些军犬的肠胃灵敏得很,稍感不适便将这些面饼吐了出来。据说还多亏了一位王老汉指导大家用草药马钱子做饵，才将这些"四条腿的汉奸"全部毒死。敌人的狼狗被消灭了，可是村子里的狗叫起来也不得了。好在胶东地区共产党的群众基础非常好，当年为了掩护留短发的女干部不被敌人搜出来，一夜之间，全胶东地区的妇女都剪掉了自己的发髻。这次为了配合部队的行动，当地百姓家的狗大都被戴上了笼套或者干脆被带到了其他村子。据参战人员回忆，当我们的队伍借着夜色的掩护靠近敌人据点的时候，村里村外一片寂静，只听到田间的青蛙偶尔发出几声叫声。

"炮弹质量不过关，只好依靠炸药包"

8月24日夜，第16团第3营和东海军分区独立团第1营的指战员们开始向水道地区集结。胶东兵工厂生产出来的两门仿日军九二式步兵炮也被拆分扛到了距离日军据点偏西约250米的地方进行组装。由于这是胶东地区首次进行步炮协同作战，因此在很多同志的回忆录中都可以看到这两门钢炮的身影。

负责指挥火炮发射的是军区直属炮兵营的王一萍营长，按照原先的安排，炮兵会首先轰击西北角的大碉堡，给第8连打开通路后再去支援第7连，转而进攻日军在东南角的碉堡。

就在进攻发起之前，先期进村的部队已经把日伪军和外界的联系全部切断。爆破队与民兵也提前在敌人的壕沟里面挖好了地洞，准备在必要时用炸药炸开碉堡和围墙。敌工人员还带领东海军分区独立团第1营（欠1连）迅速解除了集镇里面伪军警的武装。一切准备停当后，渡边和小林清等几位日本人民解放联盟成员便悄悄到达了距离日军据点不远的前沿阵地上。

八路军胶东军区司令员许世友

负责喊话的是被俘前与碉堡中的日军同属日军独混第 5 旅团独立步兵第 19 大队的小林清。他拿着铁皮喇叭，用纯正的大阪口音向据点里的日本士兵喊道："日本士兵们，你们被八路军包围了！赶快投降吧！八路军优待俘虏，欢迎你们参加日本人民解放联盟。你们现在任何别的出路都没有，投降才是唯一的生路！"在寂静的夜里，他的声音非常清晰洪亮。据点里的日军士兵听到喊话后，立即把碉堡里面的灯熄灭了，并朝声音传来的方向开枪射击。等枪声渐渐稀了一些，小林他们几个又接着向日军的据点里喊话。

小林清在他后来撰写的《在中国的土地上》一书中，对当时日军的反应是这样描写的："隐隐地从据点里传来了秋野小队长（应为狄野准尉，此人在水道战斗发生前已被我军击毙，此时的代理小队长是小林县雄曹长）恶狠狠的威逼士兵的声音'开枪打这些国贼！不要听他们那一套'。"当时，小林他们又轮流喊了一会儿，除了代理小队长小林县雄曹长所在的那个碉堡还在打枪外，其余几个碉堡都陆续停止了射击。看到喊话没有效果，为了不贻误战机，敌工科的同志就赶去司令部报告了。

1944年8月24日夜11时许，指挥所发出了进攻的命令。率先发起攻击的就是那两门仿九二式步兵炮。遗憾的是这些边区军工厂制造的产品质量不过关，第一门炮刚打两发就把炮栓崩飞了，而且踪影全无；第二门炮更离谱，第一发炮弹射出炮膛的同时就彻底散了架，炮管也损坏了。由于这两门炮都是半手工制作，模具之间有误差，因此它们的配件无法混合着使用。但是双方参战人员的回忆中都提到日军的碉堡确实遭到了数十发炮弹的直瞄射击，笔者从资料上分析，觉得这应该是得益于华北地区的部队大都已经掌握了将迫击炮由曲射改为放倒直瞄的技术。也正是靠着这几十发迫击炮弹才弥补了我方的火力不足。只是迫击炮的威力在于杀伤无防护目标而不是破甲，因此就像在解放战争中因指挥野战炮团而出名的王一萍同志当时所说的那样："糟糕，咱们炮的质量没过关，现在只好依靠步兵的炸药包啦！"

就在王营长他们摆弄步兵炮的同时，第7连和第8连（第9连为预备队）的指战员早就按照演练中划定的路线，沿着我方机枪开辟出来的通路向日军的两座碉堡发起了进攻。据第8连连长江雪山回忆："冲在最前面的是架桥组的同志们，他们冒着敌人的子弹以最快的速度冲到第一道壕沟前，将带有'长腿'的桥板立起来插入壕沟内，然后顺势将桥板搭在了对岸。紧跟在他们后面的是爆破组的战士。他们按照早已演练好的步骤，将装有黑色炸药的竹竿架在壕沟后面的鹿砦和铁丝网下，用一连串的爆破开辟出一条条通向敌人据点的'通道'来。为了完成大面积爆破任务，许多身着'熊式盔甲'的爆破手冒着被子弹击中的危险脱掉了身上厚重的防弹衣，在敌人的弹雨下迅速完成了一连串的起爆任务，使部队顺利地冲向了距离碉堡最近的一道壕沟。"

最内侧的这条壕沟虽然比外面的壕沟要窄一些，但是这里却是敌人火力最为集中的地区，在壕沟底部的水下也竖立着密密麻麻的竹木杆子。虽然我方的火力始终压制着敌人，但是从西北碉堡内扔出的手榴弹还是将支撑桥板的"长腿"给炸断了。此刻如果桥架不上去，就意味着爆破组无法扛着几十斤重的炸药跑到围墙下实施爆破，那么整个战斗都将陷入停滞，暴露在敌人火力网下的部队就会面临着重大伤亡。就在这千钧一发之际，第 8 连的架桥组长于文明带领同志们跳下壕沟，用叠罗汉的办法架起了通向胜利的"桥梁"，后面的战士们一拥而上，迅速到达了位于据点西北角的围墙下。

看到八路军已经冲到了碉堡底下，自知在劫难逃的日军开始了歇斯底里的阻击。部队伤亡很大，冲在前面的第 8 连指导员吕俊和担任架桥任务的于文明都是在这里先后牺牲的。就在这个节骨眼儿上，据点东南角的碉堡首先被炸开了一个口子，进攻那里的第 7 连官兵鱼贯而入，与残存的日军发生了激烈的战斗。跟在第 7 连后面行动的小林清在书中提到：他此时突然看到有 6 名日本兵从火光中跑出来投降，为首的正是此前曾经和他有过联系的和田。

与抗日战争刚爆发时不同，此时的日军为了解决兵员不足的问题，将很多岁数较大的人或小孩子都拉了进来，而这些人大都被放在了后方服役。与原先那些精锐师团中的日军官兵相比，这些补充兵员受军国主义毒害不深，因此投降甚至主动携枪投诚的情况都时有发生，这在开战之初是完全不可想象的。后来据这个 30 多岁的日本兵供述，当小林他们刚开始喊话的时候，这些人就想下来投降了，只是碉堡里面的小队长管得紧，一直下不来。从他的口中大家获知，这座碉堡里面原有轻、重机枪各1挺，士兵14名。其余的两个碉堡中各有12名士兵和1挺轻机枪。就在被前来接应的八路军战士带离战场前，和田还不忘嘱咐八路军，要他们沿着缺口左面的房子接近碉堡。

就在第7连向日军据点东南部的碉堡发起进攻的同时，距离日军碉堡不远处的伪军碉堡也被炸开了一个豁口。原来就在第3营分别向日军的两处碉堡发起进攻的同时，东海军分区独立团的同志们也向伪军在镇外的两处据点以及西山上的碉堡发起了冲锋。最先端掉的就是这个坐落在镇北边的伪军第4中队部，投降过来的伪军排长与敌工科的同志也有联系，他提供的伪军情报更为翔实。独立营的郑珊营长还抓获了一个带着老婆准备开溜的伪军班长，并派他前往东南据点内成功地劝降了里面的几十名伪军，从而顺利地解除了对第3营后侧的威胁。

看到镇子里的两处伪军据点先后停止了射击，据守在西北碉堡内的敌人自知大限将至，开始向碉堡外拼命投掷毒气弹，企图以此来延缓我军的进攻，为援兵的到来争取时间。当时我军的官兵也有准备，此前走访过的很多抗战老兵都告诉我，用尿液把毛巾或帽子浸湿后再蒙到自己的口鼻处的效果会很好，当然也有人抄起了日军尸体上的防毒面具戴在头上，总之这样毒气便无法危害我们的战士了。

就在这时，冲到位于敌人据点西北处碉堡下的第8连爆破组突然发现，日军为了防止被我军爆破，还特别在这座碉堡的外侧用砖石泥土修建了高2.6米、厚2米左右的防护层；如果要想爆破碉堡，首先就要把这个包在外面的防护层炸透。

见此情景，当时第8连的同志们马上召开现场会商量对策。大家经过研究后决定利用敌人的射击死角，搭人梯把带着长杆支撑的炸药包放到防护层上面实施爆破。第一次，一个30多斤重的炸药包被送了上去，结果只将碉堡炸开了一个斗笠大小的黑洞，敌人还从里面伸出了一挺"歪把子"机枪进行疯狂射击。看到首次爆破未获成功，但闻声而动的突击队却已经从内壕突进到碉堡下面时，一个名叫孙德太的大个子战士立刻爬到了这个2米多高的防护层上，愣是用双手将这挺"歪把子"机枪硬生生地拽了出来。就在他夺枪的同时，下面的林基竹、鲍同虎两位同志赶紧把一根2米多长碗口粗细的爆破筒递了上去，这才将这座烟囱一样的大碉堡炸得发生了整体倾斜，只留下里面的一段残垣断壁勉强支撑着，刚才还躲在里面拼死抵抗的日本守军也都被坍塌的砂石埋在了下面。

看到爆破成功了，埋伏在外面的第8连官兵们就从这个突破口进入了日军据点。冲进去的战士们还从废墟里扒出了15支三八式步枪、2挺轻机枪、2具掷弹筒。就在大家冲锋的过程中，通信员邹显顺突然感到脚好像被钉子扎了一样疼，他低头一看，原来是一个除了脑袋全身都被埋在瓦砾下的日军正用牙齿咬他的脚。看到这个老鬼子还这么嚣张，小邹也不想浪费子弹，于是直接搬起身边的一块大石头向这个鬼子的脑壳砸了下去。

两座碉堡被相继攻克后，据点里的日军已经伤亡大半，剩下的十几个人退守到中心炮台附近企图垂死挣扎。此时指挥第3营的副营长张超已经在战斗中负伤，教导员胡丙乙牺牲，部队伤亡也很大，但是指战员们不顾敌人再次施放的毒气，集中火力将日军逼入炮台下面的暗堡中动弹不得。看到天渐渐地亮了，为了尽快解决战斗，时任政治处股长的丁锐便带着渡边他们前去喊话，和田等几名主动投降的日军士兵（后来又有4名日军主动投降）也前来帮忙，可是龟缩在暗堡内的日军非但不领情，反而组织残敌进行疯狂反击。把嗓子都喊哑了的渡边气得够呛，于是就出现了本文开始时的那一幕。

就在强攻受阻，劝降又无果的这个当口儿，一位第8连的战士突然提

水道西山伪军碉堡遗迹

议将缴获的毒瓦斯扔进敌人的碉堡中。江雪山觉得这个办法不错，于是在向上级请示后，他让军区一级战斗模范组长周勇带着两名投弹手，把刚刚缴获来的瓦斯弹顺着射击孔投进了敌人躲藏的碉堡里。

碉堡里的敌人非常狡猾，据丁锐后来回忆，鬼子点燃了地堡里的杂物，企图用浓烟将毒气驱赶出来，结果不想弄巧成拙，反而加剧了瓦斯的效果。为了防止日军再耍什么花招，战士们赶紧趁热打铁，又向里面投了几捆手榴弹，这才让里面没了声响。此后，只抬出了一个留着仁丹胡子的军曹，他算是这座炮台中唯一的俘虏。

最后走出碉堡投降的就是西山碉堡里的伪军第 3 中队，他们最初也用火力支援其他据点，给我攻击部队造成了不小的威胁。一位战友告诉我，他的爷爷曲友山是牟平县上潘各庄人，当时就在独立团第 1 营机枪班任班长。战斗发起后不久，他爷爷正端着机枪向镇北侧的伪军碉堡（伪军第 4 中队部）发起冲锋，结果被山上据点里打来的子弹从侧面贯穿了两条大腿，最后以三级甲等残疾退伍。从他给我描述的伤口以及子弹的贯穿性来看，应该是西山据点里面的三八式步枪或"歪把子"机枪造成的贯穿伤。在日军据点被攻克后，西山据点里的伪军看到援兵无望，而我军又带着俘虏的伪军大队长喊话，这才从射击口中扔出了武器，举着双手走出碉堡投降。

尺坎打援之战

作为水道战斗的尾声，各方资料对尺坎战斗的描述有些不同。但综合来看，在战斗爆发后，坐镇牟平的吉山大队长一面要求水道的日军死守待援，一面从烟台和牟平抽调100多名日军，连同当地的伪保安队共600余人前去救援。带队的是日军水道分遣队所隶属的第2中队中队长根桥淳中尉。

当这些敌人沿公路行至曹格庄到尺坎两地之间的时候，水道战斗已经结束，而他们却被早已埋伏在那里的胶东军区独立团第2营和牟海独立营伏击。战斗中我军共击毙日军浅野中尉以下30人，伪军10余人，剩余的日军夺路逃回了牟平县城，随行伪军则大部溃散。

水道战斗和尺坎战斗共击毙日军57名、俘虏11名（后逃跑1名），毙俘伪军各百余名。缴获重型机枪1挺、轻机枪12挺、掷弹筒4具、迫击炮1门、小炮1门、步枪百余支和电台1部，其他战利品无数。

水道战斗的规模不算大，但它却是胶东地区自抗战以来我军首次在敌人拥有坚固防御体系的条件下，成建制地全歼日军一个加强小队的攻坚战。此战极大地震撼了胶东地区的日伪军，使敌人认识到其"推行数年之久的碉堡政策已不适用于目前战略战术的要求"（援引自我军缴获日伪文件的原文），迫使日军将有限的兵力进一步收缩到威海、烟台、牟平等几个孤立的据点内。在现场指挥此次战斗的胶东军区参谋长贾若瑜同志用"打一点，跑一面"（使文、荣、牟根据地连成了一片）来总结这场战斗。此战之后，在我军军事、政治的交替攻势下，胶东各地的伪政权及武装或弃逃或反正，这不仅使日伪原先控制的大片地区尽皆落入我手，也为抗日战争的全面反攻吹响了胜利的号角。

冉庄：陷敌于灭顶之灾

一个寻访故地的日本老兵

浅尾公平曾是当年日本侵华军队中的一个士兵，1939年前后，他曾在保定张登镇据点驻守，任军曹。有一次，他所在的小队60余名士兵在一村庄休息时，受到中国军队袭击，经1小时战斗后，只剩下24人。

1987年7月，浅尾公平来中国访问。在冉庄，自称当年只是一个伙夫的浅尾参观了地道遗址。地道的种种巧妙出口，让他惊奇不已。他的嘴唇不停地嚅动着，但没有人知道他说的是什么。

浅尾回国后，给时任冉庄地道战纪念馆馆长的王树林写了一封信。在信中，他公开了自己当年的军曹身份，并回忆说当年那损失惨重的一仗可能就发生在冉庄。冉庄人民在抗日期间先后对敌作战157次，共打死打伤日伪军267人。许多时候，只知道鬼子来了就打，打的是谁，是敌人什么部队的，并不清楚。张登是当年日军在当地最大的据点，那里的鬼子和冉庄人民有过多次的交火，地道战让鬼子尝尽了苦头是有史料记载的。

浅尾在信中说："对特意告知冉庄民兵队长的尊姓表示谢意，他是中国之强者……"

这是一个用武士道精神武装起来的日本军人对一个在中国共产党领导

下拿起武器自卫的中国农民的称赞吗?

二战之后,日本防卫厅编纂的战史上,这样记载当年在冀中平原的情况:

> (冀中)素有中共平原根据地模范区之称,交通壕、地道建筑非常普遍,几乎所有的村庄都有地下设施,甚至有相距七八公里的三个村庄用地道连接起来,而且农村的老百姓抗日意识很强,形成了半农半兵状态,就连老幼妇女也组织了抗日团体。因此,各部队在推进肃正工作时极为困难……

同许多年轻人一样,笔者也是通过电影《地道战》才知道地道战这段历史的,那里的台词、那里的人物、那里的场景、那里的故事,已经成为最耐岁月磨损的童年记忆。电影是在冉庄拍的,《地道战》里的人物也大都以冉庄当年的民兵为原型。冉庄就是"高家庄","马家河子"就是马庄,张登就是"黑风口"(黑风口是张登的老地名,电影中亦如此称,现称张登)。

十字街口,钟声已经凝固

2105年,笔者到冉庄采访。车出清苑县城不久,遇到一座现代化的立交桥,桥头有一座雕塑:两柱冲天,上端是一个代表着科技的圆形标志,下面则是一口大钟。这钟就代表着冉庄。电影《地道战》中多次出现过这口钟,它挂在村口的古槐上。钟声既可以是村民开会的信号,也可以是鬼子进村的警报。鬼子"悄悄地进村,打枪的不要",结果还是被高度警惕的老支书高老忠发现了,在鬼子的枪口前,他毅然敲响大钟,英勇就义。

艺术跟历史毕竟不同，其实高老忠并没有死。据介绍，高老忠的原型叫王玉龙，1938年任冉庄村的村长，曾经因为挖地道、杀鬼子得到过县里奖励的一支手枪；新中国成立后，他还当过乡长，因为没有文化，1957年主动"弃官为民"，到北京干临时工，后来在酒仙桥电子管厂食堂工作。

钟还在，树还在。但现实之中，那棵树不是在村口，而是在十字街上。街宽约10米，街道两侧的房屋全由青砖建造。古槐共两株，都已枯死，被铁栅栏保护着。树的表面呈青灰色，有数个大大小小的洞。导游王静宇解释说，大洞是当年的射击孔，小洞是敌人射击时留下的枪眼。树心已空，直通地道，当年民兵利用树身作掩体射击，真是神不知鬼不觉。电影里曾有过这个镜头。两株古槐都是唐朝的古物，20世纪80年代还有绿叶，现在却一点也没有了。它们是看到子孙胜利并过上幸福生活以后才寿终正寝的。

古槐的旁边是沿街的店铺房，现在已空，地面铺着花砖。靠墙一侧，笔者看到了地道的"地面出口"，几块固定在木板上的砖头，下面有钢质的轴承，很滑，用脚轻轻一推就开了。电影《地道战》里，民兵高传宝对假扮的武工队员说："地道，这里就有，请吧！"那时没有钢质轴承，用的是枣木小滑轮，导游说，也非常好用。

街道两边都是青砖平顶房，就是电影里民兵们可以自由行走转移的空中通道。据介绍，冀中民居多为平房，这种房子的房顶平坦，可以用来晾晒粮食，夏天太热时，人们晚上也可以到房顶上乘凉，并非特意为战斗准备，更不是从抗日战争起才有的。"高房工事"则是建在房顶一角的小角楼，居高临下，用以观察和火力封锁，是为战斗而建。

"村边石碾有神枪，井中抛出手榴弹，马槽猪圈皆暗堡，锅台灶膛藏身好，墙壁有刀敌头疼，烟囱无网擒敌巧……"冉庄后人编撰的顺口溜，生动地记录了地道战的形式，描述了当年的战斗情形。其所述，笔者虽没能一一见识，但在街道上，笔者也看到了"石头工事""烧饼炉工事""夹壁墙"等，就是这些工事、射击口，当年让鬼子有来无回，陷于灭顶之灾。

地道里，我们屈膝而行

那时，地道在整个冀中平原，正如歌里所描述的那样，"村与村，户与户，地道连成片"，不独是冉庄才有。导游王静宇就不是冉庄人，她的老家是距冉庄10公里的抄纸屯。据王静宇说，她小的时候，一下雨走路就常常不敢使劲跺脚，因为不知道什么地方会塌陷——到处都是地道。整个冀中平原究竟有多少地道，至今没有完全的统计数字。1961年，冀中发大水，好多地方的地道塌陷，地道数量就更难以统计了。

冉庄地道共长16公里，以十字街古槐为中心，分为四大干道，干道又分成24条支道，四通八达，犹如迷宫。现在向游人开放的只是十字街附近的700米左右。

在地道里，橘红的灯光接连不断。王静宇指着在洞壁上凿出的"灯台"说，当年群众钻地道时就依次点亮油灯，前面的人点，后面的人负责熄灭。

地道壁每隔一段还开凿有高约三尺、宽约二尺、纵深一尺左右的单人掩体。这些掩体，平时可以用于让路，战时可以用于埋伏。设身处地想，在宽仅一米多的地道里，这些很不起眼的掩体，应该有"一夫当关，万夫莫开"的奇用。

在通往十字街指挥部时，我们又钻了一段长30米左右的矮地道。这段地道高仅1.2米左右，宽度也更狭窄一些。人在里面穿行，必须把腰弯下，把膝屈起。这种地道，才是当年大部分地道的原貌；我们方才直立通过的地道，是后来为游人参观方便而改造的。当年的民兵们在地道里都

冀中民兵在地道中转移

是屈膝弓腰而行，30米长的矮地道却将我们折磨得腰酸背痛、呼吸憋闷。王静宇说，还有好多地道都是因为逼仄而不能对游人开放，有的地段须爬行才能通过。在这里，笔者深切地体会到面对生存危机人们所能承受的极限。

王静宇告诉笔者，当年的民兵和群众把地道战称为"耗子战"。这个称呼虽不甚雅，但从某种意义说，却要形象、传神得多。

抗日战争时期在冉庄第一个挖地道的人叫张森林，他是冉庄的第一个共产党员，曾任冉庄抗日政权秘书、武委会主任以及清苑县大队政委。自1938年开始，鬼子不断骚扰冉庄，到1942年前后，仅冉庄周边9公里范围内就有炮楼、据点15座，公路4条，呈现出"抬头见岗楼，迈步登公路，无村不戴孝，处处起狼烟"的悲惨景象。群众为了少受损失，常在敌人到来之前，带人携物躲到村外的青纱帐里。秋后，青纱帐一倒，人们就在野

在华北平原地区抗日的广大军民创造了地道战。地道使家家相连，村村相通，形成地下交通网。这是冀中人民在挖沟掘道改造地形，以坚持平原游击战争

外和村里挖隐蔽洞用来隐身藏物。张森林首先在自己家里挖了隐蔽洞，既可以自己躲藏，也可以供区、县委干部使用。这样，从单口洞到双口洞、多口洞，再到复杂的地道，冉庄人民终于挖出了一个近代战争史上的奇迹。

为了再现日军残酷统治的情景，冉庄村老支书王全喜在距冉庄最近的姜庄炮楼遗址附近，仿照当年黑风口据点修建了一座特别的日军罪行陈列馆。笔者登上四层的"炮楼"，冉庄景象尽收眼底，一览无余。400米范

围内，连一只鸡的走动都能看到。但就是在这种看似无险可依的情况下，冉庄的地道绝处寻生，化无险可守的平原为不可攻克的要塞、"翻眼"、"囚笼"及地下兵工厂。

据记载，1942年定县的北瞳村地道口被鬼子发现，鬼子遂将事先备好的大批毒瓦斯灌入地道，致使当地800多名手无寸铁的妇孺老弱和部分民兵惨死于毒气之中。在冉庄地道里则有一种"翻眼"，专门用来对付毒气。就像电影里描述的那样，在地道的地面以下再开挖一条更深的地道，然后再挖上来，如同在直行的地道里堵了一堵厚墙，人从墙的下面通过。"墙"两侧的洞口可以随时用东西堵上，土层能有效地防止毒气入侵。

地道里还有很多机关，这些机关都是为了对付进入地道之敌的。最常见的是"陷阱"，隔不多远就有一个，下面埋着竹扦利刃。除了"陷阱"还有"囚笼"。"囚笼"是一种地面上的陷阱：地道在前进中被分成两股，中间有夹墙，夹墙内设栅栏，若敌人进了地道，埋伏起来的民兵就会把栅栏从夹墙的一边推到另一边，把敌人困在里面，"关起门来打狗，堵上笼子抓鸡"。夹墙上有孔，民兵无须绕道栅栏口就可以用红缨枪把敌人刺死，或者用枪将其击毙。有了这些设施，冉庄地道就不单单是消极的躲避工事，而是积极的战斗工事。

1945年夏初，日军一个中队伙同两个伪军团，分三路进攻冉庄。当时村里的民兵只有30余人，但他们依托地道和地面战斗工事，在大敌面前毫无惧色，从早晨打到下午5点多，整个战斗延续了13个小时，在区小队和各村民兵的支援下，以轻伤一人的代价，大量杀敌，击毙敌伪军团长1名。这一仗后，日伪军留下一句口头禅："宁绕黑风口，不从冉庄走。"

这次战斗结束后，县武委会召开大会，总结历次地道战的经验和取得的战绩，颁发冉庄"地道战第一村"锦旗一面。同时奖励大枪 3 支，地雷 1000 枚，子弹 300 发。

打仗就需要武器，没有这些奖励的武器时，冉庄人民靠的是自己的兵工厂，它也在地道中。

地下兵工厂的面积共有约 140 平方米，分为 4 个车间，即：锻轧车间、铸造车间、炭窑车间及组装车间。此外，还有一个成品室。火药是枪炮的根本，配方却极为简单：一硝二磺三木炭。难题在于有火就有烟，怎样把烟排出去而不让敌人发现呢？当时的民兵，把兵工厂的一面墙和兵工厂负责人梁连恒家的围墙对齐，地下的"墙"和地面的墙同时掏空，墙上方挖出无数的小孔，这样，烟就从那些小孔里慢慢"渗"出去，让人难以察觉。在兵工厂，笔者感觉到空气比一般地道要清新一些，气压也正常，这都是那些气孔的作用。

在成品室，笔者看到了当年保留下来的一些武器：有用便壶做的地雷，有用瓶子做的地雷，有用老鼠夹子做的地雷，还有用石块做的地雷，五花八门。史料记载，战争年代，这个兵工厂共造地雷 1200 枚，翻火子弹 5000 余发，土炮弹 200 余发，扫帚炮 2 门，榆木炮 1 门，撅枪百支。为了防止兵工厂出事故，组装车间还有一眼深井，一旦有险情，就可以把危险品扔进井里。

离开兵工厂的时候，有一个岔道被一扇门堵住了。王静宇使劲嗅了嗅，笔者也跟着嗅了嗅，是地瓜甜甜的清香。王静宇说，上面的那户农民，截了一段地道做了地瓜窖。

其实，在战争年代，地道更多的时候也是在发挥它的"民用功能"，甚至还演绎了一段"地道姻缘"。1938 年，18 岁的冉庄姑娘王新娥当了冉庄的妇救会主任。1942 年，她被调到清苑县公安局，但仍在冉庄开展工作。当时的副局长李志也在冉庄开展工作，两人常常一起在王新娥家的地道里藏身，后来经张森林撮合结了婚。当时，张森林还作了一首诗："地道长，情亦长，张某为君作红娘；待到东瀛败归日，再补喜酒和喜糖。"

人去留得英魂在

冉庄地道战纪念馆的地面建筑就建在烈士李连瑞的家中。李连瑞出身地主家庭，但积极抗日，日本鬼子进入冀中以后，他积极向党组织靠拢，于1939年入党，任冉庄"青年抗日救国会"主任。牺牲前，他曾动员父亲李老旗捐献抗日公粮，他们家一次就捐献3000斤小麦。1942年，李连瑞因叛徒告密，只身一人被100多鬼子和500多伪军包围，壮烈牺牲。

院落因为有新建的展厅而并不显大，院落内还保留着过去的几间老房。新修的展厅很宽敞，灯光明亮，展出的图片、模型等都很逼真。在所展实物中，有三件引起了笔者的特别注意：一件是李连瑞烈士的血衣——衣是青灰色的土布上衣，血迹已成黑色；一件是张森林烈士的遗诗手稿复制品——发黄的毛边纸，书写着黑色的仇恨和光闪闪的豪情："鳞伤遍体做徒囚，山河未复志未酬。敌酋逼书归降字，誓将碧血染春秋。人去留得英魂在，唤起民众报国仇。"一件是地下兵工厂自己制造的榆树大炮——表面看上去就是一段长约7尺、直径1尺的榆树原木，细看就发现直直的那端截面正中有钢管（说是大炮，其实只是一个放大了的霰弹枪）。

此外，还有缴获自日军的九四式山炮，以及当年农民用的织布机、群众为八路军"熨"军服用的大方石等物。

冉庄地道战纪念馆初建于1959年8月，1961年3月4日，被国务院列为全国首批重点文物保护单位。1988年，上级拨资重建，与各家各户

冉庄地道战纪念馆

签订保护旧居合同，保证200多处遗址、560余间房屋基本维持当年原貌。除地道外，老街道、关帝庙、武委会旧址等都保存得很好。

当年的武委会现存办公房两间，一张正桌朝门而设，两边两把椅子，一张小桌摆在另一侧山墙下，一个立柜摆在房屋一角。年久的木器没有灰尘，呈黑油黑色。正桌上摆有一个断掉半截壶嘴的瓷茶壶，一个青花大瓷碗。吕正操将军当年曾经使用过这只青瓷大碗。

吕正操将军是冀中军区第一任司令员。抗日战争全面爆发后，当地群众在士绅带领下组织了"不抗日，不降日，防土匪，保村庄"的联庄会。为了团结群众共同抗日，1937年10月，吕正操领导人民自卫军第二团到清苑、蠡县、博野一带开展工作，决定收编这些"杂牌部队"。联庄会要求谈判，地点就是冉庄。1939年7月，冉庄遭敌人包围，损失惨重，吕正操又匆匆赶到，为群众打气，帮助大家重建家园。在吕正操演讲的过程中，全场欢声雷动，一个小伙子见吕司令员说得口干舌燥，就用这只青瓷大碗给他端了一碗水，吕正操一饮而尽。

这只碗在群众手里，只是一只普通的瓷碗，吕正操使用以后，便被称为"将军碗"；就像"耗子战"是当地群众的戏称，而"地道战"是组织上的定义一样。称呼的背后，是一条从群众自发到党组织领导，从消极躲藏到积极反抗的必然之途。

后　记

铭记与传承

　　这是一部从策划到出版持续运作逾 20 年的书稿，从 2005 年纪念中国人民抗日战争暨世界反法西斯战争胜利 60 周年，延续至 2025 年纪念中国人民抗日战争暨世界反法西斯战争胜利 80 周年。在此期间，我先是在解放军出版社《军营文化天地》杂志担任副主编、主编，策划并组织采编队伍对敌后抗日战场做田野调查，在 2005 年和 2015 年分别推出了纪念专辑和纪念专刊。参与抗战专辑、专刊采写的作者，以我们杂志编辑部的编辑和记者为主，还有几位来自部队的优秀报道员以特约记者身份加盟。本书大部分稿件诞生于这个过程。

　　我们当时的定位是，"以媒体做历史"的尝试和探索，在史实挖掘方面应抵达历史研究的深度，在表达层面则应充分发挥媒体的优势及特长。基本操作方法是，借鉴军事活动中的"参谋旅行"形式，以"史料调研＋战场田野调查"的方式采访。在做好充分的案头工作之后，才开始现地采访之旅。一个特别的要求是，对每一段战事的"复盘"，在占有中方史料之外，要同时获得日方史料进行"互参"佐证。我们的追求是，将宏观军战史或教科书上的寥寥数行文字，将抗日将士浴血奋战的战斗经过、战术行动及其英勇事迹，尽力落实在大地之上，再现于文本之中。

当时，我本人正沉浸在对抗日战争滇西战场的"微观战史"研究中，这些媒体策划和行动也是运用其研究方法，对敌后抗日战场这个题材进行小型的"练兵"。虽然大部分作者都是初次涉猎抗战史，但因策划理念、组织和操作方法得当，所采写的稿件仍然远超出一般新闻报道的范畴，在相当程度上填补了军战史专业研究的某些空白。或许可以说，我们以新闻媒体行动对历史探知提供了些许"增量"。

我因书写抗日战争滇西战场的"滇西抗战三部曲"而为公众所知，但能以自己所倡导、实践的"微观战史"方法致力于敌后战场研究，也是一个长久的心愿。2018年底，我从军队新闻出版岗位转行，进入军事科学院从事军战史专业研究，由此迎来了新的契机。当时中国军网曾以《冲破"腾冲之围"，我将挥戈"红色抗战"》为题对我做专访，这个题目正好表达了我个人的期许。到军事科学院解放军党史军史研究中心工作之后，几位军战史领域的前辈也对我提出建议，希望我运用"微观战史"的研究方法，在敌后战场研究方面也有所作为。因此，对敌后抗战这个主题，特别是适合做微观研究的题目，我始终在做着持续的拓展和挖掘，也密切关注着国内外"高手"们的研究成果。

2024年，我在天地出版社出版了《惠通桥之战》一书。该社编辑在与我交流中，希望我为即将到来的中国人民抗日战争暨世界反法西斯战争胜利80周年再写一本书，我谈到了一直在做的敌后抗日战场田野调查，得到了他们的热情肯定。于是，我做出计划和安排，先后考察了晋北、冀东、冀中抗日战场，补写了数篇稿件，又对此前的全部稿件进行增订，完成了目前的书稿。

《大战场：敌后抗战田野调查笔记》的完成，虽由我统筹，但绝非一人之功，而是集体智慧与心血的结晶，饱含着诸多同事和战友对抗战史研究的真情。各篇执笔如下：

《平型关：板垣"钢军"的绝望深谷》《齐会：冀中平原上的经典歼灭战》《沁源：给侵略者一个"没有人民的世界"》《冀东：他们是靠打歼灭战"发家"的》执笔：余戈（军事科学院党史军史研究中心原副主任、研究员，已退休）；

《雁宿崖：激战之后此处无雁宿》执笔：曹舒雅（现国防大学军事文化学院讲师）、李峻（现国防大学政治学院教授）；

《梁山：一一五师好汉们的饕餮盛宴》执笔：李雷（现《中国乡村振兴》杂志编辑）、彭军（现《怀化日报》编辑）；

《黄土岭："名将之花"是这样凋谢的》《冉庄：陷敌于灭顶之灾》执笔：李雷（现《中国乡村振兴》杂志编辑）；

《东团堡："玉碎"倭寇此处遗长恨》执笔：薛子利（现山东临沂民政局职员）；

《关家垴：小山头上的血性与担当》执笔：邢玉婧（现解放军新闻传播中心出版社编辑）；

《迁安：驱散冀东阴霾的霹雳伏击》执笔：董连辉（现《廊坊日报》编辑）；

《阜平和海阳："铁西瓜"货源充足》执笔：方莉（原解放军出版社编辑，已退役）；

《车桥：雷霆万钧之"围点打援"》执笔：王前（现解放军新闻传播中心出版社编辑）、朱行彦（淮安军分区政治部干事，已退役）；

《水道：反攻收复胶东的序幕之战》执笔：张磊（现国防大学后勤指挥学院讲师）、武丽娜（原解放军出版社编辑，已退役）。

大家深入战场遗址，走访亲历者后人，在档案堆中钩沉索隐，在田野间丈量历史。正是这份执着与热忱，让那些被岁月尘封的记忆重新鲜活起来。

特别感谢军事科学院、各地党史研究部门以及抗战纪念馆的专家们，他们以严谨的学术态度为本书提供了宝贵的指导与支持。

鸣谢单位如下：

山西——总参某工程维护团、长治军分区政治部、沁源县人武部、武乡县人武部、八路军太行纪念馆、百团大战纪念馆；

山东——烟台警备区政治部、海阳市人武部、梁山县人武部、烟台市牟平区党史研究室、胶东地区武装革命斗争纪念馆、许世友将军在胶东纪念馆；

河北——保定军分区政治部、涞源县人武部、阜平县人武部、晋察冀边区革命纪念馆、冉庄地道战纪念馆、雁宿崖黄土岭战役纪念馆、冀东抗战纪念馆、潘家峪惨案纪念馆、齐会战斗纪念馆；

江苏——淮安军分区政治部、车桥战役纪念馆。

同时，也要向那些接受采访的老兵、亲历者及其家属致以崇高敬意，他们的讲述让历史有了温度，让记忆得以延续。

在中国人民抗日战争暨世界反法西斯战争胜利80周年之际，这部作品不仅是对历史的追寻，更是对先辈精神的传承。历史是最好的教科书，也是最好的清醒剂。希望这本书不仅能还原那段烽火岁月，更能让今天的读者感受到伟大抗战精神的力量。

让我们永远铭记历史，珍视和平，传承精神，砥砺前行。

余戈

2025年7月

图书在版编目（CIP）数据

大战场：敌后抗战田野调查笔记 / 余戈等著.
成都：天地出版社, 2025.8. -- ISBN 978-7-5455
-8947-4
Ⅰ. K265.06
中国国家版本馆 CIP 数据核字第 20255DG197 号

审图号：GS（2025）3213 号

DA ZHANCHANG：DIHOU KANGZHAN TIANYE DIAOCHA BIJI
大战场：敌后抗战田野调查笔记

出 品 人	陈小雨　杨　政
作　　者	余　戈　等
总 策 划	陈　德
策划编辑	武　波　侯京晋
责任编辑	武　波　王加蕊
责任校对	杨金原
责任印制	王学锋

出版发行	天地出版社
	（成都市锦江区三色路 238 号 邮政编码：610023）
	（北京市方庄芳群园 3 区 3 号 邮政编码：100078）
网　　址	http://www.tiandiph.com
电子邮箱	tianditg@163.com
经　　销	新华文轩出版传媒股份有限公司

印　　刷	北京文昌阁彩色印刷有限责任公司
版　　次	2025 年 8 月第 1 版
印　　次	2025 年 8 月第 1 次印刷
开　　本	710mm×1000mm 1/16
印　　张	20.75
字　　数	270 千字
定　　价	68.00 元
书　　号	ISBN 978-7-5455-8947-4

版权所有◆违者必究
咨询电话：（028）86361282（总编室）
购书热线：（010）67693207（营销中心）

如有印装错误，请与本社联系调换

天喜文化